深圳大学港澳基本法研究中心

Review on the Implementation of
Hong Kong and Macao
Basic Laws

港澳基本法实施评论

邹平学・主编

张定淮・王千华　副主编

2016年卷・总第3卷

法律出版社
LAW PRESS・CHINA

主　　编：邹平学
副 主 编：张定淮　王千华
编辑部地址：广东省深圳市南山区深圳大学科技楼12楼港澳基本法研究中心《港澳基本法实施评论》编辑部，518060
电　　话：(0755)26733053　26733093
传　　真：(0755)26733054
电子邮件：jbfpl@ szu. edu. cn
网　　址：http://cbl. szu. edu. cn/index. asp

序

在深圳大学港澳基本法研究中心成立 5 周年之际,一本专门关注基本法实施状况评价的学术年刊《港澳基本法实施评论》应运而生。邓小平同志曾指出,1997 年我们恢复行使主权之后怎么管理香港,也就是在香港实行什么制度的问题,我们的“一国两制”能不能成功,要体现在香港特别行政区基本法里,所以,这个基本法很重要。[①]“一国两制”是前无古人的伟大创举,其实践也取得了举世公认的成功。当然,我们也看到,在新的历史阶段,“一国两制”在实施过程中不断受到政治、经济、社会等各种问题的挑战,如何分析研究基本法实施的现实状况,以及如何保障基本法的正确、全面实施,仍是治国理政的重要任务,也是学术界研究关注的重大课题。

法者,治之端也。全面准确地理解基本法,把握主导权和话语权是基本法研究的大方向,是严格按照基本法办事、维护港澳长期繁荣稳定的前提条件。“一国两制”是一个完整概念,“一国”是“两制”的前提和基础,在“一国”的前提下尊重“两制”差异是全面准确理解基本法的根本原则。基本法是根据中华

① 参见邓小平:《会见香港特别行政区基本法起草委员会委员时的讲话》,载《邓小平文选》(第 3 卷),人民出版社 1993 年版,第 215 页。

人民共和国宪法制定的,基本法的规定应当在宪法规定的国家体制下才能正确理解;同时基本法又是在保持港澳原有制度、生活方式不变的背景下制定的,基本法的每项规定都有立法的现实依据,正确理解基本法也离不开港澳社会的具体情况。只有遵循"一国两制",以客观、理性的观点在国家体制下,在掌握港澳社会具体情况下研究基本法,才能全面准确地理解基本法,维护基本法的权威,为港澳特区的繁荣稳定保驾护航。

基本法实施 10 多年以来,取得了一些成功经验亟待总结,也出现了一些错误认识亟待纠正,还遇到了一些新情况、新问题亟待跟踪研究。因此,建立并完善基本法实施的学术与社会评价机制十分必要,深圳大学港澳基本法研究中心组织的《港澳基本法实施评论》应时而生。深圳大学毗邻港澳,具有港澳研究的地缘优势,自 1983 年建校开始就研究港澳法及其基本法,形成了一种港澳法律研究传统,凝聚了一批高水平研究人员。特别是基本法研究中心成立以来,更加专注于基本法的研究,发表了大量关于基本法实施重大理论与前沿实践问题的文章,在社会上产生了很好的反响,引起各方关注。研究中心希望秉承实事求是和客观公正的态度,通过每年一卷的《港澳基本法实施评论》展示内地和港澳学界对基本法实施的认识和看法,相信这样公开和定期的学术和社会评价机制,必然有助于改善和促进基本法的全面准确实施。

理越辩越明,道越论越清,思维的碰撞总会带来有益的启迪。《港澳基本法实施评论》刊载的作品既有全面宏观的针对港澳基本法实施的年度总体评价报告,也有专题性的针对基本法实施中的重点、难点、热点问题的评论文章,以及总结评述内地或港澳学者对基本法实施中争议性较大的问题的学术争鸣,希望为研究港澳基本法的学者、实施港澳基本法的机构、关注港澳发展的各界人士搭建一个畅所欲言、百家争鸣的交流平台,促进基本法的全面准确实施,让基本法真正成为"一国两制"的守护神,成为维护港澳特区繁荣稳定的守护神。

是为序。

黎　军*
2014 年 7 月

---

* 深圳大学副校长,深圳大学港澳基本法研究中心主任。

主编手记

在一个阅读越来越碎片化的时代，一本 20 多万字的书，如何让读者更快把握本书要旨，一直是萦绕在主编心间的一个难题。从本卷开始，主编似乎找到了解决办法，那就是以手记的方式来推介本卷。

年度基本法实施大事述评是本书开篇的例牌专栏。

1. 我国香港特别行政区（以下简称香港特区）著名时政评论家宋小庄教授的《2015 年〈香港特别行政区基本法〉实施大事述评》一文，采取不同于前两卷相关文章的风格，从当年新闻事件评选角度撷取众多事件来观照和点评香港特区基本法实施大事，涉及面广及政治法律、经济民生、社会百态，以小见大，管中窥豹，展示基本法作为特区具有凌驾性宪制法律地位和功能的丰厚立体感。作者称撰写此文力求实现“文不求其全面，不离事而言理，但求点评常人所未及见者，媒体所疏漏者，应对所失策者，务必救弊济事，经世致用”。相信读者会有同感。

2. 南开大学李晓兵副教授的《2015 年〈澳门特别行政区基本法〉实施大事述评》一文，择取当年澳门特别行政区（以下简称澳门特区）政府施政方略、澳门特区立法进展、权利保障案例、基本法推广教育、澳门特区习惯水域确定工作、特区政府处理“海一居”事件、特区参与“一带一路”战略、博彩业在困难中前行等 9

个方面的重要工作,描述中央政府拓展澳门特区发展空间支持澳门特区适度多元可持续发展的重大决策,评点澳门特区经济困难中前行的挑战与机遇,展望澳门特区发挥独特优势参与“一带一路”建设的美好愿景。

专题述评是本书的重点栏目,其文采各异,论题鲜明。如下重点文章不可不察。

3. 香港特区法律界名宿陈兆恺法官,是香港特区终审法院 18 名非常任法官中唯一一名华人、唯一一名完全接受本土教育的大法官,被誉为香港特区双语审判改革第一人。他的《香港特别行政区法院解释〈香港特别行政区基本法〉所采用的原则》一文,以案释法,娓娓道来,持论公允,见解深刻,法理陈情,掷地有声。

4. 深圳大学邹平学教授的《共识与分歧:〈香港特别行政区基本法〉解释问题的一个初步检视》一文,从争议歧见颇多的基本法解释问题入手,梳理公约数,总结分歧点,言说共识路,由此展示两地法律法学界建立共识性基本法法哲学的探索与愿景。

5.《〈澳门特别行政区基本法〉解释基本原则探析——必要性、内容及途径》是中国人民大学李元起教授的力作。文章在客观把握中国内地法律解释体制和澳门特区法律解释体制差异很大的前提下,阐释澳门特区基本法解释的基本原则,探索落实基本法解释基本原则的途径,为保障澳门特区基本法解释发挥应有效能,避免和解决矛盾冲突的发生建言献策。

6. 骆伟建教授是澳门法学界的翘楚,他的《论澳门特别行政区实施“一国两制”的比较优势》一文解析澳门特区“一国两制”成功实践背后的密码,提炼的 3 个比较优势——对“一国两制”的理解有基本共识、有按基本法制度运行基本秩序、有实施基本法和“一国两制”的社会基础和政治力量,可谓高屋建瓴,见解深刻。

7. 中国社科院法学研究所陈欣新教授的《国家安全法治在澳门特别行政区的落实》一文可以视为前述骆伟建教授文稿的一个有力佐证。文章既总结了澳门特区完成《澳门特别行政区基本法》第 23 条立法的可圈可点之处,也对澳门特区应当尽快完成国家安全配套立法和专门机构设置问题提出了很好的建议,眼光敏锐,颇具前瞻性。

8. 对澳门特区政制的探讨有两篇:一是澳门理工学院许昌教授的《澳门特别行政区政制设计实现原因及其启示》;二是武汉大学祝捷教授的《澳门

特别行政区行政主导制的检讨与再论 ——基于政权组织形式的诠释 》。特别值得重视的是许昌教授的文章,它可以视为对前述骆伟建教授文章的有益碰撞和补充。文章冷峻地认为,澳门特区的既成事业是在立足于现实澳门特区特有条件下干出来的,既具有示范性,也不可忽视其特质性,切忌盲目故步自封地将不可复制的经验概括为空洞和抽象的"模式"或"道路",夸大宣传的效果定然不好,而且今天的正当性未必能持续永远,必须保持不断进步的制度品格。此论深刻,富有启迪性。

9. 中国政法大学姚国建教授是内地基本法学者中对普通法颇有研究心得的青年才俊,他的《基本法的权利规范与普通法的人权理念——论香港特别行政区居民权利保障的普通法特质》一文蹊径独辟,以特区成立前后《人权法案》和《香港特别行政区基本法》的制定及实施为切入点,分析普通法人权理念是如何借助于这两个成文法律文件影响香港居民权利保障的,特别呈现香港特区人权保障的普通法特质,不乏独到见解。

10. 澳门特区公共行政改革一直是历届特区政府孜孜以求的目标。澳门大学蒋朝阳教授的《澳门特别行政区公共行政改革:方向与路径》和澳门理工学院娄胜华教授的《能力视角下澳门特别行政区政府行政架构改革分析》分别从法学学者和行政学学者的视角探究了相关问题,问题意识强烈,改革思维凸显,对策建议精辟。

11. 书评共有 3 篇,分别是何建宗的《刘兆佳〈一国两制在香港的实践〉书评》、蒋晓伟教授的《评〈十论香港基本法在实施中〉》、汪江连副教授的《一部厚重全面、持论中道的香港特别行政区基本法研究之体系化力作——评〈香港基本法实践问题研究〉一书》,所评点的论著均是近年出版的基本法研究专著。

2015 年 12 月 23 日,国家主席习近平在中南海会见来京述职的香港特区行政长官梁振英时表示,中央贯彻"一国两制"方针坚持两点:一是坚定不移,不会变、不动摇;二是全面准确,确保"一国两制"在香港特区的实践不走样、不变形,始终沿着正确方向前进。无论是对香港特区还是澳门特区来说,不忘初心,方得始终,这是 2015 年两部基本法实施实践告诉我们的一条基本经验。

Contents

目录

年度特稿 …… 1

2015年《香港特别行政区基本法》实施大事述评

——以“特区政府施政十件大事评选”为视角 …… 宋小庄 3

2015年《澳门特别行政区基本法》实施大事述评 …… 李晓兵 22

专题述评 …… 57

香港特别行政区法院解释《香港特别行政区基本法》所采用的原则 …… 陈兆恺 59

共识与分歧:《香港特别行政区基本法》解释问题的一个初步检视 …… 邹平学 71

《澳门特别行政区基本法》解释基本原则探析

——必要性、内容及途径 …… 李元起 82

论澳门特别行政区实施“一国两制”的比较优势 …… 骆伟建 94

国家安全法治在澳门特别行政区的落实 …… 陈欣新 105

澳门特别行政区政制设计实现原因及其启示 …… 许 昌 114

基本法的权利规范与普通法的人权理念

——论香港特别行政区居民权利保障的普通法特质 …… 姚国建 120

澳门特别行政区行政主导制的检讨与再论

——基于政权组织形式的诠释 …… 祝 捷 145

澳门特别行政区公共行政改革:方向与路径 …………… 蒋朝阳 156
能力视角下澳门特别行政区政府行政架构改革分析 …… 娄胜华 171
港澳是城非邦论:同质性原则下的特区高度自治边界研究
…………………………………………………………… 张 强 184

书 评 …………………………………………………………… 197
刘兆佳《一国两制在香港的实践》书评 ………………… 何建宗 199
评《十论香港基本法在实施中》 ………………………… 蒋晓伟 208
一部厚重全面、持论中道的香港特别行政区基本法研究之体系化力作
——评《香港基本法实践问题研究》一书 …………… 汪江连 211

2015 年基本法实施大事记 ………………………………… 223
2015 年香港特别行政区基本法实施大事记 ……………… 225
2015 年澳门特别行政区基本法实施大事记 ……………… 247

征稿启事及稿件体例 ……………………………………… 259
征稿启事 ………………………………………………………… 261
稿件体例 ………………………………………………………… 263

年度特稿

2015年《香港特别行政区基本法》实施大事述评

——以“特区政府施政十件大事评选”为视角

宋小庄*

一、引言

2015年12月中旬,26家媒体(另有66家协办机构)主办“特区政府施政十件大事评选”。在入选的20件事中,请香港市民评选认为最重要的10件事,还设有一等奖、二等奖、三等奖和纪念奖,共132份。20件事包括:香港特别行政区(以下简称香港特区)政府推动政改被否决、“三堆一炉”拨款批准、政府觅地建屋、资本投资入境计划叫停、最低工资增至32.5港元/时、政府应对流感疫情、追查高铁超支事件、创科局成立、政府推展“三跑”计划、政府应对水客堵塞、预算案340亿港元纾困、男士侍产假实施、政府建议兴建海水化淡厂、抓紧参与“一带一路”机遇、拒绝不良护老院续牌申请、向政府建议资助幼稚园、防范韩国中东呼吸症传入、政府强调依法管理大学、政府处理公屋“铅水”事件、新一届区议会选举。

2016年1月18日评选结果公布,依序如下:(1)政府处理公屋“铅水”事件;(2)政府应对水客堵

* 深圳大学港澳基本法研究中心教授,法学博士。

塞;(3)"三堆一炉"拨款批准;(4)最低工资增至32.5港元/时;(5)追查高铁超支事件;(6)防范韩国中东呼吸症传入;(7)政府觅地建屋;(8)政府推展"三跑"计划;(9)政府推动政改被否决;(10)预算案340亿港元纾困。

从上述入选事件和排名可以看到,香港特区市民关注的事件首先是健康问题,这是"铅水"事件和呼吸综合征入选的原因;其次是民生和环保问题,这是政府应对水客堵塞、"三堆一炉"拨款批准、最低工资增至32.5港元/时、政府觅地建屋等施政事件入选的原因;再次是基建,这是追查高铁超支事件、政府推展"三跑"计划入选的原因;最后是政改,而例牌的340亿港元用以纾困的预算案殿后。

二、从基本法实施角度来看十件入选施政事件

《香港特别行政区基本法》是香港特区的宪制性法律,其内容广涉香港特区的政治、经济、法治、人权保障等众多领域,香港特区政府依法施政是香港基本法实施的重要内容,2015年年度十大施政事件的评选其实能够较为全景地反映香港基本法实施的全貌。

1. 铅水事件。"铅水"事件,本是一件小事,排名第一,令人意外。发达国家饮用水的水质标准,50年来提高了10倍,但工程设计、施工安装和验收等方面的工作还没有跟上,香港特区亦然。但在医学上,人体血液中的含铅指标50年来并没有提高。目前为止没有任何人要住院接受"排铅"治疗,血中含铅量超标者也只需要接受观察,这说明有关工程还不会影响居民身体健康。然而,事情发生后,香港特区政府不同部门之间却出现极弱的管治情况,几乎引起社会恐慌。这是香港特区政府施政能力弱化,并且没有得到改观的例证之一。

2. 政府应对水客问题。香港特区的经济支柱,依次是金融、外贸、工商业服务、旅游,旅游业为四大支柱产业之一。自由行政策的施行对旅游业最有利,其实施效果也是检验内地和香港民众交往关系的晴雨表。据媒体透露,自由行是董建华让梁振英向中央提出请求的,当时中央已提醒了香港特区承受能力问题。[①] 自由行政策施行之初,香港特区的接待承受能力不足问题尚未暴露,中后期则日益凸显。在多种非理性因素影响下,香港社会对此

① 参见谭卫儿:《港式本位思维的盲点》,载《亚洲周刊》2015年第12期。

的检讨竟衍生出此起彼伏的“赶客”行为,令人侧目。世界上的旅游中心,从不“赶客”,为什么唯有香港特区有此怪现象？澳门特区的 GDP、人口和面积,都不到香港特区的 1/10,从旅游承载力的角度来看,澳门特区从 2009 年就发生承载力不足问题,但澳门特区政府和社会各界采取各种舒缓措施加以应对。香港特区其实并没有达到承载力的极限,在承载力还有潜力可挖的情况下,为何开始“赶客”了呢？出现拒绝内地游客、驱赶“蝗虫”运动,政府出台惩罚超额奶粉采购者,这些在世界各国旅游业发达的城市看来愚昧无理的举措,竟然得到一些人的掌声,甚至被视为香港“本土主义”的绿灯。现在香港特区进入游客和零售业寒冬,应对乏力。内地与香港因之发生群体性对抗事件,香港特区政府应对水客堵塞,疏导不足,乏善可陈。此可视为香港特区政府施政能力弱化的例证之二。

3.“三堆一炉”拨款通过。“三堆一炉”是指三个堆填区和石鼓州焚化炉。这只是一般的基建项目,在香港特区同等规模的项目,每年都会有 2～3 个。回归以来,立法会历届的建制派议员都有六成,项目通过照理没有难度,但却被评选为施政大事并排名第三,说明新政府主政以来,做什么事都很困难,举步维艰。

4.最低工资增至 32.5 港元/时。2011 年 5 月香港特区开始实施最低工资 28 港元/时,2013 年 5 月调至 30 港元/时,2015 年年初增至 32.5 港元/时。最低工资涉及底层劳工生活,民生问题也是大家关心的事件,故排名第四。但低薪阶层并未因此感到特别高兴,因为交通费、“劏房”①租金涨幅更大。即使是住在公屋的人也未感到特别高兴,肉、菜等日常物品上涨更高。目前,在各种行业的各种工人中,只有建筑地盘工人的收入有明显增长,这是香港特区基建遍地开花的结果。但基建还会延误、超支,业主、总包、分包、指定分包的矛盾很多,可能存在倒闭的风险。在香港特区经济不景气持续的情况下,人们还会担心基建是否可以持续。

5.政府追查高铁超支事件。26 公里的高铁,大约用 853 亿港元完成,却超支 30%、延误 3 年,社会高度关注,市民希望政府追究责任。从回归前的新机场项目以来,香港特区基建项目的超支、延误两大问题就接连不断,虽

① 劏(tāng)房,又名房中房,是香港特区出租房的一种,业主将一个普通住宅单位分成几个较小的房间加以出租,类似于内地的“隔断间”。

然工程质量还不错,但仍反映出香港特区的招投标、工程承包、分包管理、施工管理、设计管理、质量管理、重要人事任用等一系列曾经颇为有效的制度的种种忧患。如果不系统性地排找原因,予以整改,类似的基建超支、延误问题还将不断重演。

6. 政府严防韩国中东呼吸综合征传入香港特区。2015 年 5 月,韩国 1 名中东呼吸症患者坐飞机入境香港特区,政府及时展开流行病学调查及防控,将随机与患者紧密接触的 19 名乘客隔离检疫,对其他接触的 35 人实施医学监察,并向韩国发出旅游警示。港人深受"沙士"之苦,历经"沙士"劫难,对类似事件特别敏感。香港特区政府对此的应对比较迅捷,可圈可点。

7. 政府觅地建屋。房屋问题是香港特区的"老大难"问题,亦是历次政府施政报告的重点问题,理应名列 2015 年年度大事前茅,但由于房价正在下调,其重要性似乎有所下降。如果不从长计议,未雨绸缪,房屋问题不可能得到缓解。各国经验表明,对于地少人多的国家或地区,政府都采取觅地建屋。例如,新加坡只有 500 平方公里土地,但经过填海造地扩大到 700 多平方公里。曾荫权担任特首 7 年期间,政府大大紧缩土地和房屋供应,这一明显的政策失误加剧了房屋问题的严重性。现在政府觅地建屋困难重重,缓不济急,而且政府还有两道"紧箍咒":一是不动郊野公园;二是不填海造地。现有土地难觅,已经成为政府解决房屋问题的当务之急。目前,香港特区经济活动弱化,如能填海造地,刺激经济的发展,可以吸引外来投资、外来移民,从多方面推动产业发展。

8. 政府推展"三跑"计划。香港国际机场是全球最繁忙的货运机场和全球第三大国际客运机场。目前,平均每天飞机升降量约 1100 架次,全球航点约 180 个。过去 10 年,飞机升降量增长近 65%。按近年升势,双跑道系统预计于 2016 年或 2017 年便会饱和,由此,修建第三条跑道呼声日升。2015 年 3 月 17 日香港特区政府宣布,行政会议批准兴建香港国际机场第三条跑道,估计造价 1415 亿港元(按付款当日价格计算)。"三跑"事件入选,表明香港社会希望巩固香港特区在国际及区域航空枢纽地位及推动经济发展的主流呼声。不过,由于香港特区政府担心立法会的"拉布",不敢向立法会申请 1415 亿港元的拨款,把该申请改为机场管理局暂停向香港特区政府派发花红,并把有关的花红作为"三跑"的必要开支。对此,不足之部分,则向银行贷款(或发债)、征收机场离境税。但政府明明有钱,却要借钱,产生的息差便成为机场的额外开支,此举是否符合香港总体利益,社会存在非议。另外,香港特区政府不敢申请立法会拨款,虽然不排除有策略上的考虑,但向立法会的反对派议员示弱,自我坐实行政主导的弱化,不符合基本法政治体制的设计要求。此外,香港特区政府也没有向公众解释,港深机场间连线铁路的计划为何搁置。

9. 政府政改方案被否决。政改其实一直是香港社会的热点议题,但排名入选十大事件第九,说明政改与健康、民生、经济等问题相比较,重要性有所下降。2015 年 6 月 18 日,香港特区政府提出 2017 年行政长官的普选方案,将 1200 名选举委员会的选举,扩大到 500 万各选民的选举。无论从什么标准来看,都是民主前进的一大步,但却被否决了,其经验教训值得反思总结。对此,应当不是提名委员会提名有问题。1990 年制定香港特区基本法早已设计好了,当时大家都没有意见,为何现在争议那么大?为什么要提出公民提名?是全国人大常委会的"8·31"决定的"三道闸"过分严苛吗?第一道闸是按照现行的选举委员会组建提名委员会,这本来就符合香港基本法"广泛代表性"原则的设计。第二道闸是只能提名 2~3 名候选人,回归以来的选举常见的有 1~4 名候选人,取 2~3 名也大体正常。第三道闸可能偏紧,规定要得到提名委员会过半数票支持,但这也是香港基本法"按民主程序"的可能解释,并没有偏离香港基本法的原来设计。被否决的结果固然与香港特区政治社会生态有关,但值得检讨的地方不少。这次政改,政府的推介十分认真和积极,不过有的应对宣传推介方案值得检讨。政府对反对派的攻击方案有违国际人权公约,不但没有强力说明方案符合人权公约,充分论证适合的就是好的方案,反而提出"袋住先"①的口号,让人以为勉为其难、退而求其次,令广大市民以为"袋住先"的是次品。当然,整个社会需要检讨的是,一些政团和代表人士把普选炒作到无以复加的境地,肆意攻击香港基本法和全国人大常委会有关普选的规定,使大众无法认真理性讨论经济、民生问题。这也是香港社会在政改被否决后需要认真反思的大问题。

10. 预算案 340 亿港元纾困。近七八年,香港特区年年都要"派糖"②,

---

① "袋住先"是广东话,意思是"先接受,之后再慢慢加以改革"。

② "派糖"是广东话,意思是政府向老百姓提供一次性的津贴和减税等措施,从而实现纾解经济压力的目的。

2015 年年度预算案 340 亿元纾困已习以为常了,虽然入选,但排名最后。香港特区贫富悬殊,按 GINI 系数计算,位居世界排名最次的行列,不但在发达国家和地区如此,在世界最落后国家和地区的排名也是如此。香港特区政府通过“派糖”,舒缓社会不满情绪,避免动荡爆发,很有必要。

三、对未能入选新闻事件的点评

还有 10 件大事,没有入围,包括叫停资本投资入境计划、政府应对流感疫情、创科局成立、男士侍产假、政府建议兴建海水化淡厂、抓紧参与“一带一路”机遇、拒绝不良护老院续牌申请、政府建议资助幼稚园、政府强调依法管理大学、区议会的选举。

1. 资本投资入境计划叫停。这一计划是希望境外有钱人在香港置业,获得香港特区永久性居民资格,置业的钱可以作为移民的投资。该计划对于提振本地经济当然用意甚好,不过由于本地住房问题严重,该计划叫停也是无奈之举。但香港特区政府需要反思的是,在推出类似的计划时,应当做足功夫,谋定而出,否则会给社会留下“急病乱投医”的印象,徒增施政不畅的观感。香港特区经济正面临寒冬,楼价下滑,特区政府需要通盘规划和高瞻远瞩下大气力去解决。例如,盖一栋大楼不过花费 1 ~2 年,早几年为什么不多盖几栋?如果土地紧缺,为什么不提早解决土地问题?

2. 政府全力应对流感疫情。2015 年年初,香港 H3N2 流感病毒出现变异,与疫苗病毒株不匹配,有 600 多人因流感入院,近 500 人死亡。医管局采取应变措施,减少非紧急手术,腾出病床和人手应对。

3. 创科局成立。2012 年梁振英上任前就希望成立创科局,但立法会“拉布”,不了了之。经过 3 年“拉布”,反对派议员才放行有关的经费。经 3 年“拉布”才成立创科局,却没有入围,说明市民对其成立到底能够发挥多大作为并没有抱太大的期望。需要反思的问题在于:(1)为什么香港特区政府任由反对派议员“拉布”3 年,没有采取任何遏制措施?(2)为什么在“拉布”的 3 年期间,香港特区政府没有制定任何创科局的政策?对于一些创新科技高度发展的国家,政府为什么只是制定政策,而并不介入具体的管理事务?(3)商务及经济发展局下设有“创新科技署”和“资讯科技总监办公室”两个署级机构,难道其没有能力就创科政策先做些前期工作,要等有关局级单位成立才能进行?是不是浪费了 3 年人力资源?

4. 男士侍产假实施。2015 年 2 月 27 日，男士法定侍产假实施，男雇员在通知雇主后可在配偶分娩前 4 周、后 10 周期间内享有 3 天侍产假，但需受雇不少于 40 个星期，侍产假工资为原薪酬的 4/5。这对工作较忙的中产人士是德政，但对于日薪者而言，却增加了逆反心理，抵消了德政的效应。而对于需要增加收入的家庭而言，也不会领这个情。

5. 政府建议兴建海水化淡厂。2015 年 3 月 17 日，发展局向立法会提交文件，建议在将军澳兴建海水化淡厂，第一阶段（占香港特区供水量 5%）的设计和勘查拨款涉及 1.5 亿港元，年内招标，2016 年动工，2020 年投入运作，预计每立方米成本 12 ~ 13 港元。预计第一阶段完工需要 20 亿港元，全部工程完工需要 500 亿港元（目前的价格）。这一项目令人费解。众所周知，新加坡缺水，用水需要从马来西亚进口，为了避免在与马来西亚出现外交纷争时断水，确实需要兴建海水化淡厂。而反观香港特区，在“一国两制”下，中央和香港特区之间不会发生这个问题，现在和未来东江水的供应也没有问题，取价虽比内地高，但远低于海水化淡的费用，香港特区政府为何提出这个建议？市民在评选时没有认可，说明了对东江水的信赖。既然中央不可能对香港特区采取“制水”措施，为何香港特区要兴建海水化淡厂以提防不测？除非东江水确实已无法满足香港的需要，否则在经济上不可取、在政治上有害的项目，为何不叫停？

6. 抓紧参与“一带一路”机遇。中央倡议的“一带一路”是国家重要的战略决策，也给香港带来难得的发展机遇，时任香港特区行政长官梁振英已提出香港特区可以担任“超级联系人”的角色，香港特区政府已经决定在印度尼西亚雅加达开设经贸办事处。梁振英在 2016 年 1 月 13 日的施政报告中，又提出数十项建议。该事件这次没有入围十大事件，说明香港特区政府的推介工作没有做到位，广大市民还不知道“一带一路”是什么，其对于香港特区的未来发展有何意义。此外，“一带一路”战略实施很多涉及基建问题。回归前后，香港特区都有排挤内地设计单位和施工单位（尤其是前者）进入香港市场的做法，而香港不少大型基建项目长期以来都有超支和工期延误的情况。香港特区必须重视上述问题，从善如流，把握机会，加强互利合作，方能在“一带一路”建设中发挥积极作用。

7. 拒绝不良护老院续牌申请。大埔剑桥护老院被揭发，让长者赤裸在天台上轮候冲凉，对此，社会福利署跟进调查。在被媒体披露前，该署曾发出 12 封警告信,多次突击检查,但仍发生此次事件,遂决定拒绝该护老院的续牌申请。香港已进入老龄化社会,此事反映出香港特区政府需要重视改善有关安老服务的管理和服务问题。

8. 政府建议资助幼稚园。2015 年 5 月,免费幼稚园教育委员会向教育局提交报告,建议全日制幼稚园可获 25% ~30% 额外资助,并于 2017 ~2018 年施行;建议幼师薪酬不低于 18,000 港元,租金津贴参考公屋幼稚园的租金,如不足以缴租,可向家长收费。这并不是香港特区的大事,没有列入实属正常,但幼师薪酬远高于大学毕业生工资平均数,可能引发一些问题。对此,香港特区政府在管治上应重视如何避免顾此失彼的现象。

9. 政府强调依法管理大学。2015 年 9 月香港大学校务委员会拒绝任命陈文敏为副校长,有人把矛头指向行政长官,责其干预学术自由,要求修改各资助大学条例有关行政长官担任校监的规定。香港特区政府辩解说是依法办事,不干涉大学学术自由。以《香港大学条例》为例,设校监、校长、校董会、校务委员会、教务委员会、旧生会。校董会有决策权,校务委员会执掌人事权,教务委员会执掌教务权,行政长官对大学间接行使权力。有人提出行政长官不得兼任校监,由其兼任是以学术自由为名夺权。2016 年 2 月 22 日彭定康在国际评论网站发表文章,提出行政长官不应再担任校监。2 月 24 日香港特区教育局回应,1994 年港督会同行政局批准城市理工学院、浸会学院、理工学院升格为大学时,确立由总督出任所有政府资助大学校监的制度。另外,参考教资会聘请英国利物浦大学前校长霍华德·纽比(Howard Newby)爵士领导的小组撰写《香港教资会资助高等教育院校的管治》的英文报告,强调目前由行政长官委任校董的安排,可能会对管治造成严重后果。该报告还提出 6 项建议,包括院校各自制订准则,每 5 年检讨大学管治情况,但对行政长官是否续任校监未表态。2016 年 3 月 30 日教育局宣布接纳并公布有关报告。① 由此看来,争夺大学管治权的激烈斗争依然暗流涌动,未来将日趋激烈和表面化。

10. 新一届区议会选举。2011 年 11 月 22 日香港特区举行第五届区议会选举,增加 19 个选区,共设 431 个选区,选 431 名议员以及 27 名当然委员

---

① 2016 年 3 月 30 日教资会公布该调查报告,参见 www. ugc. edu. hk 及 2016 年 3 月 31 日香港报纸的报道。

(乡事委员会主席),总共 458 名区议员。这是“后占中”“后政改”时期举行的首次选举,有特殊意义。经资格审查,有 944 人符合参选资格。上届有 412 个选区,76 个选区自动当选。在本届 431 个选区中,只有 68 个选区自动当选,共有 876 人竞逐 363 个议席。区选没有入选十大事件,说明一般市民对选举的热忱并没有像媒体炒作的那样高。

本届区选有两个特点:一是有 146.8 万人投票,投票率(不计算自动当选的选区的选民)47.01%,回归新高,比 2003 年区选 44.1% 的投票率还要高。但建制派的成绩略有下降。投票率高说明首投族和中产选民较为踊跃,建制派成绩下降说明首投族和中产选民大多投了反对派的票。二是“本土优先”的力量崛起,从民主党分裂出来的激进势力新民主同盟有 16 人出选,15 人当选。伞兵也有 8 人当选。“本土优先”是新民主同盟的竞选口号,但并不限于新民主同盟,广义而言,“本土优先”可以概括激进反对派的各个分支力量,他们的选民基础已从 2004 年的 7%,不断发展到本届区选的 20% 以上,占总体选民 1/5,已成为举足轻重的力量。① 这是香港特区政治生态在 2015 年值得关注的重要变化之一。

四、对未列入 20 件候选新闻事件的点评

除上述 20 件大事外,香港特区 2015 年还发生了不少大事和事件值得点评。从基本法实施角度来看,有如下 10 件事件更值得关注和述评。

(一)“后占中”恢复法治秩序的得失

对违法“占中”的处理有得有失。所得者:没有酿成暴力流血冲突,没有发生宵禁,也没有导致紧急情况和紧急状态的发生。② “禁制令”使违法“占中”的主力“学联”意想不到,也使受影响的市民因反省而进行反制,减低了违法“占中”的祸害。所失者:一是“占中”鼓吹者未能以“煽动”罪治罪,该罪的诉讼时效是 6 个月,因未及时检控,使责任者逃脱罪责。二是违法“占中”的部分参与者被检控,但大概只有四成多被定罪。被定罪者中,不到一

① 2016 年 2 月 28 日新界东举行补选,填补汤家骅辞职留下的空缺,补选采用单议席单票制,建制派的协调工作是成功的,只有周浩鼎 1 名候选人,但在多名反对派候选人的情况下,激进的杨岳桥仍然当选,得票约 37%,如加上梁天琦的得票,激进的选民可以达到 52%。

② 宵禁参见香港特区《公安条例》第 31 条的规定,紧急情况参见香港特区《紧急情况规例条例》的安排,紧急状态参见《香港特别行政区基本法》第 18 条第 4 款的规定。

半被监禁一两天,过半只需要执行社会服务令,惩治力度明显缺乏阻吓力。三是违反"禁制令"的惩罚是按"藐视法庭"治罪,不少违法"占中"者违反"禁制令",但结果政府以"禁制令"适用于单纯的侵权,不适用于带有政治性质的民事侵权而不予检控。四是"后占中"恢复法治秩序的工作没有开展,年轻人的抗命意识仍在,激进势力在2015年11月区选又迅速壮大。五是建制派关于否决政改要"票债票偿"的计划没有奏效。

2016年2月9日凌晨发生旺角暴乱(按香港特区《公安条例》第19条的规定应称为"暴动"),是违法"占中"未能妥善处理的后遗症和衍生产品。同年3月,又有"占中"者要组成"香港民族党"提出不利于国家统一的主张。这是违法"占中"没有恢复法治秩序的后遗症,而且本土激进分离势力还会频繁发动各种各样的街头运动,在口号和手段上还会升级。

(二)区议会选民住址的核查和除名

认为香港特区政府管治能力低下,是片面的。准确地说,香港特区政府的施政能力既有低下而柔弱的一面,也有超强的另一面,还有反向运作的一面。现举例说明如下:

2012年上半年和2015年上半年进行的两轮选民登记核查,选举事务处(隶属政制及内地事务局,是选举管理委员会的执行机构)跨部门核查了310万名选民,把26万名选民登记除名,剥夺了他们的选举权,体现超强的管治能力,满足了公民党和民主党的诉求。建制派虽然不满,但社会总体依然平稳。这种超强的管治做法是否有利于香港基本法正确有效的实施,相信自有公论。

(三)我国《国家安全法》的制定

2015年7月1日我国《国家安全法》制定,是有关国家安全的框架性法律。虽然该法没有列入《香港特别行政区基本法》附件三,但就法理而言,不列入附件三虽不在香港特区发生地域效力,但不等于对香港特区不发生任何效力,也不等于不能列入《香港特别行政区基本法》附件三。

《香港特别行政区基本法》第18条第2款前部规定:"全国性法律除列于本法附件三者外,不在香港特别行政区实施。"第3款后部规定:"任何列入附件三的法律,限于有关国防、外交和其他按本法规定不属于香港特别行政区自治范围的法律。"由此可见,可列入附件三的全国性法律有三类:一是国防;二是外交;三是不属于自治范围内的事务。根据《香港特别行政区基本法》第 17 条第 3 款以及第 158 条的规定，不属于自治范围内的事务又有两类：一类是中央管理的事务；另一类是中央和香港特区关系的事务。从我国《国家安全法》的内容来看，有的条文涉及国防事务，有的条文涉及外交事务；既有中央管理的事务，也有中央和地方关系的事务。因此理据，可以列入《香港特别行政区基本法》附件三。

没有列入《香港特别行政区基本法》附件三法律，不发生属地效力，但仍具有“属人”和“属事”效力，如全国人大常委会有关政改的多次决定。在国际法学和法理学上，法律有“属地”“属人”“属事”“属时”（空间、对人、对事和时间）四种效力。我国《国家安全法》如果列入《香港特别行政区基本法》附件三就会发生“属地”的效力，自然就发生“属人”和“属事”的效力；不列入附件三，就不发生“属地”的效力；但仍然可以发生“属人”和“属事”的效力。

对“属人”和“属事”的效力，外国法的教科书上称为“法律的域外效力”。例如，美国税法不在香港特区实施，但在中国有收入的美国公民仍要向美国政府缴税，若出现漏税的情形，美国政府还可以追究其责任。中国刑法也规定中国公民在境外犯特定罪，可以受到刑法追究，至于如何追究，可能需要引渡，可能需要等嫌犯从境外入境时抓捕等情形。

我国《国家安全法》对香港特区的“属人”和“属事”效力有两条：一是第 11 条第 2 款后部规定：“维护国家主权、统一和领土完整是包括港澳同胞和台湾同胞在内的全中国人民的共同义务。”在香港特区的中国公民也有这个义务。既然有义务，就应当将义务具体体现和落实，并说明有违该义务的惩罚措施，且在本地法律上体现。因此，由特区政府起草法案、立法会表决通过，再由行政长官签署生效，是落实有关义务的合适渠道。

二是第 40 条第 3 款规定：“香港特别行政区、澳门特别行政区应当履行维护国家安全的责任。”在此，责任主体是代表香港特区的行政长官（《香港特别行政区基本法》第 43 条第 1 款），行政长官应当依照《香港特别行政区基本法》的有关规定履行该国家安全的责任。除以行政命令之外，行政长官和特区政府也可以立法来实施。

（四）警务处处长的退休和两位问责官员的免职

2015 年有 3 位主要官员曾伟雄（警务处处长）、曾德成（民政事务局局长）、邓振威（公务员事务局局长）离职，其理由都不相同。曾伟雄是到了退休年龄,任期未满,是一个退休年龄优于《香港特别行政区基本法》任期的安排。曾德成早过了退休年龄,但没有退休,他表示乐意被退休。邓振威还没有到退休年龄,也未满任期,应当属于辞职照料家庭之类。

根据《香港特别行政区基本法》第 48 条第 5 项的规定,主要官员由行政长官提名、中央政府任命,由行政长官建议中央政府免职。可以推断,主要官员要与行政长官共进退,与行政长官有相同任期,该任期不受退休年龄的限制。如与行政长官意见不一致,主要官员可以辞职;如行政长官不满意主要官员的工作,也可以建议中央政府免职。这些是可以从该法推断出来的制度性安排,其他任何安排都是偏离基本法的,会影响基本法的权威以及对该法正确和准确的解读。

(五)立法会激进反对派议员的不合作运动

2015 年立法会激进势力的不合作运动达到近年巅峰,表现为不断的"拉布"和"流会"。由于香港特区有人对《香港特别行政区基本法》第 74 条的理解出现偏差,使其不能有效应对"拉布"。

《香港特别行政区基本法》第 74 条规定:"香港特别行政区立法会议员根据本法规定并依照法定程序提出法律草案,凡不涉及公共开支或政治体制或政府运作者,可由立法会议员个别或联名提出。凡涉及政府政策者,在提出前必须得到行政长官的书面同意。"以语言分析、逻辑分析和法律解释的方法解读分析该条文,可得出以下要点:

1. 条文将香港特区所有的法案分为三类:第一类涉及公共开支或政治体制、政府运作者,不得由议员提出;第二类不涉及公共开支或政治体制、政府运作,但涉及政府政策者,可由议员提出,但在提出前必须得到行政长官的书面同意;第三类不涉及政府政策者,可由立法会议员提出。

2. 不得由议员提出的原案,或可由议员提出但在提出前必须得到行政长官书面同意的原案,应当包括其修正案。不能提出原法案,也就应当不能提出其修正案。普通法系有"从物属于主物"(accessio cedit principali)的拉丁法谚,该规则适用于处理原案、修正案和再修正案的关系。否则,经过化整为零的不适当修订,原案可能被肢解;议员还可以通过化零为整的方法,形成原来不得提出或限制提出的原案。香港特区《立法会议事规则》禁止提出增加拨款的修正案,但允许提出减少拨款的修正案,这表面上是为了公共利益,但实质上未必如此。

3. 议员对有关法案的提案权虽然受到限制，但仍然可根据《香港特别行政区基本法》第 73 条第 5 项、第 6 项的规定，对政府工作提出质询，对任何有关公共利益问题进行辩论，通过质询和辩论提出意见。如果该意见是正确的，政府官员应当接受，行政会议应当讨论，转化为政府的修正案；如果政府拒绝接受合法、合理、合情的意见，应当说明理由，中央政府可以进行监督。

香港特区现行的《立法会议事规则》与以上理解不相符。《香港特别行政区基本法》第 75 条第 2 款规定，"立法会议事规则由立法会自行制定，但不得与本法相抵触"。基于以上认识，充分利用上位法《香港特别行政区基本法》应当就可以瓦解香港特区激进反对派议员通过修正案"拉布"的图谋了。

从维持议会的法律效力出发，各国家或地区允许议会清点人数。这样可能出现两种情况：一是会前清点已经不足；二是开会后中途有人离开，使开会或表决的法定人数不足。会前清点不足，只能"流会"顺延。但对其他情况，世界各国及地区的处理方法有所不同。如没有人要求清点，无论是否满足法定人数，继续开会仍然有效，但表决时仍然要有足够的法定人数。如会议主席认为法定人数没有问题，要求点算是为了拖延时间，则主席可以拒绝。如会议主席担心有人中途离场将使法定人数不足，则主席可以禁止议员退席，或要求场外议员进场。甚至可以要求在开会时和表决时才可以点票，以减少"流会"的机会。

从《香港特别行政区基本法》的有关规定来看，对行政长官和香港特区政府提出的提案、法案和施政报告，上述规定的法定人数仍然应当遵守，以表示立法会对有关法律和政策的尊重。但上述规定是对全体会议而言的，《香港特别行政区基本法》附件二设有分组表决机制，实行"一会两组"制，此机制是维持行政主导体制的特殊安排。对需要分组表决的会议，从香港特区的总体利益出发，就不需要按照全体会议的法定人数计算，可以减少"流会"的发生，提高立法会的工作效率。而对不具有法律约束力的会议，也可按同样的原理处理。既然会议没有法律约束力，为何又要有法定人数的点算呢？

议员是否有义务出席议会会议，是解决"流会"的关键。世界上通行有两种做法：一是无义务，议员缺席不必承担法律责任，如法国、荷兰、瑞典、意大利等国。二是有义务，议员缺席要承担法律责任，如美国、土耳其、葡萄牙、马耳他等国。例如,《美国宪法》第 1 条第 5 款第 1 项就规定:"每院议员出席人数过半数,即构成议事的法定人数,但不足法定人数时,得逐日延期开会,并有权按本院规定的方式和罚则,强迫缺席议员出席会议。"该规定就明确了对缺席议员可以处罚,处罚也可以带有惩罚性,以儆效尤,提高议员们的出勤率,避免"流会"现象。

(六)香港特区政治体制的性质及相关争议

2015 年 9 月 12 日,在香港特区举办的"基本法颁布二十五周年研讨会"上,中央政府驻港联络办主任张晓明以《正确认识香港特别行政区政治体制的特点》为题致辞,从四个方面全面阐述了香港特区政治体制的特点。他明确指出,香港特区不实行三权分立的政治体制,回归前不是,回归后也不是。香港特区政治体制是在中央政府直辖之下实行以行政长官为核心的行政主导,行政立法相互制衡、相互配合,司法独立的政治体制。在这一政治体制下,行政长官的"双首长"身份和"双负责制"使其具有超然于行政、立法和司法三个机关之上的特殊法律地位,处于特别行政区权力运行的核心位置。行政长官在中央政府之下、特别行政区三权之上起着联结枢纽作用。此番讲话再次引起对该话题的争议,一时间特区政治体制到底是不是三权分立成为媒体焦点。

判断香港特区的政治体制是否三权分立,有三个必要条件:一是三权之间是否不能兼任;二是三权之间是否互相制衡;三是三权之上是否没有监督机构。若有一个条件不满足,就不是三权分立。美国三个条件都满足,故为三权分立。英国有两个条件不满足,故非三权分立。英国宪法学学者认为本国不实行三权分立,而是实行议会至上的制度。世界上的国家并不是有三权的配置,就是三权分立。

根据香港特区基本法的有关规定,香港特区有"双料议员",属于兼任。行政、立法之间除制衡外,还有配合,与三权分立有别。行政长官和主要官员都由中央政府任命,全国人大常委会还有香港特区条例的发回权,《香港特别行政区基本法》的司法解释要受全国人大常委会制约,三权之上有中央监督。因此,三个条件都不满足,香港特区不是三权分立。

香港特区的政治体制有四个特征:一是直辖中央;二是行政长官主导;三是行政立法相互制衡、相互配合;四是司法独立。第一个特征说明中国是单一制国家,香港特区属于地方政府,直辖于中央;第二个特征说明行政长官在三权之上，但仍然受到中央的监督和立法会的制衡；第三个特征说明在行政立法关系上，行政对立法的制衡大于立法对行政的制衡，如立法提案权的规定、分组表决机制等；第四个特征是司法独立，享有终审权，但不等于享有对《香港特别行政区基本法》的最终解释权，无论是属于《香港特别行政区基本法》的何种条文，最终解释权都属于全国人大常委会。

（七）香港特区要认真反思及坚决反对“去中国化”的错误言行

2015 年 9 月 20 日在“香港在国家发展战略中的地位和作用”的研讨会上，时任全国港澳研究会会长陈佐洱发表讲话，他提出香港特区没有依法“去殖民化”，反而使 20 世纪 80 年代英国的“去中国化”死灰复燃。这是需要香港特区认真反思的。

《香港特别行政区基本法》第 8 条规定：“香港原有法律，即普通法、衡平法、条例、附属立法和习惯法，除同本法相抵触或经香港特别行政区的立法机关作出修改者外，予以保留。”是否抵触《香港特别行政区基本法》是对港英当局遗留下来的、需要“去殖民化”的审查标准，抵触《香港特别行政区基本法》就不能再保留。该法第 40 条对“新界”两字加上“引号”，第 103 条提到“给予外籍人员特权待遇”，就是不保留或要“去殖民化”的。

香港回归以来，对“去中国化”的行为没有采取有效措施予以制止，对此，香港特区政府需要认真反思和警醒。在庄丰源案件带来的“双非”问题上，香港特区政府不愿意执行全国人大常委会的立法解释，反而执行与该立法解释有抵触的司法解释；对国务院新闻办有关的白皮书，香港特区政府没有旗帜鲜明地表态认同；违法“占中”者要求撤回全国人大常委会“8 · 31”的决定，香港特区政府未能立场坚定有效应对；香港特区中学通识教材宣称全国人大常委会的释法为破坏法治，认为香港特区居民有抵抗权，香港特区政府没有审查予以修正；香港特区政府将中学历史必修课改为选修课，没有认识到“史亡国亡”的道理；对内地学历资格、专业资格者在承认、认可和实行等方面设关卡，即使香港特区很需要这样的人才，本地培养远水救不了近火，还是依然故我。诸如此类，都在无形中助长了“去中国化”的滋长。

在《香港特别行政区基本法》制定的同时，全国人大还制定《关于香港特别行政区第一届政府和立法会产生办法的决定》，要求第一届政府和立法会“根据体现国家主权、平稳过渡的原则产生”，现在平稳过渡的原则已经实现了，但体现国家主权的原则恐怕还没有完全实现，仍然有待努力。在此举两例：

1. 1997 年 2 月 23 日全国人大常委会作出《关于根据〈中华人民共和国香港特别行政区基本法〉第 160 条处理香港原有法律的决定》。该决定指出:“原有法律或附属立法中”,“有关英文的法律效力高于中文的规定,应解释为中文和英文都是正式语文”。但在司法、法律和政府的商业活动中,还存在相当普遍的歧视中文、英文优于中文的情况。

2. 该决定附件三规定了香港原有法律中的名词或词句(如女王陛下、英国政府、本殖民地、总督等)的替换原则。香港回归 19 年来,以替换来完成变更、适应、限制或例外的工作,迄未完全完成。香港特区《刑事罪行条例》的“叛逆性质的犯罪”“煽动罪”就是如此。没有适应化成为不予适用的理由,过时成为在“适用时”不必适用的理由,被保留的保障国家安全的法律长期处于搁置状态。既没有用以对付违法“占中”的鼓吹和实施,也没有拿来制裁组党的分离运动。

(八)香港特区《防止贿赂条例》适用于行政长官的问题

2015 年 11 月 11 日,香港特区立法会否决民主党议员黄碧云将《防止贿赂条例》(第二百零一章)第 3 条及第 8 条适用范围扩大适用于行政长官的议案。与行政长官就任时肩负的重大责任相比,有关利益问题完全可以在他离任后处理。其实,不但上述涉及接受利益第 3 条及第 8 条条文没有必要,连 2008 年通过的涉及利益申报修订的第 4 条及第 5 条,也是没有必要的。

在接受利益和申报利益方面,《香港特别行政区基本法》第 47 条第 2 款规定:“行政长官就任时应向香港特别行政区终审法院首席法官申报财产,记录在案。”香港回归以来,首席法官并没有履行该职责,2012 年前终审法院首席法官在报告书中还建议由首席法官和立法会主席共同委任的 3 人委员会负责此事,这并不符合《香港特别行政区基本法》的规定。目前,行政长官按行政会议成员申报财产,也不符合该规定。香港特区应当通过本地条例在申报范围、申报时间、受理申报机构、申报资料可否公开、拒绝申报、不如实申报如何处理等方面,落实上述申报制度,不宜以《防止贿赂条例》来落实。

然而,香港特区 2008 年《防止贿赂条例》的修订,带来两点缺陷:

1. 该条例授权廉政专员有理由怀疑行政长官可能犯了本条例所定罪行,专员可将情况提交律政司司长考虑,是否可以行使其调查行政长官的权力。如律政司同意,其就可以展开调查,这是不恰当的。廉政专员由行政长官提名、对行政长官负责,行政长官是该专员的上级,没有得到有效的授权,不得调查作为其上司的行政长官。廉政专员又是中央政府任命的,如廉政专员知道有关情况,应当向中央政府反映,由中央政府决定如何处理。

2. 该条例授权律政司司长有理由怀疑行政长官可能犯了本条例所犯罪行,其可将该事宜提交立法会议员,让他们考虑是否根据《香港特别行政区基本法》第 73 条第 9 项的规定采取任何有关弹劾的行动。根据《香港特别行政区基本法》第 64 条的规定,行政机关对立法机关的负责是有范围的,不包括通风报信以及由律政司司长提供证据给立法会议员,再由该议员鼓动让立法会弹劾律政司司长的上级。这是弹劾程序启动后,进入调查程序,要由终审法院首席法官证实的工作。这种做法还扭曲了《香港特别行政区基本法》有关行政立法相互配合的精神。

(九)香港特区司法复核的滥用

2012 年 12 月 2 日,香港特区终审法院前常任法官列显伦在香港外国记者俱乐部午餐会上演讲,批评香港特区滥用司法复核。①

在司法理论和实践上,司法复核有英、美两个不同体系的区别。虽然普通法的地区都遵从先例,也都参考其他普通法地区的判例,但就司法复核而论,美、英两个不同的体系在管辖(收案)范围和法官职权上有显著不同。在美式的司法复核中,法官的审查对象有 3 类:(1)具体的行政行为,如政府官员签发牌照的行为;(2)抽象的行政行为,如政府制定牌照签发的规章;(3)立法行为,如国会制定的授权政府发牌的法律。

美国法院的审查主要是合法性审查,主要表现为:(1)通过解释宪法、国会立法、政府规章,如审查政府某官员签发牌照的行为;(2)通过解释宪法和国会法律,如审查政府签发牌照的规章;(3)通过解释宪法,如审查国会有关牌照的立法。

在英式的司法复核中,法官的审查对象只有两类,有权以议会立法审查上述美式司法复核中第(1)种和第(2)种行为,但不得审查第(3)种行为。

这是美国有成文宪法,而英国没有的缘故吗?不是。其实,1998 年英国已制定了《人权法》,相当于宪法,法官也可以解释《人权法》,但法官仍然不

---

① See Song Sio Chong, "Retired Judge puts the SAR's Judicial Review on the Dock", *China Daily HK editian*, December 9, 2015.

能以此来审查议会立法。有《人权法》并不是英国走向美国式司法复核道路的理由。美国“三权分立”的政治体制允许法官以国会立法违宪为理由并使之失效,英国“议会至上”的政治体制却不允许英国高院及以上法官具有美国同行的权力。

回归前,香港司法复核的类型是英国式,法院不能推翻经港督批准的、立法局通过的条例。虽然《英皇制诰》和《王室训令》凌驾于其他条例,但两者的终审权和最终解释权都属于英国枢密院司法委员会,不属于香港法院。1991 年港英当局制定了《香港人权法案条例》,赋予该条例凌驾于其他条例的法律地位,又在《英皇制诰》中确立该法律地位,改变了原来的做法,以《香港人权法案条例》审查其他条例,大大扩大了司法复核案件的管辖权。

回归后,香港特区的司法复核仍由高等法院原讼庭管辖,但有些不同情况:

1. 实行终审权与最终解释权分离制度。终审法院虽有终审权,也被全国人大常委会授权解释《香港特别行政区基本法》,但没有该法的最终解释权。

2. 没有《香港特别行政区基本法》这一上位法的最终解释权而有以该法为依据的审查权,是荒谬的。即没有最终解释权,有关解释就可能出错,废除条例或宣布条例无效就将导致法律真空,不能允许。

3. 与政治体制不相容。中国地方的权力来自中央的授权,中央未作此项授权。在没有按照《香港特别行政区基本法》第 11 条第 1 款找到依据的前提下,就照搬美国的司法复核是错误的。但以条例来审查抽象的行政行为(授权立法)和具体的行政行为,并决定是否抵触而废除或无效,则是允许的。

然而,香港特区目前的司法复核权不但超过英国,而且超越美国。即使没有具体的受案事由,法院也可以抽象地进行管辖,所审查对象也从具体和抽象的行政行为扩大到立法行为。因此,列显伦的批评是有所指的。

(十)高铁“一地两检”问题

“一地两检”并非世界难题,美、加两国早已解决了民用航空的“一地两检”问题,英、法两国也解决了海底隧道火车的“一地两检”问题,尽管有不同模式。中国以“一带一路”建立经济带,发展世界经济,也要利用高铁,在高铁路经国家时处理好“一地两检”事务，以发挥高铁的效益。

深港两地在深圳湾口岸进行“一地两检”，对此，全国人大常委会作了专门决定，授权香港特区入境事务处和警方到内地特定区域执法。但目前涉及京九高铁九龙站进行“一地两检”时，却发生争议。

解决的办法有三：一是对九龙站的部分空间由国家收回，由中央授权内地公安执法；二是由全国人大常委会作出决定，列入附件三，授权内地公安到九龙站的特定区域(不是全港区域)执法；三是进行协商，达成协议。三者都存有需要解决的后续事项，例如，第一个办法在法律上简单，但在政治上复杂，需要有化解政治争拗的勇气和智慧。第二个办法在法律原则上的思路清晰，但在列入后，还存在“当地公布”或“立法实施”的问题；对法律技术上和细节的处理，可能需要在实践中创造“一国两制”下符合《香港特别行政区基本法》的能解决实务问题的新说法，而这种新说法，要打破旧有的观念和习惯思维，这是需要有解决法律问题的水平和能力的问题。第三种办法表面上容易，但实际上最复杂，会引申出更多的问题。如是否有《香港特别行政区基本法》的依据问题；是否要由全国人大常委会作出决定，列入附件三还是要本地立法，还是只靠行政协议执行的问题；是要采用美加模式，还是英法模式问题。这是需要超过第一个和第二个办法的条件才可能解决的问题。由于一开始对“一地两检”没有提早进行可行性研究，而且对任何方案，香港特区反对派都会提出反对意见，都会开展相应的不合作运动，所以只想达成共识而没有应对之策是不可能成功的。这样看来，该问题恐怕不仅是 2015 年或 2016 年的大事，也可能是 2017 年及其后的大事。

五、小结

香港特区是动感城市，每天都有事发生。记账式地记录下来，是史料学的工作。本文的点评选择一些大事，分析发生的原因或描述事件的特点，或评价处理的方法，或讨论事态的后果，或归纳经验和教训，或评估事态的发展，或指出事件的危害，或提出对策和建议，是史学的工作。本文不求其全面，不离事而言理，但求点评常人所未及见者、媒体所疏漏者、应对所失策者，务必救弊济事，经世致用，达史学之要旨。了解史学，对未来的政治可能也会有助益。

2015 年《澳门特别行政区基本法》实施大事述评

李晓兵*

一、澳门特别行政区的开局之年：确定新方向和新目标

2015 年是国家全面深化改革的关键之年，也是全面推进依法治国的开局之年，同时也是全面完成“十二五”规划的收官之年。对于澳门特别行政区（以下简称澳门特区）而言，2015 年是澳门特区成立第 16 年，也是第四届澳门特区政府的开局之年。

澳门特区创建 15 年来的蓬勃发展为澳门特区未来发展奠定了良好的基础，如何在此基础上，为澳门特区确定新方向、寻找新目标、书写新篇章、再创新辉煌，是澳门特区政府面临的新使命和新任务。[①] 特别

* 南开大学法学院副教授，台港澳法研究中心执行主任，法学博士。

① 2015 年 2 月 10 日，中央人民政府驻澳门特别行政区联络办公室主任李刚在《中联办 2015 年新春酒会致辞》中指出：“过去一年，澳门迎来回归祖国 15 周年。这 15 年，是澳门历史上发展最快最好的 15 年，是‘一国两制’实践取得巨大成功的 15 年，是书写澳门历史新篇章的 15 年……在喜庆回归 15 周年的日子里，国家主席习近平视察澳门并发表一系列重要讲话，充分体现了中央对澳门的关心和支持，为澳门未来发展指明了前进方向。这一年，澳门顺利完成了第四任行政长官选举，新一届特区政府组成，让社会对未来充满希望。在中央的大力支持下，特区政府成功地举办了 APEC 旅游部长会议，向世人展示了澳门独特的历史文化和国际旅游休闲城市的风采。这一年，粤澳合作不断深化，澳门参与珠海横琴、中山翠亨、江门大广海湾、广州南沙等新区建设取得积极进展，珠澳口岸新的通关安排顺利实施，明确澳门习惯管理水域范围的相关工作正式启动，为澳门走经济适度多元可持续发展道路开辟了更为广阔的空间。”载中央人民政府驻澳门特别行政区联络办公室网站：http://www.zlb.gov.cn/2015-02/10/c_127480116.htm，最后访问日期：2016 年 7 月 18 日。

是在面临新的国际、国内政治经济形势情况下，澳门特区创建 16 年来的各种社会问题、社会矛盾不断积累，迫切需要解决，澳门特区政府需要回应社会各方的要求并实现澳门特区治理现代化的目标，维持澳门特区繁荣稳定发展与和谐的社会秩序，全面贯彻落实“一国两制”方针和基本法，应对并解决澳门特区面临的新问题和新挑战。

2015 年 1 月 1 日，澳门特区行政长官崔世安在元旦献辞中提出：“新一届特区政府将持续增强主人翁意识和忧患意识，依法施政，立足于过去建立的坚实基础上，努力不懈提高治澳能力和水平。今年三月，将发表第四届政府的首份施政方针，我们将会按照健康的步伐，以加快建设长效机制、大力推进民生工程、持续推动经济适度多元、积极建设世界旅游休闲中心、加强区域合作、建设宜居城市、优化生活空间、加强教育事业，提高公共行政绩效，以及优化公共服务质量为施政重点。”①

二、澳门特区政府发布 2015 年财政年度施政报告

2015 年 3 月 23 日，澳门特区行政长官崔世安代表特别行政区政府向立法会全体会议作 2015 年财政年度施政报告，报告中表示特区政府 2015 年的施政重点是“统筹规划，稳健发展，汇聚民智，同创新篇”。澳门特区立法会在 2015 年 3 月和 4 月分别对经济财政领域 2015 年年度施政方针政策、行政法务领域 2015 年年度施政方针政策、运输工务领域 2015 年年度施政方针政策、社会文化领域 2015 年年度施政方针政策和保安领域 2015 年年度施政方针政策进行了辩论，并就 2015 年财政年度施政报告内容向行政长官提问，由行政长官回答有关问题。②

崔世安在施政报告前言部分指出，“2015 年是特区成立第十六年，是第四届特区政府开局之年。我们必须以更强的责任感、更高的热情，全力推进‘一国两制’、‘澳人治澳’、高度自治的伟大实践，全面、正确地理解和贯彻《澳门基本法》，坚定不移地维护国家的主权、安全和发展利益，坚决维护澳

① 《澳门行政长官崔世安二零一五年元旦献辞》，载澳门特区政府新闻局网站：http://www.gcs.gov.mo/showCNNews.php? DataUcn = 84942&PageLang = C，最后访问日期：2016 年 6 月 18 日。

② 参见《澳门特别行政区立法会活动资讯》，载澳门特区立法会网站：http://www.al.gov.mo/agenda/cn/act_main.htm，最后访问日期：2016 年 6 月 18 日。

门的长期繁荣稳定”。“我们要以务实的态度,巩固和丰富各个领域取得的阶段性成果;以承担的胆略,虚心听取民意,积极改进工作的不足,持续完善自我;以改革的思路总结经验、解决问题,与全澳居民一道开好局、走稳路,写好特区发展的新篇章。”他同时指出,“今年亦是澳门经济进入调整期、外部环境仍然复杂多变的一年。我们必须保持头脑清醒,增强忧患意识,审时度势,稳步向前。把握祖国全面深化改革、全面推进依法治国的大好机遇,加强区域合作,拓展澳门发展空间,着力解决深层次矛盾,努力实现产业结构有序调整,经济发展保持稳定,就业状况维持良好水平,民生综合素质进一步提升”。并特别强调,“在新的一年,我们要认真领会习近平主席在庆祝澳门回归祖国十五周年大会暨澳门特别行政区第四届政府就职典礼上讲话的精神,不断提高依法治理的能力和水平,团结奋进,促进特区全面发展。”

行政长官崔世安在施政报告中提出了 2015 年的施政重点主要包括:(1)同心协力,应对内外环境的改变。行政长官特别提出,在中央政府的全力支持下,经过澳门特区政府与广大居民的共同努力,澳门特区经济实现跨越式发展,积累了较大的发展后劲。近年来,经济适度多元呈现阶段性成果,为经济稳健发展打下重要基础。澳门特区财政保持稳健,仍然是盈余预算。[①] 现时,失业率仍保持较低的水平。对于 2015 年经济前景,会保持居安思危、审慎乐观的态度。(2)建设宜居城市,共享优质生活。行政长官指出,宜居城市是建设“世界旅游休闲中心”的重要标志。澳门特区政府将强化统筹规划,重视顶层设计,加快宜居城市的建设。他在施政报告中提出的主要措施有:①制定中期建设计划,推出短期应对措施;②住屋、交通、环保处于施政优先位置;③增强城市安全;④深化人文建设。(3)促进经济适度多元。行政长官指出,经济适度多元是澳门特区经济发展的总趋势,是澳门特区政府施政的重点,希望在稳定龙头产业的同时,促进非博彩元素成长,加快经济适度多元发展。这方面澳门特区政府将推出的主要措施有:一是维持博彩业健康发展,培育新兴行业成长;二是支持中小企业开拓发展;三是研究

---

① 截至 2015 年 1 月底,澳门特区政府财政储备中的基本储备为澳门币 1343.27 亿元,超额储备为澳门币 2078.04 亿元。2014 年财政年度的预算结余为澳门币 902.96 亿元,待完成有关结算程序后,超额储备总额将达澳门币 2981.00 亿元,因而财政储备总额达澳门币 4324.27 亿元。此外,外汇储备总值为澳门币 1333.43 亿元。

设立投资发展基金，构建财政盈余分配长效机制；四是保障就业权益，提升就业竞争力；五是扩展对外交往，深化区域合作。(4)完善民生措施，共建美好家园。行政长官指出，澳门特区政府坚持“发展经济，改善民生”的施政理念，致力巩固和丰富民生工程，让澳门特区居民真正感受到发展成果共建共享的喜悦。施政报告中提出的主要措施有：①强化民生施政，惠泽弱势社群；②实现教育兴澳，重视青年培养；③加强人才培养长效机制的建设。(5)提升政府治理水平，实现社会善治。崔世安指出，澳门特区在发展，客观趋势和广大居民都对澳门特区政府治理能力及水平提出了更高要求。他特别指出，要不断增强施政透明度，依法保障新闻自由、出版自由和言论自由。加强政策研究，提升政府响应速度和质量，增强政策解说能力，确保政府与社团和居民的良好互动。他指出，落实精兵简政是澳门特区政府施政的重点，即落实对整个公共行政架构职能重组和转移合并的综合研究，并改善跨部门合作机制，提升公共行政效率；全面检讨中央招聘制度的入职及分配，研究修订《公务人员职程制度》，重新评估各级公务人员，特别是基层公务人员的薪酬水平和购买能力，适时推出相应的补助和福利措施；落实建立各级政府部门的责任制，增强各级官员的责任意识，明确其施政责任，确保政策协调落实；完善领导官员绩效评审制度，实现官员问责制度与领导官员绩效评审制度的结合，形成“绩效导向”和“权责相当”的行政文化。特区政府将全力加强法制建设，抓紧完善基础性法律，尤其是民生事务法律的立法工作。

崔世安在施政报告结语部分指出：“我们引以自豪的是，拥有‘一国两制’、‘澳人治澳’、高度自治的制度优势，拥有勤奋、智慧的广大澳门居民，拥有十五年特区建设的成果和经验，为澳门在新的里程稳步向前奠定重要的基础。我们要不断巩固和强化这些支柱，把澳门发展的制度优势转化为促进经济社会发展的持续动力。”“我们要以稳健发展为大局，以融合发展为切入点。在推动经济适度多元的同时，培养各类人才，增进民生福祉，维持社会和谐安定，促进人与生态、人与环境的协调。特区政府要与广大居民共同努力，让民生综合水平有质的提升。”“我们坦承施政的不足，勇于正视问题，积极改善，敢于承担重任，迈步向前，以创新的思维，掌握社情，听取民意，科学施政。秉持‘以人为本’、‘科学决策’的施政理念，加快改革政府的治理体系，加强行政和立法互动配合，健全监督机制，不断增加施政透明度，提高依法治理的能力和水平。”

三、澳门特区立法会陆续出台各项重要立法

2015 年,澳门特区立法会陆续修改或制定出台了一些重要的立法,法制建设取得新发展。

(一)修改第 7/2008 号法律《劳动关系法》

2015 年 4 月 1 日,澳门特区立法会根据《澳门特别行政区基本法》第 71 条第 1 项通过修改第 7/2008 号法律《劳动关系法》,将第 7/2008 号法律《劳动关系法》第 70 条修改为:"雇主不以合理理由解除合同……为适用第一款及第三款的规定,除雇主与雇员另有协定更高金额的情况外,用于计算赔偿的月基本报酬的最高金额为澳门币二万元……上款规定的金额须每两年检讨一次,且可按经济发展的状况作调整。"2015 年 4 月 9 日,行政长官崔世安签署命令公布该法律,该法律自公布翌日起生效。

之所以对第 7/2008 号法律《劳动关系法》进行修改,是因为根据澳门特区经济发展的状况,澳门特区政府认为需要调整月基本报酬的最高金额。第 7/2008 号法律《劳动关系法》第 70 条第 4 款原来规定,因不以合理理由解除合同而用于计算赔偿的月基本报酬最高金额为澳门币 14000 元。经咨询社会协调常设委员会劳资双方代表的意见,并平衡考虑各方面的因素,尤其澳门特区社会的营商环境、就业状况的稳定性、雇员权益的保障以及雇主的承受能力等情况,澳门特区政府制定修改第 7/2008 号法律《劳动关系法》的法律草案,此外,为配合经济发展,该法案建议引入定期检讨机制,每两年一次检讨上述月基本报酬的最高金额。①

(二)修改《澳门特别行政区立法会组织法》

澳门特区立法会根据《澳门特别行政区基本法》第 70 条第 1 项第 3/2015 号法律修改第 11/2000 号法律《澳门特别行政区立法会组织法》,对于第 14 条、第 16 条、第 21 条、第 22 条、第 27 条、第 30 条、第 31 条及第 50 条的行文进行修改。另外,增加第 22 - A 条、第 22 - B 条、第 22 - C 条、第 22 - D 条、第 22 - E 条、第 22 - F 条、第 22 - G 条及第 34 - A 条。

修改《澳门特别行政区立法会组织法》主要是因为立法会所开展的工作不断增加,而立法会辅助部门的架构却十分简单,只设有一个处级组织附属

① 参见澳门特区第 2/2015 号法律《修改第 7/2008 号法律〈劳动关系法〉》理由陈述。

单位,其余行政机构均由办公室组成,导致辅助部门在挽留具有工作经验的人才方面遇到很大的困难。另外,近 10 多年来,立法会的议员人数已经由第一届立法会的 23 名议员增加至本届立法会的 33 名,议员人数的增加导致相应的行政工作量也随之而上升。同时,立法会的委员会数目也几乎增加了一倍,在这些委员会全面运作的情况下,辅助部门需要进行大量的预备与协调工作。因此,有必要为立法会配置一个较适合其现有规模的行政架构,并对自 2000 年以来基本没有改变的人员编制做出调整。所提出的修改第 11/2000 号法律《澳门特别行政区立法会组织法》的建议,修改内容主要针对立法会辅助部门的行政及组织架构,并相应增加其人员编制,旨在促进两会工作人员的向上流动,加强部门的行政管理以及优化部门的组织架构。建议设立两个厅级部门:综合事务处以及资讯暨刊物处,作为立法会辅助部门的两个主管部门。综合事务处下设人力资源暨财政处、采购暨财产处及公关暨技术辅助处。资讯暨刊物厅下设信息暨图书管理处及编辑暨刊物处。①

(三)消除无记名股票及修改《商法典》

澳门特区立法会根据《澳门特别行政区基本法》第 71 条第 1 项制定第 4/2015 号法律消除无记名股票及修改《商法典》,旨在消除无记名股票及修改《商法典》。其中,针对禁止发行、转换及移转以及商业登记、股票的转换、股东权利的中止、无记名股票的灭失、告知义务和行政违法行为,对《商法典》第 178 条、第 416 条、第 417 条、第 424 条、第 451 条、第 470 条、第 472 条及第 1133 条,以及第二卷第一编第五章第七节的标题进行修改。

制定第 4/2015 号法律消除无记名股票及修改《商法典》,主要是因为澳门特区作为“税务信息透明与交换全球论坛”成员,有义务落实及遵守相关国际法律文件在税收透明与信息交换方面所规定的国际标准。“税务信息透明与交换全球论坛”同行评审组于 2011 年 10 月通过对澳门特区第一阶段有关落实及遵守国际标准的评审报告,要求澳门特区对一些为遵守相关国际标准属必须修改的事宜进行修法,并以此作为澳门特区通过第二阶段评审的前提。②

---

① 参见澳门特区第 3/2015 号法律《修改第 11/2000 号法律〈澳门特别行政区立法会组织法〉》理由陈述。

② 参见澳门特区第 4/2015 号法律《消除无记名股票及修改〈商法典〉》理由陈述。

(四)修改工作意外及职业病损害的弥补制度

立法会根据《澳门特别行政区基本法》第 71 条第 1 项,制定澳门特区第 6/2015 号法律,修改工作意外及职业病损害的弥补制度,修改 8 月 14 日第 40/95/M 号法令,对第 3 条、第 7 条、第 10 条、第 25 条、第 28 条、第 36 条、第 52 条、第 53 条、第 62 条、第 66 条、第 67 条、第 68 条、第 69 条及第 70 条进行修改;在经第 12/2001 号法律及第 6/2007 号法律修改的 8 月 14 日第 40/95/M 号法令内增加第 68 – A 条及第 68 – B 条;废止经第 12/2001 号法律及第 6/2007 号法律修改的 8 月 14 日第 40/95/M 号法令第 71 条。该法律于 2015 年 6 月 15 日通过,行政长官崔世安 2015 年 6 月 19 日签署命令公布,该法律自公布后满 60 日起生效。

制定澳门特区第 6/2015 号法律,修改工作意外及职业病损害的弥补制度,主要是基于澳门特区社会劳动的现状及相关政策的执行情况,以及根据实施现行的由 8 月 14 日第 40/95/M 号法令订定的工作意外及职业病损害的弥补制度所取得的经验显示,有需要持续跟进该法规的实施情况。同时,也是为了进一步保障受害工的权利,以及改善和明确因工作意外及职业病所引致损害的弥补机制及程序。①

(五)制定物业管理业务的清洁及保安雇员的最低工资

2015 年 7 月 3 日,澳门特区立法会根据《澳门特别行政区基本法》第 71 条第 1 项,制定通过了澳门特区第 7/2015 号法律即物业管理业务的清洁及保安雇员的最低工资,旨在为物业管理业务中从事清洁及保安工作的雇员订定最低工资。该法律由行政长官崔世安于 2015 年 7 月 9 日签署命令公布,自 2016 年 1 月 1 日起生效。

制定澳门特区第 7/2015 号法律即物业管理业务的清洁及保安雇员的最低工资,其主要原因在于原有规定内容已经追不上劳动法例改革的步伐,有必要以更符合现况及更详细的方式规范相关事宜,使之能配合现时劳动法例所作的修改。为此,法案就保障金额及设定债权日期方面订定范围,并将保障惠及外地雇员,以及规定出现雇员不当受益的情况时,雇员须返支的金额。②

---

① 参见澳门特区第 6/2015 号法律《修改工作意外及职业病损害的弥补制度》理由陈述。

② 参见澳门特区第 7/2015 号法律《物业管理业务的清洁及保安雇员的最低工资》理由陈述。

(六)修改《消费税规章》的附表

2015 年 7 月 9 日,澳门特区立法会根据《澳门特别行政区基本法》第 71 条第 1 项,制定澳门特区第 9/2015 号法律,修改《消费税规章》的附表,其基本内容为:由 12 月 13 日第 4/99/M 号法律通过并经第 8/2008 号法律、第 7/2009 号法律及第 11/2011 号法律修改的《消费税规章》第 2 条所指的表的第Ⅲ组,由作为本法律组成部分的附件替代。该法律由行政长官崔世安 2015 年 7 月 9 日签署命令公布,自公布翌日起生效。

制定澳门特区第 9/2015 号法律修改《消费税规章》附表,原因在于自从订定《预防及控制吸烟制度》的第 5/2011 号法律于 2012 年 1 月 1 日后,澳门特区正逐步落实各种措施以控制吸烟,其中包括增加烟草消费税、建立无烟公众场所及工作间、禁止任何形式的烟草广告及宣传、加强教育,以及推广戒烟服务。根据适用于澳门特区的 2003 年 5 月 21 日在日内瓦通过的世界卫生组织《烟草控制框架公约》第 6 条的规定,增加烟草消费税是国际公认的最有效减少烟草使用量的措施之一,特别对遏制青少年在烟草方面的消费起到明显作用。因此,澳门特区政府调整订定烟草产品消费税务制度的《消费税规章》,增加香烟消费税至每支香烟为澳门币 1 元 5 毫。调整后烟草消费税将占澳门特区香烟零售价的 70% 或以上,符合世界卫生组织建议的标准,此举将能进一步有效控制澳门特区的烟草消费及吸烟人口。①

(七)《订定中国人民抗日战争暨世界反法西斯战争胜利七十周年纪念日为强制性假日》

澳门特区立法会 2015 年 7 月 9 日根据《澳门特别行政区基本法》第 71 条第 1 项,制定澳门特区第 8/2015 号法律《订定中国人民抗日战争暨世界反法西斯战争胜利七十周年纪念日为强制性假日》,规定:"为适用第 7/2008 号法律《劳动关系法》的规定,订定二零一五年九月三日(中国人民抗日战争暨世界反法西斯战争胜利七十周年纪念日)为强制性假日。"由行政长官崔世安于 2015 年 7 月 9 日签署命令公布。第 8/2015 号法律《订定中国人民抗日战争暨世界反法西斯战争胜利七十周年纪念日为强制性假日》于 2015 年 7 月 13 日在《澳门特别行政区公报》内公布并生效。

制定该法律的目的在于响应 2015 年 9 月 3 日纪念中国人民抗日战争暨

---

① 参见澳门特区第 9/2015 号法律《修改〈消费税规章〉的附表》理由陈述。

世界反法西斯战争胜利70周年的系列活动，借以纪念抗日战争胜利、悼念战时牺牲的英雄烈士及爱国者，显示中国人民抵抗侵略和维护和平的坚定决心。[①] 该法律旨在订定2015年9月3日为强制性假日，并让全体居民参与纪念活动；该法律适用第7/2008号法律《劳动关系法》有关强制性假日的规定，即雇员须被豁免在2015年9月3日提供工作，且不丧失基本报酬。若雇主按《劳动关系法》第45条规定安排雇员在该日提供工作，则与其他强制性假日一样，须按相关规定向雇员作出有关补偿。该项立法对于增强特区居民的国家认同和爱国主义很有意义。

(八)制定第10/2015号法律《劳动债权保障制度》

2015年8月6日，澳门特区立法会根据《澳门特别行政区基本法》第71条第1项，制定澳门特区第10/2015号法律《劳动债权保障制度》，行政长官崔世安2015年8月11日签署命令公布，自2016年1月1日起生效。

制定第10/2015号法律《劳动债权保障制度》，原因在于因劳动关系而产生的债权的保障受相关法律规范，而有关负担由社会保障基金承担。然而，由于相关的规定内容过于简单，已经跟不上劳动法例改革的步伐，因此有必要以更符合现况及更详细的方式规范相关事宜，使之能配合现时劳动法例所作的修改。[②] 该法律第1条规定了标的及目的："本法律对因劳动关系而产生的债权订定保障制度，以确保有关债权未获债务人履行时得到支付。"该法律还规定了"受保障的债权"，设立"劳动债权保障基金"。

(九)制定第11/2015号法律《修改第10/2011号法律〈经济房屋法〉》

2015年8月6日，澳门特区立法会根据《澳门特别行政区基本法》第71条第1项，制定通过澳门特区第11/2015号法律，修改第10/2011号法律《经济房屋法》。其中，第1条修改第10/2011号法律第14条、第15条、第21条至第24条、第26条、第28条及第34条，增加第24－A条。该法律由行政长官崔世安2015年8月11日签署命令公布，自公布翌日起生效。

制定澳门特区第11/2015号法律，修改第10/2011号法律《经济房屋法》，是因为第10/2011号法律《经济房屋法》已经实施3年多，社会各界对

① 参见澳门特区第8/2015号法律《订定中国人民抗日战争暨世界反法西斯战争胜利七十周年纪念日为强制性假日》理由陈述。

② 参见澳门特区第10/2015号法律《劳动债权保障制度》理由陈述。

该法所规定的制度，以及在实施过程中出现的情况提出了很多的意见及建议，澳门特区政府经过长时间研究及参考各种意见后，在完成公众咨询基础上提出了修改建议。这次《经济房屋法》的修订循提升行政效率的方向进行，建议修改申请程序中先审查后抽签制度，以加快行政审查流程。在具体做法上则遵循局部与整体检讨修订“两步走”的理念展开。①

（十）制定第 12/2015 号法律《公共部门劳动合同制度》

2015 年 8 月 6 日，澳门特区立法会根据《澳门特别行政区基本法》第 71 条第 1 项，制定通过澳门特区第 12/2015 号法律《公共部门劳动合同制度》。该法律由行政长官崔世安 2015 年 8 月 11 日签署命令公布，自 2015 年 11 月 1 日起生效。

回归以来，澳门特区政府持续推动公共行政的发展和改革，制定澳门特区第 12/2015 号法律《公共部门劳动合同制度》，其主要目的在于完善公共部门以劳动合同方式任用人员的制度，通过创设行政任用合同、设立行政任用合同人员的返聘制度和调职制度，以及订定可采用个人劳动合同的情况和聘用程序，更好地统一有关合同人员的权利和义务，并增加公共部门运用人力资源的灵活性。②

（十一）制定第 13/2015 号法律修改《民政总署章程》

澳门特区政府 2015 年财政年度施政方针中指出，继续进行民政总署的职能理顺工作，全面落实民政总署与文化局、体育发展局相关职能、工作项目、设施、设备的转移计划。同时，将民政总署原职能部门的 200 多名人员，在权利和福利得到保障的前提下，转到相关部门继续工作。特区政府将总结此次职能转移工作中积累的经验，进一步理顺民政总署与其他部门之间的职能重叠问题。以更有利于资源调配及善用，进一步提升工作效率。③ 本次修改即落实上述方针的具体举措。

2015 年 11 月 25 日，澳门特区立法会根据《澳门特别行政区基本法》第 71 条第 1 项，制定通过澳门特区第 13/2015 号法律，修改《民政总署章程》。

---

① 参见澳门特区第 11/2015 号法律《修改第 10/2011 号法律〈经济房屋法〉》理由陈述。

② 参见澳门特区第 12/2015 号法律《公共部门劳动合同制度》理由陈述。

③ 参见《澳门特别行政区政府二零一五年财政年度施政方针》，载 https://www.gsaj.gov.mo/sites/www.gsaj.gov.mo/files/2015_policy_cs.pdf，最后访问日期：2016 年 6 月 20 日。

该法律由行政长官崔世安 2015 年 11 月 30 日签署命令公布,自 2016 年 1 月 1 日起生效。

制定澳门特区第 13/2015 号法律修改《民政总署章程》,旨在为理顺文化及体育范畴的职能,必须废止民政总署有关"促进及执行文化、康乐及体育范畴内的政策,但不影响与其他公共部门及实体店合作"的职责。与此同时,为配合民政总署未来的职能定位和澳门特区政府"一站式"服务的发展,必须赋予民政总署"协调和推动跨部门公共服务的实施机制,并藉与其他公共部门、实体签订的协议,提供协议订定的服务"的职责。①

(十二)制定第 14/2015 号法律修改《机动车辆税规章》

2015 年 12 月 17 日,澳门特区立法会根据《澳门特别行政区基本法》第 71 条第 1 项、第 3 项,制定澳门特区第 14/2015 号法律,修改《机动车辆税规章》,由行政长官崔世安 2015 年 12 月 18 日签署命令公布,自公布翌日起生效。

制定澳门特区第 14/2015 号法律修改《机动车辆税规章》,原因在于在澳门特区原有的《机动车辆税规章》生效期间,机动车辆数量以每年 5.54% 的增长率一直持续稳定上升,故必须采取税务措施,以增加购置机动车辆成本的方式达到车辆增长放缓的目标。修改原有法律还有简化相关行政手续和兼顾税务公平原则的要求的考虑。②

该法律的主要内容为:对由第 5/2002 号法律通过并经第 1/2012 号法律修改的《机动车辆税规章》第 1 条、第 7 条及第 10 条进行修改。另外,废止由第 5/2002 号法律通过并经第 1/2012 号法律修改的《机动车辆税规章》第 6 条第 1 款第 9 项及第 27 条。

四、澳门特区司法机关适用基本法解决权利争诉的重要案例

(一)行政法务司司长诉 Murray · Niall 案(第 21/2014 号案)③

2015 年 1 月 7 日,澳门特区终审法院对行政法务司司长诉 Murray ·

---

① 参见澳门特区第 13/2015 号法律修改《民政总署章程》理由陈述。

② 参见澳门特区第 14/2015 号法律修改《机动车辆税规章》理由陈述。

③ 相关案情参见:《老外在澳门住 7 年两次申请移民被拒状告政府胜诉》,载《南方都市报》2015 年 1 月 9 日。此案的终审判决文书载澳门特区法院网站:http://www.court.gov.mo/sentence/zh-54ad11b2d78d7.pdf,最后访问日期:2016 年 6 月 24 日。

Niall 案(第 21/2014 号案)有关“永久居住地”标准做出解释。澳门特区终审法院法官利马(裁判书制作法官)、宋敏莉和岑浩辉审理认为,以澳门特区为永久居住地或最终定居地的意思,是指在澳门特区通常居住,家庭日常事务也围绕澳门特区展开,在澳门特区纳税,并且有意在澳门特区最终定居,而个人配偶及未成年子女不在澳门特区居住,并不妨碍个人以澳门特区为永久居住地。

本案基本案情:爱尔兰人 Murray · Niall 以投资者、管理人员及具特别资格技术人员临时居留制度取得澳门特区临时居民身份。2011 年 12 月 12 日,Murray · Niall 收到澳门特区治安警察局出入境事务厅通知,其于 2012 年 9 月 15 日在澳门特区居留连续 7 年可以办理永久性居民身份证手续。Murray · Niall 于 2012 年 10 月 8 日向身份证明局申请永久性居民身份证,并于同日根据第 8/1999 号法律第 8 条的规定①提出“声明以澳门为永久居住地”的申请。10 月 10 日,Murray · Niall 提交了主要家庭成员居住情况的书面证明,并表示自 2004 年起与配偶事实分居,其配偶及女儿不在澳门特区居住,现在没有申请将来亦不打算申请于澳门特区居住,两人均一直在爱尔兰定居。身份证明局以 Murray · Niall 的主要家庭成员(配偶及女儿)不在澳门特区通常居住为由拒绝给予其永久性居民身份。2012 年 11 月 23 日,Niall 提出必要诉愿,遭行政法务司司长于 2013 年 1 月 9 日驳回。2013 年 2 月 14 日,被上诉人针对上诉人作出驳回其诉愿的决定向中级法院提起司法上诉。2013 年 10 月 10 日,澳门特区中级法院合议庭裁定上诉理由成立,撤销被上诉的行政行为。上诉人不服,向终审法院提出对司法裁判的上诉。

澳门特区终审法院合议庭审理认为:《澳门特别行政区基本法》中永久居住地的概念有最终定居地的意思。尽管澳门特区筹备委员会于 1999 年 1 月 16 日就《澳门特别行政区基本法》第 24 条的实施通过了一份意见(刊登于 1999 年 12 月 20 日《政府公报》第一组),当中提到关于以澳门特区为永久居住地和在澳门特区通常居住的规定,在澳门特区的实施细则,由澳门特

① 澳门特区第 8/1999 号法律第 2 条是关于“永久居住地的确认”的规定,其中第 2 款规定:“第一条第一款(七)项、(八)项及(九)项所指的人士在作出上款所指的声明时,须申报下列个人情况,供身份证明局审批其有关申请时参考:(一)在澳门有无惯常居所;(二)家庭主要成员,包括配偶及未成年子女是否在澳门通常居住;(三)在澳门是否有职业或稳定的生活来源;(四)在澳门是否有依法纳税。”

区制定。但法律并没有明释应如何理解以澳门特区为永久居住地或最终定居地。终审法院认为,根据第 8/1999 号法律第 1 条第 1 款第 9 项[①]的效力,以澳门特区为永久居住地或最终定居地,是指除了在澳门特区通常居住之外,家庭日常事务也围绕澳门特区展开(以澳门特区为其职业及家庭生活的中心,又或者虽不在澳门特区从事其职业,但拥有稳定的生活来源),在澳门特区纳税,并且有意在此最终定居。

终审法院认为,在第 8/1999 号法律第 1 条第 1 款第 9 项的背景之下,上项结论中所提到的永久居住地是一个未确定概念:其中,在涉及居民家庭生活中心的部分,并没有赋予行政当局任何的自由裁量空间;至于需要查明利害关系人是否有在澳门特区最终定居的意图的部分,则有给予行政当局自由裁量空间的意思,因为需要行政当局主要根据但又不能仅限于第 8/1999 号法律第 8 条第 2 款所列明的几项要素去作出预测性判断。

根据永久性居民及居留权法律的规定,申请人首先声明以澳门特区为永久居住地,其次必须提供有关数据证明,如在澳门有无惯常居所,家庭成员包括配偶及未成年子女是否澳门特区通常居住,在澳门特区是否有职业和稳定的生活来源,在澳门特区是否依法纳税。对于一个虽然已婚但已经事实分居的人而言,他的配偶及未成年子女不在澳门特区居住并不妨碍其本人以澳门特区为永久居住地,只要他除了在澳门特区通常居住之外,其家庭日常事务也围绕澳门特区展开,以澳门特区为其职业及家庭生活的中心(又或者虽不在澳门特区从事其职业,但拥有稳定的生活来源),在澳门特区纳税,并且有意在此最终定居即可。

在判断利害关系人是否有在澳门特区最终定居的意图方面,立法者赋予了行政当局自由裁量的空间。因此,行政当局只要在具体事实的基础上,主要根据,但又不限于第 8/1999 号法律第 8 条第 2 款所列明的几项要素,说明被上诉人没有在澳门特区最终定居的意图,就可以不批准被上诉人的申请(如果涉及在行使自由裁量权时存在明显错误,或者完全不合理行使自由裁量权的情况,就要接受法院的审查),然而,行政当局并没有这样做。

---

① 澳门特区第 8/1999 号法律第 1 条是关于“永久性居民”的规定,其中第 1 款第 9 项规定:“在澳门特别行政区成立以前或以后在澳门通常居住连续七年以上,并以澳门为永久居住地的其他人。”

被上诉行为以被上诉人已事实分居且其配偶及未成年女儿不在澳门特区居住为由拒绝给予其永久性居民身份，违反了第 8/1999 号法律第 8 条第 2 款第 2 项和第 1 条第 9 项，以及《澳门特别行政区基本法》第 24 条第 5 项[①]的规定。因此，终审法院合议庭认为，被上诉的合议庭裁判正确地适用了法律，没有可指责之处，合议庭裁定司法裁判的上诉败诉。

（二）甲诉行政法务司司长案（第 115/2014 号案）[②]

上诉人甲在 1982 年 4 月一个不确定的日期偷渡进入澳门特区。1982 年 4 月 10 日，在无证劳工登记行动中，上诉人获发临时逗留证。1984 年 10 月 4 日，治安警察局向上诉人甲发出身份证，有效期至 1989 年 10 月 4 日。1987 年 11 月 20 日，上诉人甲被澳门特区警察当局移交给中国内地，被羁押后，于中国内地服刑直至 2008 年 9 月 25 日。上诉人甲认为即使其被监禁在中国内地，也应将有关时间视为在澳门特区居住的时间，因其认为被移送回内地是违法的。

上诉人甲针对行政法务司司长 2013 年 5 月 28 日的批示提起撤销性司法上诉，该批示于诉愿中维持了身份证明局局长所作的不批准向上诉人发出澳门特区居留权证明书的申请的决定。通过 2014 年 6 月 26 日的合议庭裁判，中级法院裁定上诉败诉。甲不服，向终审法院提起司法裁判的上诉，在其陈述中提出了以下问题：其一，终审法院应认定以下被上诉法院没有认定的事实：上诉人在澳门度过其部分成年生活，在中国内地一所监狱内度过 20 年，而根据广东省公安机关在对澳门特区身份证明局所作的答复中提供的数据，上诉人若要在中国内地安家，须提交由澳门特区身份证明局发出的身份证明文件证明书、物业登记证明，以及与中国居民有亲属关系的证据。如果没有房产，可于其直系血亲家庭簿册内登录，而上诉人的第 115/2014 号案直系亲属确实是澳门特区居民。其二，为将上诉人视为澳门特区永久性居民，他在澳门特区成立以前已在澳门通常居住连续 7 年了，但是被上诉的

---

① 《澳门特别行政区基本法》第 24 条规定，澳门特区居民，简称澳门居民，包括永久性居民和非永久性居民。其中第 5 项规定：澳门特区永久性居民为“在澳门特别行政区成立以前或以后在澳门通常居住连续七年以上并以澳门为永久居住地的其他人”。

② 此案的终审判决文书载澳门特区法院网站：http://www.court.gov.mo/sentence/zh-54ad11b2d78d7.pdf，最后访问日期：2016 年 6 月 26 日。

合议庭裁判并不这样认为,因此违反了第8/1999号法律第1条第1款第2项[①]以及第2条第2款[②]的规定。其三,被上诉的合议庭裁判违反了国际法原则。助理检察长发表意见,认为上诉不应获得胜诉。

终审法院审理认为,上诉人甲属于非在澳门出生,且非澳门居民子女的中国公民,因此,若想被视为澳门永久性居民,需具备《澳门特别行政区基本法》第24条第2项[③]及第8/1999号法律第1条第1款第2项所规定的要件:需要在澳门特区成立以前或以后在澳门通常居住连续7年以上。上诉人甲在澳门特区成立以后从未在澳门居住,因此,要知道其是否在澳门合法居住,须适用在澳门特区成立之前生效的法律。上诉人甲从1984年10月4日起在澳门通常及合法居住至1987年11月20日,未满足法律为获得永久性居民身份而规定的7年时间。上诉人自从被监禁在中国内地之后,虽然仍拥有在澳门居留的权利,但已不在澳门通常居住。上诉人被移交给中国内地的或有的违法问题因其并未说明理由而不予审理,且不改变议题的情况。该问题并不改变上诉人的居留,也不改变成为澳门居民的要件。法律要求在澳门通常居住连续7年,而不是连续7年拥有在澳门的居留权。

《澳门特别行政区基本法》第24条和第8/1999号法律第1条规定了哪些人属于澳门特区居民以及如何取得该身份。根据《澳门特别行政区基本法》第24条第2项及第8/1999号法律第1条第1款第2项的规定,重要的是利害关系人在澳门特区成立以前或以后在澳门通常居住至少连续7年,而利害关系人拥有在澳门的居留权但并未在澳门实际居住并不重要。

2015年1月28日,终审法院的法官利马(裁判书制作法官)、宋敏莉和岑浩辉做出终审判决,判决的基本主张如下:(1)对于以在澳门特区成立前在澳门特区通常居住为由而获承认澳门特区居民身份的要件,应适用现行规定(《澳门特别行政区基本法》第24条以及第8/1999号法律第1条)。

---

① 澳门特区第8/1999号法律第1条是关于"永久性居民"的规定,其中第1款第2项规定:澳门特区永久性居民包括:在澳门特区成立以前或以后在澳门特区通常居住连续7年以上的中国公民。

② 澳门特区第8/1999号法律第2条是关于"居留权"的规定,其中第2款规定:"第一条第一款(九)项及(十)项所指的澳门特别行政区永久性居民,如不在澳门特别行政区通常居住连续三十六个月以上,即丧失居留权。"

③ 《澳门特别行政区基本法》第24条第2项规定:"在澳门特别行政区成立以前或以后在澳门通常居住连续七年以上的中国公民及其在成为永久性居民后在澳门以外所生的中国籍子女。"

(2)对于并非在澳门特区出生,且非澳门特区居民子女的中国公民,为被视为澳门特区永久性居民,需具备《澳门特别行政区基本法》第 24 条第 2 项及第 8/1999 号法律第 1 条第 1 款第 2 项所规定的要件:需要在澳门特区成立以前或以后在澳门通常居住连续 7 年以上。(3)关于非在澳门出生,且非澳门居民子女的中国公民在 1999 年 12 月 20 日前是否属于在澳门合法居住的问题,基于澳门特区《民法典》第 11 条规定的法律在时间上的适用规则,应适用当时生效的法律。(4)临时逗留证是在 1982 年和 1990 年进行的两次非法移民合法化行动中,发给在澳门处于非法状态即来自中国内地的无证人士的身份识别证。临时逗留证并不赋予其持有人澳门居民的身份。(5)身份证是澳门当局向以前的临时逗留证持有人发出的证件。(6)身份证赋予澳门居民资格。

(三)甲诉保安司司长案(第 23/2015 号案)[①]

申请人甲为香港居民,被调派到澳门,并于某餐厅担任餐厅主任,月薪港币 20000 元。申请人曾被发现在未获许可的情况下提供工作,被劳工事务局以违反第 21/2009 号法律第 32 条第 5 款第 1 项之规定对其科处罚款,而有关决定已转为确定。澳门特区治安警察局局长因此通过批示废止申请人的逗留许可。申请人不服有关决定,向澳门特区保安司司长提起必要诉愿。澳门特区保安司司长于 2015 年 1 月 6 日作出批示,否决申请人提起之诉愿,废止其逗留许可。甲申请中止 2015 年 1 月 6 日保安司司长批示的效力,该批示驳回了其针对治安警察局局长废止其在澳门特区逗留许可的决定提起的诉愿。

2015 年 2 月 12 日中级法院合议庭裁判不批准有关请求,认为预料执行有关行为将对申请人造成难以弥补的损失这一要件并不成立。申请人不服,向终审法院提起司法裁判的上诉,并提出了下列问题:中止行政行为效力的程序中应该采纳人证;被上诉的合议庭裁判未就失恋导致的疾病、上诉人在澳门特区逗留的计划及失去宠物的影响等问题进行分析;失去在澳门特区的工作导致失去在澳门特区升职的机会;因失去男友和宠物所引致的损失应被认定和视为难以弥补。助理检察长认为上诉理由不成立。

---

① 此案的终审判决文书载澳门特区法院网站:http://www.court.gov.mo/sentence/zh-54ad11b2d78d7.pdf,最后访问日期:2016 年 6 月 26 日。

被上诉的合议庭裁判认为,要批准中止行政行为效力的保全措施,必须同时具备澳门特区《行政诉讼法典》第121条第1款规定的三项要件。由于没有满足预料执行有关行为将对申请人造成难以弥补的损失这一要件,因而不批准有关请求。申请人不同意没有满足该要件的说法。

申请人在司法上诉起诉状中提出下列构成由执行被上诉行政行为对申请人带来的难以弥补损失的事实:(1)申请人是餐厅主任。其所任职的公司将在澳门特区再开3间餐厅,因此申请人将被晋升为经理,之后便是地区经理。但作为香港特区居民的她,在香港特区将不会有这些机会。(2)现时申请人与一名澳门特区居民同居并打算与其结婚。与男友分离将对申请人造成沉重打击。(3)申请人来澳门特区是为了赚更多的钱以及帮助她的一个兄弟。(4)申请人更喜欢在澳门特区而不是在香港特区生活。(5)申请人的一名女性朋友于3年前留给她一只狗,若离开澳门特区,不知可以将这只狗留给谁,申请人与这只狗之间存在深厚的关系。

法院认为:如果不认为分隔两地将导致申请人失恋,那么就不需要讨论失恋对健康带来的后果。关于宠物,被上诉的合议庭裁判的确未就分离对动物主人所带来的不便进行分析,但该合议庭裁判也指出了有关分离并不是不可避免的,因为申请人可以将狗带回香港。

上诉人提出根据澳门特别行政区《民法典》第386条的规定,在任何情况下,只要无直接或间接排除采纳人证,均得采纳人证,因此该证据方法必须被采纳。然而,在本案的保全程序中不能采纳人证。

立法者可以通过两个方法排除人证:明确规定排除人证,或制定一个没有调查人证阶段、仅特别规定书证的程序。法律采取了第二个方法,规定申请人应附具其认为必需的文件——完全没有提到证人(澳门特区《行政诉讼法典》第123条第3款),且在提交答辩状或有关期间届满后,将卷宗送交检察院作出检阅,之后再作裁决(澳门特区《行政诉讼法典》第129条第2款),这完全符合《民法典》第386条的规定。即使不符合,立法者也并非不能排除民法制度,因为并没有违反位阶较高的法律,即《澳门特别行政区基本法》。

现申请人含糊地指出违反了公正原则这一宪制性原则,但看不出《澳门特别行政区基本法》中哪一个原则或规定禁止将《行政诉讼法典》中相关规定解释为在中止行政行为效力时不采纳人证。因此,中止行政行为效力的程序不采纳人证,并不违反《澳门特别行政区基本法》。

上述重要判决,显示基本法所保障的特区居民的权利自由制度得到有效维护。

五、澳门特区采取多种举措积极开展基本法推广教育

回归以来,澳门特区政府高度重视基本法的普及推广宣传教育工作,取得了积极成效。2015 年这方面又有新进展。

(一)基本法青年推广大使培训计划开班,增强青年归属感①

2015 年 5 月 12 日,由澳门特区基本法推广协会主办的"基本法青年推广大使培训计划"开班,希望通过基本法专题课程、培训营、研习班等形式,增强青年对祖国及澳门特区的归属感和凝聚力,以推动年轻人参与基本法推广工作为目标,将爱国、爱澳的讯息向大众宣扬。"基本法青年推广大使培训计划"由基本法推广协会主办,青联、中总青委、工联青委、街总青委、妇联青年协会、学联、新青协及童军总会协办。从 2012 年起至今已举办第四届,该项计划旨为推广基本法的重要,传授正确的基本法概念,加深青年人了解澳门社会现况及政制。培训计划包括"基本法专题课程""活动策划设计""励志与使命"多个工作坊,除课堂学习,更安排"基本法培训营"和"访京基本法研习班"等。在课程设计上,注重教学与实践、理论与现实相结合,让学员除学习基本法知识,还通过活动结合社会的实际情况研讨,增加课程实用性。该计划的可持续举行,意义重大而深远。

(二)澳门特区法务局建立宪法与基本法网站②

2015 年 8 月 31 日,澳门特区政府法务局宣布"《中华人民共和国宪法》与《中华人民共和国澳门特别行政区基本法》专题网站"正式建立,并向公众开放。③ 专题网站被定位为与宪法和澳门特区基本法相关的旗舰数据库,也是迄今为止澳门特区建立的内容最丰富的同类型网站。该网站的开通对于

---

① 参见《"第四期基本法青年推广大使"开班典礼》,载澳门基本法推广协会网站:http://www.basiclaw.org.mo/index.php? p = 3_1&art_id = 1742,最后访问日期:2016 年 6 月 27 日。

② 参见《法务局建立宪法与基本法网站》,载澳门特区政府新闻局网站:http://www.gcs.gov.mo/showCNNews.php? PageLang = C&DataUcn = 91996,最后访问日期:2016 年 6 月 27 日。

③ 《中华人民共和国宪法》与《中华人民共和国澳门特别行政区基本法》专题网站的网址为:www.basiclaw.gov.mo。

强化"一国两制""澳人治澳"和高度自治等基本方针政策,以及宣传推广宪法和澳门特区基本法的相关规定很有意义和价值。专题网站以中、葡双语集中展示了关于宪法和澳门特区基本法的各类信息,包括国家制度和国家机构的介绍、宪法和澳门特区基本法的条文、宪法和澳门特区基本法的学习资源、澳门特区基本法的历史文献、澳门特区基本法的诞生记录和推广活动的珍贵历史图片、澳门特区基本法的大事记、专家论文、专题文章、推广单张、关于选举制度和领事保护以及法务局近期的普法活动消息等数据。

(三)法务局举办宪法与基本法专题讲座及"国是茶聊"法律讨论会

为了配合澳门特区政府加强推广介绍宪法与基本法的施政理念,加强在高等院校推广介绍宪法与基本法,让青年学生深入理解宪法与基本法的关系,正确认识"一国两制"的深层意义,澳门法务局与本澳多所高等院校合作,举办宪法与基本法专题讲座[①]及"国是茶聊"法律讨论会。[②] 2015 年 10 月 28 日,澳门特区法务局在澳门大学举办了首场宪法与基本法专题讲座,由澳门大学法学院教授骆伟建主讲,骆伟建教授以宪法与基本法的关系为核心,从不同角度,讲解澳门特区的宪制基础,两法的关联性和重要性,中央与澳门特区的关系,以及澳门特区的政治体制和其他相关热门问题,提高学生对宪法与基本法的理解。[③] 2015 年 11 月 12 日,首场"国是茶聊"小型讨论会在澳门大学法学院举行,澳门特区法务局法律推广厅厅长罗静萍、澳门大学众多师生参与。讨论会以轻松聊天的茶聚方式进行,参与师生就宪法与基本法的问题畅所欲言,深入交流和讨论。[④] 2015 年 11 月 30 日,第二次"国是茶聊"小型讨论会在澳门科技大学举办,讨论内容涉及诸多现实中的情况和

① 澳门特区政府法务局从 2015 年开始举办多项不同的活动向澳门市民介绍宪法与基本法的关系,期望通过专题讲座加强在高等院校介绍宪法与基本法,同时推动校内对有关内容的延续讨论。

② 澳门特区政府法务局策划举办"国是茶聊"小型法律讨论会,旨在组织大学生与法律系教授,以饭后茶余的方式,在轻松聊天的气氛下,各抒己见,畅谈见解,交流不同想法。

③ 参见《法务局举办高等院校宪法与基本法专题讲座》,载澳门特区政府新闻局网站:http://www.gcs.gov.mo/showCNNews.php? DataUcn = 93791&PageLang = C,最后访问日期:2016 年 6 月 28 日。

④ 参见《法务局高校办国是茶聊推广宪法与基本法》,载澳门特区政府新闻局网站:http://www.gcs.gov.mo/showCNNews.php? PageLang = C&DataUcn = 94296,最后访问日期:2016 年 6 月 28 日。

问题，包括国家宪法在澳门特区的实施方式、澳门特区的高度自治权、特区的政治体制，以及特区的选举制度，澳门大学横琴校区的设置对于“一国两制”实践的发展、基本法在澳门法律体系中的地位等内容。[①]

（四）举办“一国两制”理论与实践研讨会[②]

2015 年 10 月 12 日，由中国和平统一促进会与澳门地区中国和平统一促进会联合举办的第四届“一国两制”理论与实践研讨会在澳门科学馆举行，研讨会就“一国两制”实践的评估，国家意识、民族意识的必要性、重要性，新形势下“一国两制”理论丰富和发展，“两岸关系和平发展的前景展望”等主题进行研讨。

六、澳门特区公布《中华人民共和国澳门特别行政区行政区域图》

澳门特区土地资源匮乏、人口密度高，近一个世纪以来，其不断进行大规模的填海造地工程。1999 年澳门回归时，总面积已经达到 23.8 平方公里。回归以来，澳门特区的总面积因为沿岸填海造地而进一步扩大。[③] 目前，澳门特区总面积共 30.4 平方公里，人口约有 649,100 人，人口密度每平方公里两万多人，其中，大部分居民住在澳门半岛，居住在凼仔和路环两个离岛的人口相对较少。目前，澳门特区已经是世界人口密度较高的地区之一。[④]

澳门回归以来，伴随着澳门特区居民生活水平逐步提升，特区空间狭小、土地匮乏的难题越来越成为困扰澳门特区发展的“瓶颈”。中央政府为解决澳门特区土地匮乏这一长期困扰澳门特区发展的难题，先后两次专门

---

① 参见《法务局科大合办“国是茶聊”推广宪法与基本法》，载澳门特区政府新闻局网站：http://www.gcs.gov.mo/showCNNews.php?DataUcn=94973&PageLang=C，最后访问日期：2016 年 6 月 29 日。

② 参见陈司：《一国两制是解决历史问题良方》，载《澳门日报》2015 年 10 月 13 日。

③ 2006 年，澳门特区政府向中央政府申请审批澳门适当填海建设新城。2009 年 11 月，国务院批复澳门特区政府，同意特区填海造地 361.65 公顷（1 公顷等于 0.01 平方公里），以建设澳门特区新城区。填海区为澳门特区提供了 20～30 年的土地储备，规划人口逾 16 万人，提供 5.4 万个住宅单位。

④ 根据杨允中教授主编《“一国两制”百科大辞典》的“澳门”词条，其中关于澳门特区的一些统计数据如下：2010 年 12 月 31 日澳门特区人口 55.23 万人，为世界人口密度较高的城区之一，平均为 1.84 万人/平方公里，其中澳门半岛为 5.02 万人/平方公里。参见杨允中主编：《“一国两制”百科大辞典》，澳门理工学院一国两制研究中心 2011 年版，第 3 页。

就澳门特区土地的利用问题做出安排。其中一次是在2001年11月26日，国务院发布了《关于广东省珠海市和澳门特别行政区交界有关地段管辖问题的批复》。在该文件中，决定将澳门特区关闸拱门以北至珠海边防检查站原旗楼之间用于兴建澳门特区新边检大楼及配套设施的地段，交由澳门特区管辖。① 2002年3月21日，在国务院办公厅《关于澳门租用珠海土地兴建新边检楼有关问题的复函》中，明确表示澳门特区以租赁的方式取得该地的管辖权，期限为50年，并强调"交由澳门特别行政区管辖"。② 另一次是在2009年6月27日，全国人大常委会做出了《关于授权澳门特别行政区对设在横琴岛的澳门大学新校区实施管辖的决定》，授权澳门特区政府通过租赁方式取得广东省珠海市横琴口岸南侧1.0926平方千米的土地使用权，并规定在租赁期间该校区应遵循澳门特区相关法律实施管辖且不得更改土地的用途。③

2014年年底，国家主席习近平在澳门特区出席特区成立15周年庆典期间活动时郑重宣布，将启动澳门特区习惯水域的确定工作，以支持澳门特区

---

① 2001年11月26日国务院办公厅发布《关于广东省珠海市和澳门特别行政区交界有关地段管辖问题的批复》(国函〔2001〕152号)规定应澳门特区政府要求，同意将澳门特区与广东省珠海市边界的如下地段，即澳门特区关闸拱门以北至珠海边防检查站原旗楼之间用于兴建澳门特区新边检大楼及配套设施的地段，交由澳门特区管辖，从批复之日起施行。

② 2002年3月21日国务院办公厅《关于澳门租用珠海土地兴建新边检楼有关问题的复函》(国办函〔2002〕28号)规定，原则同意"珠海市国有土地租赁合同书"的内容，请在国务院港澳办指导下，授权珠海市人民政府据此与澳门特区政府商谈并签署土地租赁合同。同意在土地租赁合同中规定租赁年期为50年。合同期满后，澳门特区政府如不改变土地用途，可按合同规定的条件予以续签。《国务院关于广东省珠海市和澳门特别行政区交界有关地段管辖问题的批复》(国函〔2001〕152号)中"交由澳门特别行政区管辖"，是指澳门特区在租用该地段期间对该地段具有行政管理权和司法权。因土地租让而产生的边境管理问题，由国务院港澳办会同有关部门做出安排，驻珠海市的有关边境管理单位的工作职责、工作方式不变，工作范围按新的边境管理线作相应调整。

③ 全国人民代表大会常务委员会《关于授权澳门特别行政区对设在横琴岛的澳门大学新校区实施管辖的决定》的基本内容共有3条:(1)授权澳门特区自横琴岛澳门大学新校区启用之日起，在本决定规定的期限内对该校区依照澳门特区法律实施管辖。横琴岛澳门大学新校区与横琴岛的其他区域隔开管理，具体方式由国务院规定。(2)横琴岛澳门大学新校区位于广东省珠海市横琴口岸南侧，横琴岛环岛东路和十字门水道西岸之间，用地面积为1.0926平方千米。具体界址由国务院确定。在决定规定的期限内不得变更该校区土地的用途。(3)澳门特区政府以租赁方式取得横琴岛澳门大学新校区的土地使用权，租赁期限自该校区启用之日起至2049年12月19日止。租赁期限届满，经全国人民代表大会常务委员会决定，可以续期。

政府依法治澳和澳门特区的经济适度多元可持续发展。[①] 2015 年 12 月 16 日，国务院通过《中华人民共和国澳门特别行政区行政区域图（草案）》。该草案调整了澳门特区的陆地界线，明确了水域管理范围，将为澳门特区保持繁荣稳定、实现经济社会可持续发展提供有力支持。对于这一重大的举措，澳门特区社会各界反映强烈，澳区全国政协委员崔世昌称，此次明确澳门特区的管理海域范围为 85 平方公里，相当于把澳门特区发展空间扩充了 2～3 倍，为澳门特区的中长期发展争取到资源、空间和机会，开拓了新思路；为产业多元发展缔造了前提条件；有利于澳门特区将来更好地参与区域合作，更好地以古代海上丝绸之路起点的角色参与“一带一路”建设。澳门特区中华总商会会长马有礼认为，近年澳门特区经济发展迅速，过往形成的习惯水域管理已不能完全适应今天澳门特区新的发展形势。现在澳门特区多个大型基础项目，如港珠澳大桥、五幅填海造地，都与习惯水域管理有关。中央明确澳门特区拥有习惯水域管理范围，能够加快上述大型基础项目的落实兴建，有助扩大澳门特区的海上经济发展空间，对推动澳门特区积极参与国家“十三五”规划，构建“一个中心、一个平台”，促进澳门特区经济适度多元发展，将起到积极的作用。澳区全国政协委员贺定一表示，澳门特区空间狭小，是世界上人口密度较高的地区之一。过去数次大规模填海造地，令澳门特区土地的总面积不断扩大，但仍欠缺明确的管理水域范围。中央在澳门回归祖国 16 周年前夕批复明确澳门特区水域划定，充分体现国家支持和重视澳门特区，尤其是为正处经济调整期的澳门特区，带来新一轮的发展动力。[②]

国务院审议通过新的《中华人民共和国澳门特别行政区行政区域图》，澳门特区行政长官崔世安在 2015 年 12 月 16 日发表谈话指出，对于中央政府这一重大支持举措表示衷心感谢，对于一直予以大力支持、配合的广东省政府和珠海市政府表示衷心感谢。[③] 他认为：“澳门特别行政区能依法管理 85 平方公里的水域，并明晰相关陆界，具有极为重大意义：第一，有助于澳门

---

① 参见《中央决定启动明确澳门特区习惯水域管理范围相关工作》，载新华网：http://news.xinhuanet.com/gangao/2014－12/19/c_1113711871.htm，最后访问日期：2016 年 6 月 29 日。

② 参见《澳门各界：明确水域管理为澳门发展带来巨大契机》，载新华网：http://news.xinhuanet.com/2015－12/17/c_1117498921.htm，最后访问日期：2016 年 6 月 29 日。

③ 参见澳门特区政府新闻局：http://www.gcs.gov.mo/showNews.php? DataUcn＝95408，最后访问日期：2016 年 6 月 29 日。

特别行政区全面、准确贯彻‘一国两制’方针,有效实行依法治澳,使澳门特别行政区政府得以在确定的范围内,完善和执行法律、法规及管理措施,厘清法域问题,有利于澳门特别行政区政府全面落实依法治澳;第二,大大拓展澳门特别行政区的发展空间,为加快经济适度多元可持续发展,注入全新动力;第三,为深化、拓展粤澳紧密合作,推进粤港澳湾区建设,携手参与和助力‘一带一路’建设,创造了更良好的条件;第四,为澳门特别行政区民生福祉的完善,奠定了更为坚实的基础。”他还特别指出:“澳门特别行政区所管理的水域,属于国家所有,澳门特别行政区政府在进行依法管理时将确保:(一)始终完全服从、配合国防、外交等中央的事权;(二)严格依法对相关海域和陆域进行有效管治;(三)严格按照科学用海的原则,注意有效而适度用海,在涉及适度填海时,将继续向中央作出申报,且不能用于博彩项目;(四)透过相关‘合作安排’的签署,继续全力配合内地水利部门、海事部门、海洋管理部门、海上执法部门等,在澳门管理水域的统筹管理和合理使用,并确保航道的通畅和安全。”

崔世安还指出,为了顺利完成澳门特区水域和陆地边界的确定工作,澳门特区政府在过去一年的时间里由行政长官领导,行政长官办公室统筹,建立了由14个部门联合组成的跨部门工作小组,全面、积极配合国务院联合工作组的工作,以确定澳门特区的水域和陆界。同时,澳门特区政府对目前生效的40多项相关法律法规、管理条例作出全面梳理检查,并在此基础上新通过了3项必备的行政法规。① 另外,其他有关规划发展等方面的法律法规,将循序推进制定。澳门特区政府有信心、有能力严格依法对水域作出有效管治;澳门特区政府也因应海事管理及执法的需要,制订了人员、设备等方面的完善方案,并将有序予以落实。澳门特区政府已就海洋经济的发展作出初步考虑,未来将积极作出科学规划。②

2015年12月20日,国务院总理李克强签署《中华人民共和国国务院令第665号》,其中规定,根据1993年3月31日第八届全国人大第一次会议通

① 为有效实施水域管理,澳门特区行政会讨论通过了部分相关法规,包括新修订的《海事及水务局的组织及运作》《订定船舶通行及船舶上人员的规范》《海上倾倒疏浚物管理制度》三项水域管理范畴的法规,这些法规于2015年12月20日正式生效。

② 参见澳门特区政府新闻局:http://www.gcs.gov.mo/showNews.php?DataUcn=95408,最后访问日期:2016年6月29日。

过的《全国人民代表大会关于设立中华人民共和国澳门特别行政区的决定》,《中华人民共和国澳门特别行政区行政区域图》已于 2015 年 12 月 16 日国务院第 116 次常务会议通过,现予公布,自 2015 年 12 月 20 日起施行。1999 年 12 月 20 日国务院公布的《中华人民共和国澳门特别行政区行政区域图》同时废止。该命令同时附有“中华人民共和国澳门特别行政区行政区域界线文字说明”,指出:“为支持澳门特别行政区经济社会持续稳定发展,中央人民政府决定将澳门特别行政区海域面积明确为 85 平方公里。同时,将澳门特别行政区与广东省珠海市边界之间的关闸澳门边检大楼段,即澳门特别行政区关闸以北至珠海边防检查站原旗楼之间用于兴建澳门特别行政区新边检大楼配套设施的地段,划归澳门特别行政区管辖。行政区域调整后,澳门特别行政区的行政区域界线包括陆地和海上两部分。”①

2015 年 12 月 20 日,行政长官崔世安发布第 128/2015 号行政长官公告,规定行政长官根据澳门特区第 3/1999 号法律《法规的公布与格式》第 6 条第 1 款的规定,命令公布《中华人民共和国国务院令第 665 号》及《中华人民共和国澳门特别行政区行政区域图》的中文本及葡文译本。至此,中央政府启动的确定澳门特区习惯水域管理范围的工作告一段落,澳门特区新的行政区域图也走完中央政府和特区政府的法律程序而正式生效。

中央人民政府决定将澳门特区海域面积明确为 85 平方公里。这是继 1999 年澳门回归后第一次对澳门特区行政区划进行调整,也是实行“一国两制”以来第一次对特别行政区的行政区划进行变动。从长远来看,此举不仅有利于澳门特区加快推进经济适度多元发展,还可以促使澳门特区发展更有效地融入国家发展之中,通过共建粤港澳大湾区、加快打造“一个中心、一个平台”,积极参与和助力“一带一路”建设,达至可持续发展。需要指出的是,根据新的行政政区图,关闸澳门特区边检大楼地段也被划入澳门特区。如前文所述,2001 年国务院授权澳门特区对新边检大楼及配套设施以租赁的方式享有管辖权,但并未将其划入澳门特区的行政区划,时隔 14 年之后,中央政府最终将该地段划归澳门特区,体现了中央对澳门特区的关心与支持。

---

① 《中华人民共和国国务院令第 665 号》。关于“中华人民共和国澳门特别行政区行政区域界线文字说明”,载新华网:http://news.xinhuanet.com/gangao/2015-12/20/c_1117519085.htm,最后访问日期:2016 年 7 月 2 日。

七、澳门特区政府高度重视并妥善处理“海一居事件”

(一)“海一居事件”的来龙去脉

20 世纪 90 年代,澳门回归之前,被称为“澳门李嘉诚”的“柯为湘”其下的保利达洋行有限公司向澳葡政府做出将要投资兴建纺织城的承诺,从而在澳葡当局得到澳门大量土地和其他附赠的利益,但是保利达并未兑现兴建纺织城的承诺,而是对该土地施展“土地炼金术”将土地放置。位于澳门半岛东北部黑沙环填海区的“海一居”就是由保利达公司开发的一个楼盘。该楼盘的土地从澳葡当局 1990 年批出算起,临时批给期限到 2015 年 12 月 25 日为止。按照当时的文件,该项土地的用途为住宅、商业及工业用地。2006 年,澳门特区政府在批示中将“海一居”地段(“P”地,面积68,001 平方米)修改为住宅用地,“O”及“S”地也一起更改了用途。2010 年,保利达在没有建成任何楼盘的情况下开始对外售卖楼花。据统计,目前海一居已经售出 3020 个单位的住宅,大部分的购买者都是自然人,但是该项目的建设在过去的 5 年时间里一直进展缓慢,原本预计 2015 年第三季度可以入伙的楼盘还在进行地基工程。如今,海一居依旧是一片工地。

澳门地狭人多,土地资源非常有限,特区成立之后特别注意防范和治理房地产开发商囤地牟利、导致产生大量的“闲置土地”的现象。澳门特区立法会于 2013 年通过的《土地法》规定,以租赁方式批出的土地,必须先以临时批给方式批出,且承批人须按照合同要求完成利用,如兴建合同所指的建筑物及获发使用准照后,土地才能由临时批给转为确定批给。另外,根据该法律的规定,临时批给的时间不得超过 25 年。也就是说,在 25 年之内,如果开发商不完成土地利用,政府将视该土地为闲置土地而收回。租赁批给只有在转入确定批给后,才能每 10 年自动续期一次,且无须申请。该法律于 2014 年正式生效。

因此,按照澳门特区上述法律规定,政府应该收回该土地。这一结果又会导致该楼盘变成“烂尾楼”,让数以千名楼花业主非常担心,这就是引发澳门特区社会各界高度关注的“海一居事件”。对于这一事件,保利达方面指责是政府行政程序缓慢导致项目不能如期发展,对此,澳门特区工务局予以否认。而业主方则希望政府不要收回土地让保利达继续开发建设,并强调只想要楼并希望发展商能够交付楼盘。

（二）政府立场：依法处理

2016 年 12 月 7 日，澳门特区政府发言人办公室举行新闻发布会，宣告根据澳门特区《土地法》及相关法律的规定，“海一居”P 地段批给期间届满（2015 年 12 月 25 日）后的土地批给失效。澳门特区政府一直重视“海一居”批地的事件，并由行政法务司、经济财政司和运输工务司三个范畴成立了专门的小组跟进，研究“海一居”批地问题的处理方案。在依照法定程序，并严格遵循和坚守行政合法性原则下，澳门特区政府拟订了对“海一居”批地个案的处理方案。由于“海一居”P 地段的土地批给属于临时性质，根据现在的工程进度，承批人已经无法在法律规定的批租期限内完成对土地的利用，因此，根据澳门特区《土地法》的规定，并结合政府过往在处理类似个案中的一贯做法，政府将依法宣告上述地段的土地批给在届满后失效。对于已购买楼花人士的保障，澳门特区政府会在遵守合法性原则的大前提下，从善意及适度的原则出发，为购买楼花的人士提供保障和协助。根据现行澳门特区《民法典》等相关法规的规定，相关人士可以依照预约买卖合同中的相关条款，通过多种方式，包括最终诉诸法院保障自身的利益。澳门特区政府强调，今后对“海一居”个案的处理，会在合法性原则的前提下，尽量兼顾个案中不同利益诉求的平衡。①

对于“海一居事件”，行政法务司司长陈海帆表示，临时批给 25 年是无法逾越的期限，如要保障已买楼花人士的利益，按照澳门特区《土地法》可以在符合社会发展有利的公共利益前提下，豁免公开竞投重新将土地批给原有发展商。不过经过多个团队论证以及咨询检察院意见后，主流意见认为保障已买楼花的人士，不符合澳门特区《土地法》所指的公共利益，其中主要是民事债权、债务，故不能以豁免公开竞投方式将土地批给原有发展商。②

2015 年 12 月 20 日，行政长官崔世安出席特区成立 16 周年酒会，他在回应传媒时表示，就“海一居事件”，发展商已公布进行司法程序，并通过行政法院开展诉讼。通过司法程序是解决问题的途径，故政府定会严肃根据

---

① 参见《政府依法宣告“海一居”P 地段的土地批给失效》，载澳门特区政府发言人办公室：http://www.gcs.gov.mo/showCNNews.php?PageLang=C&DataUcn=95131，最后访问日期：2016 年 7 月 3 日。

② 参见蓝辉龙：《海一居批地 25 年未完成开发　三千业主难收楼》，载《南方都市报》2015 年 12 月 9 日。

法律处理,尊重司法独立。

(三)"海一居"购房业主利益的保障

由于"海一居事件"涉及数千名购房业主的根本利益,如果政府对开发商的行为处理不当,则会引发一定的社会问题。那么,根据澳门特区目前的法律规定,在以保障"海一居"业主的利益为基本考虑的情况下,"海一居事件"的处理办法只能有以下两个方案:第一个方案是澳门特区政府重新将土地批给开发商,发展商则需要补交土地溢价;第二个方案则是推动澳门特区立法会修改澳门特区《土地法》,让澳门特区政府对临时批给土地进行续期。

对此,行政法务司司长陈海帆则表示,澳门特区政府将尽最大努力,在合法原则下保障小业主利益。陈海帆说,政府方面已收到相关小业主的请求,行政法务司、经济财政司及运输工务司正对相关问题展开研究,暂时未有决定,强调将尽最大努力,在合法原则下保障小业主利益,希望在现行架构的法律制度下,处理有关个案。[①]

八、澳门特区全力参与"一带一路"建设

2013 年 9 月,国家主席习近平在哈萨克斯坦的纳扎尔巴耶夫大学发表演讲,提出共同建设"丝绸之路经济带"的构想。[②] 2013 年 10 月,国家主席习近平访问印度尼西亚和马来西亚,出席亚太经济合作组织第二十一次领导人非正式会议,他在印度尼西亚国会发表重要演讲时提出,中国愿同东盟国家加强海上合作,发展海洋合作伙伴关系,共同建设 21 世纪"海上丝绸之路"。至此,"丝绸之路经济带"和 21 世纪"海上丝绸之路"的基本轮廓和提法开始浮出水面。[③] 2015 年 3 月 28 日,国家发展改革委、外交部、商务部联合发布《推动共建丝绸之路经济带和 21 世纪海上丝绸之路的愿景与行动》。至此,"一带一路"倡议日渐丰富并基本成型。

---

① 参见蓝辉龙:《政府将收"闲置土地" 业主忧供楼"打水漂"——澳门海一居土地批出 25 年未完成开发,有议员认为应收回》,载《南方都市报》2015 年 12 月 9 日。

② 习近平在演讲中特别提出,为了使欧亚各国经济联系更加紧密、相互合作更加深入、发展空间更加广阔,我们可以用创新的合作模式,共同建设"丝绸之路经济带",以点带面,从线到片,逐步形成区域大合作。

③ 根据习近平主席的倡议,中国政府与相关国家和地区不断沟通协商,让这一倡议逐渐地具体化和精细化,中国政府陆续出台的相关政策和措施对于上述倡议进行了补充和完善。

《推动共建丝绸之路经济带和 21 世纪海上丝绸之路的愿景与行动》对澳门特区融入“一带一路”作出了明确部署，即“深化与港澳台合作，打造粤港澳大湾区”，“发挥海外侨胞以及香港、澳门特别行政区独特优势作用，积极参与和助力‘一带一路’建设”等内容。[①]

2015 年 3 月 28 日，澳门特区行政长官崔世安出席博鳌亚洲论坛 2015 年年会开幕式后回到澳门，就习近平主席积极推动各国参与“一带一路”建设，中央三部委又同时联合发布《推动共建丝绸之路经济带和 21 世纪海上丝绸之路的愿景与行动》作出表示，澳门特区将以积极态度，参与“一带一路”建设，为国家发展作出最大努力，并借此推动特区新一轮的发展。崔世安表示，对习主席的倡议完全认同、十分鼓舞。澳门特区政府早在 2014 年，向中央提交了有关澳门特区参与国家“十三五”规划的有关建议文本，其中就明确表达了希望积极参与“一带一路”建设的意愿，而刚发表的 2015 年年度施政报告也清楚列明，将致力联结“一带一路”建设的方向，加强与东盟国家的经贸往来和文化交流。崔世安指出，澳门特区尽管仍处发展阶段，但参与这一重大战略确实具有独特优势。其中，澳门特区的旅游业、中医药产业等都具有参与的潜力，而澳门特区作为“中国与葡语系国家商贸合作服务平台”，应能在推进“一带一路”建设中形成叠加效应。另外，澳门特区大批有志服务国家和特区的归侨侨眷，也将是此一国家战略的独特参与元素。崔世安还表示，对于近期社会热议的，由国家倡导的“亚洲基础建设投资银行”，澳门特区政府同样高度重视，并正以积极态度，支持和配合国家这一重要战略安排。[②]

2015 年 10 月 29 日，中国共产党第十八届中央委员会第五次全体会议通过的全会公报中提出要“深化内地和港澳、大陆和台湾地区合作发展，提升港澳在国家经济发展和对外开放中的地位和功能，支持港澳发展经济、改善民生、推进民主、促进和谐，以互利共赢方式深化两岸经济合作”。会议通过的《中共中央关于制定国民经济和社会发展第十三个五年规划的建议》提

---

① 资料来源 http://www.cqn.com.cn/news/zggmsb/diqi/1065842.html，最后访问日期：2016 年 7 月 4 日。

② 参见《澳门特区将全力参与“一带一路”建设》，载澳门特区政府发言人办公室：https://www.gce.gov.mo/content.aspx? l=cs#news_cs，最后访问日期：2016 年 7 月 5 日。

出,"全面准确贯彻'一国两制'、'港人治港'、'澳人治澳'、高度自治的方针,发挥港澳独特优势,提升港澳在国家经济发展和对外开放中的地位和功能,支持港澳发展经济、改善民生、推进民主、促进和谐。支持香港巩固国际金融、航运、贸易三大中心地位,参与国家双向开放、'一带一路'建设。支持香港强化全球离岸人民币业务枢纽地位,推动融资、商贸、物流、专业服务等向高端高增值方向发展。支持澳门建设世界旅游休闲中心、中国与葡语国家商贸合作服务平台,促进澳门经济适度多元可持续发展。加大内地对港澳开放力度,加快前海、南沙、横琴等粤港澳合作平台建设。加深内地同港澳在社会、民生、科技、文化、教育、环保等领域交流合作。深化泛珠三角等区域合作。"①

2015年11月17日,澳门特区公布了《澳门特别行政区五年发展规划(2016－2020年)基础方案》,这是澳门特区回归16年以来首份中长期发展规划,该规划将与国家"十三五"规划同步落实并与之接轨。其中,就加快建设"一个中心、一个平台"(世界旅游休闲中心、中葡语国家商贸合作服务平台)详列步骤目标,以期与国家"十三五"规划同步落实并实现"无缝对接"。根据规划提出的愿景和要求,到21世纪30年代中期,澳门特区将建设成为一个以"旅游"为形式、以"休闲"为核心、以"中心"为方向、以"世界"为品质,具有国际先进水平的宜居、宜业、宜游、宜乐的城市。②

2015年10月28日,《澳门特别行政区公报》刊登行政长官批示,设立"建设世界旅游休闲中心委员会",③该批示自公布翌日起生效。建设世界旅游休闲中心委员会由澳门特区行政长官崔世安担任主席,主要职能是就澳

---

① 《中共中央关于制定国民经济和社会发展第十三个五年规划的建议》,2015年10月29日中国共产党第十八届中央委员会第五次全体会议通过。

② 参见《澳门公布首个五年发展规划基础方案》,载新华网:http://news.xinhuanet.com/2015－11/17/c_128439075.htm,最后访问日期:2016年7月6日。

③ 2015年3月23日,澳门特区行政长官崔世安代表澳门特区政府向立法会全体会议作2015年财政年度施政报告时指出,以行政长官为主席的建设世界旅游休闲中心委员会即将成立,首要任务是在过去工作的基础上,统筹制定《建设世界旅游休闲中心五年规划》,规划涵盖宜居、宜业、宜行、宜游、宜乐等多个领域,并在尽快完成人口政策的基础上,使规划体现顶层决定性、整体关联性和实际可操作性。未来各范畴的年度施政计划必须以5年规划为目标,规划执行的成效亦将与绩效管理制度结合一起。建设世界旅游休闲中心委员会所需的辅助人员,将由行政长官办公室承担,以体现节约行政资源的目标。

门特区建设世界旅游休闲中心进行研究和顶层设计，并制定有关政策；统筹制定以建设世界旅游休闲中心为基础的澳门未来 5 年发展规划；设立定期检查当年中期规划的制度；就其他相关事宜发出指引。2015 年 6 月，国家旅游局与澳门特区政府签署了《内地与澳门关于建立促进澳门世界旅游休闲中心建设联合工作委员会的协议》，联合工作委员会将从创新机制上为促进澳门世界旅游休闲中心建设提供内生动力。

与内地省市以及香港特区相比，澳门特区具有一些独特而不可替代的优势。澳门特区与葡语系国家保持着传统而广泛的联系，7 个葡语系国家遍布 4 大洲，拥有 2.6 亿人口，面积超过欧洲的总和。利用好与葡语系国家联系的优势，积极协助中国企业开拓拉美、非洲等地葡语系国家市场，担负起中国与葡语系国家人民币结算中心的角色，是澳门助力"海上丝绸之路"建设的重要方面。特别是在海上丝绸之路的大战略背景下，又会形成与澳门特区作为中国与葡语系国家商贸服务平台的规划有机结合的叠加效应。澳门特区有 400 多年中西文化交融的历史，给澳门特区留下了众多名胜古迹和文化风情，旅游业已成为澳门特区重要的经济支柱产业。澳门特区建设"世界旅游休闲中心"是顺应世界休闲产业发展趋势的必然。澳门有来自 60 多个国家的归侨侨眷，他们拥有广泛的社会关系，从事行业多元，生意产业原本集中在"海丝"沿线国家地区。发挥归侨、侨眷融通中外的独特优势，给予他们更多的优惠政策，有助于澳门特区在"海上丝绸之路"建设中更好地发挥作用，实现目标。澳门特区回归 16 年来与内地经贸关系日益紧密。2003 年签订的《内地与澳门关于建立更紧密经贸关系的安排》，有力地支持了澳门特区的繁荣发展。2014 年国务院决定设立广东自贸区，面向港澳实现区域深度融合。澳门特区的这些优势概括起来就是与葡语国家的桥梁联系优势，旅游资源丰富的优势，归侨、侨眷的资源优势，以及与内地联系紧密度强的优势。[①] 这使澳门特区在"一带一路"建设，特别是"海上丝绸之路"建设中将发挥不可替代的作用。它既可以像香港特区一样扮演"超级联系人"的角色，又可以与香港特区形成协力互补的格局。特别是澳门特区在过去 15 年的发展过程中与内地形成了政治与经济良性互动的关系，在中央和特别

① 参见《专家认为澳门在"一带一路"战略中有四大优势》，载亚太日报：http://www.apdnews.com/XinHuaNews/210968.html，最后访问日期：2016 年 7 月 6 日。

行政区关系上,形成了有益的互信机制,“一带一路”倡议的实施也必将丰富澳门特区“一国两制”的实践。

九、澳门特区经济在困难中前行

(一)澳门特区博彩业连续下滑,被迫自我调整

近些年,由于中国经济增长速度放缓,加上中央“八项”规定对奢靡消费的抑制效果逐渐呈现,内地严厉的反腐措施持续加强,让澳门特区赌场的 VIP 豪赌客数量日渐减少,澳门特区的博彩业在 2014 年出现了调整。据澳门特区博彩监察协调局数据显示,2014 年澳门特区各类博彩项目毛收入为澳门币 3527.14 亿元,同比下跌 2.6%。进入 2015 年,澳门特区博彩业毛收入为澳门币 2308.4 亿元,同比大跌逾 34%,为连续第二年下滑。2015 年的最后一个月,澳门特区博彩业仍以下跌收尾,创下 19 个月连跌的纪录。数据显示,2015 年 11 月,全澳博彩业毛收入澳门币 183.4 亿元,同比下跌 21.2%。不过,21.2% 的跌幅已经是 2015 年 1 月来的最小跌幅。2015 年 12 月,澳门特区博彩收入环比回升 11.6%。总体来看,作为澳门特区的支柱性产业,2015 年澳门特区的博彩业正处于回归以来最低迷的阶段。

澳门特区统计暨普查局公布,2015 年第四季度澳门 GDP 萎缩 14.4%,全年 GDP 萎缩跌幅更是达到了 20.3%。此前数据显示,澳门特区前三季度 GDP 萎缩 24.2%。2015 年全年经济收缩主要是服务产出持续不振,按年倒退 26.8%。其中,博彩业服务产出大幅减少 33.4%,其他旅游服务产出下跌 11.6%。2015 年澳门特区本地生产总值为澳门币 3687 亿元,人均本地生产总值为澳门币 574,790 元(约 71,984 美元)。

在澳门特区博彩业整体下滑的态势之下,不少以赌博为支柱产业终于开始松动,有的娱乐场已经陆续开始将业务范围拓展到中低端市场,吸引大众化消费。同时,努力发展和增加非博彩业务。

(二)横琴自贸区成立,粤澳合作全面升级

2015 年 3 月 24 日,中共中央政治局召开会议审议通过《关于加快推进生态文明建设的意见》,提出了关于建设广东自由贸易试验区的总体方案。广东自贸区由广州南沙、珠海横琴及深圳前海三地组成,互通互补。2015 年 4 月 23 日,广东省珠海市横琴自贸区正式挂牌成立。

横琴新区位于广东省珠海市横琴岛,毗邻澳门特区,于 2009 年 12 月 16

日在珠海市横琴岛正式成立。横琴新区依托面积达106.46平方公里的横琴岛，位于珠海市南部，珠江口西侧，毗邻港澳，处于“一国两制”的交汇点和“内外辐射”的结合部。横琴新区的面积是澳门特区现有面积的3倍多，其中未建设的土地面积占总面积的90%以上，是珠三角核心地区最后一块尚未开发的“处女地”。随着港珠澳大桥的建立，横琴将成为唯一陆桥连接港澳两地的区域，其区位优势将进一步凸显。横琴自贸区的建立是促进粤港澳区域发展、加速粤港澳三地深度融合与合作的重大举措。

如前所述，全国人大常委会曾于2009年6月27日做出了全国人民代表大会常务委员会《关于授权澳门特别行政区对设在横琴岛的澳门大学新校区实施管辖的决定》，这是突破澳门特区发展“瓶颈”，拓展澳门特区发展空间的重大创举。而今，通过设立横琴自贸区，更是着力于澳门特区发展以及实现粤澳深度合作，推动并促进了珠三角地区社会经济的全面发展和融合。

按照国家定位，横琴自贸区将建设成为文化教育开放先导区、国际商务服务休闲旅游基地和促进澳门经济适度多元发展的新载体，横琴与澳门特区合作领域因此而得到全面的拓展。横琴自贸区将打造成一个具有中国特色、富有时代特征、与澳门融合、与世界接轨的自贸试验区。目前，横琴与澳门特区政府建立了三条直线沟通机制，成立了以全国政协副主席何厚铧为主任委员的横琴新区发展咨询委员会，建立了与澳门特区全国人大代表、政协委员及工商界社团的定期沟通交流机制。横琴自贸区专门成立横琴新区澳门事务局，专门负责对澳服务。设立澳门特区投资绿色通道，专门服务澳门特区投资者。设立横琴驻澳门特区投资咨询点，为澳门特区投资者提供全程服务指引。成立港澳法律问题专家小组，为横琴新区港澳法律研究课题提供咨询论证。与澳门大学等建立全面合作关系。

2015年7月28日，广东自贸区横琴新区管委会发布了《2015年广东自贸试验区珠海横琴片区改革创新发展总体方案》，方案指出，横琴将以《中国（广东）自由贸易试验区总体方案》（以下简称《总体方案》）为总揽，以制度创新为核心，营造兼具港澳特色与内地特点、对接高标准国际投资贸易规则的国际化、市场化、法治化营商环境，支持澳门特区建设“一个中心、一个平台”（世界旅游休闲中心和中国与葡语系国家经贸合作服务平台），促进港澳地区长期繁荣发展，扩大对葡萄牙语系、西班牙语系国家开放合作，促进珠三角地区经济社会发展转型升级，为我国全面深化改革和扩大开放探索新途径、积累新经验。①

借此重大历史发展机遇期,横琴可以充分利用毗邻港澳的区位优势和自贸试验区的创新优势,积极和澳门特区共同参与国家“一带一路”战略,成为 21 世纪“海上丝绸之路”的战略支点,并可以将其发展成为粤港澳大湾区最具特色的地区。而澳门特区可以和横琴自贸区联合,更好地实现澳门特区“一个中心、一个平台”建设战略目标,将横琴自贸区发展成为连接葡语系国家,协同澳门特区共同探索如何在货物通关、商品检验检疫、质量标准、电子商务等领域与葡语系国家建立合作机制,同时搭建并形成与葡语系国家的贸易平台。在此基础上,澳门特区和横琴自贸区可以携手前行,共创发展机遇,共享发展成果,同时也为粤港澳合作走出来一条新模式和路径。

2015 年 11 月 17 日,澳门特区行政长官崔世安在澳门特区政府 2016 年财政年度施政报告中总结指出:“2015 年是本届特区政府施政的第一年。面对内外环境变动带来的一系列挑战,我们严格遵守《澳门基本法》的规定,凭着‘一国两制’的制度优势和中央政府的大力支持,与广大居民团结奋斗,坚持爱国爱澳的核心价值,迎难而上,保持经济社会大局的稳定。在增强抗御风险能力的同时,完善公共财政管理,继续落实执行民生施政的各项措施。博彩业经历持续十年的高速增长后,进入调整期,博彩业收益持续下降;在澳门经济高速增长期间,特区政府按照《澳门基本法》的规定,财政预算以量入为出为原则,强调收支平衡,并在有盈余的基础上建立财政储备制度。目前,政府坚持‘发展经济,改善民生’的施政信念,融入区域合作,推动经济适度多元,开展‘一个中心,一个平台’的建设。综观全局,澳门整体经济运作健康,公共财政稳健,政府保持盈余预算,各项大型建设有序进行,失业率仍保持较低水平,通胀有所回落,我们对本澳经济的长远发展仍然充满信心。政府实施稳健的财政政策和金融政策。截至 2015 年 9 月,特区财政储备中的基本储备为 1318. 80 亿元,超额储备为 2113. 81 亿元。2014 年财政年度的预算结余为 902. 96 亿元,待完成有关结算程序后,超额储备总额将达 3016. 77 亿元,即财政储备总额达 4335. 57 亿元,外汇储备则达 1453. 43 亿元。近期,我们成立了以行政长官为主席的建设世界旅游休闲中心委员会,

---

① 参见《横琴自贸区发布改革创新发展总体方案》,载新浪网:http://finance. sina. com. cn/china/dfjj/20150728/123922811147. shtml,最后访问日期:2016 年 7 月 6 日。

并正在编制《澳门特别行政区五年发展规划(2016～2020 年)》,同时在本次施政报告公布规划的基础方案,期望广泛听取社会意见,共同描绘特区未来发展蓝图。今年,特区举行了'纪念中国人民抗日战争暨世界反法西斯战争胜利七十周年大会',与广大居民共同铭记历史,缅怀先烈,珍惜和平,开创未来,共同致力于中华民族的伟大复兴。中央政府应特区政府请求,决定启动明确澳门特别行政区习惯水域管理范围工作,我们配合中央政府有关部门加紧完善未来水域管理的法律法规,配置所需的人力资源和设备设施。在新的一年,政府全力贯彻'以人为本,科学决策'的施政理念,把民生事务放在施政优先位置,加速建设房屋、社会保障体系、教育、医疗、人才培养长效机制。特区政府落实精兵简政的施政目标,逐步调整与重组公共行政架构,努力提升依法治理的能力和水平,加强廉政建设;要求各级官员以务实创新的思维,想广大居民所想,从社会的整体利益出发,不断改进各项政策措施,为特区未来五年的发展打下更扎实的基础。"①上述总结可以作为 2015 年《澳门特别行政区基本法》实施大事的一个全景式注脚。

① 崔世安:《中华人民共和国澳门特别行政区政府二〇一六年财政年度施政报告》,载澳门特区行政长官办公室网站:https://www2.gce.gov.mo/images/downloads/2016_policy_cn.pdf,最后访问日期:2016 年 6 月 18 日。

专题述评

香港特别行政区法院解释《香港特别行政区基本法》所采用的原则①

陈兆恺*

一、绪言

对于香港特别行政区(以下简称香港特区)而言，于1984年签订的《中华人民共和国政府和大不列颠及北爱尔兰联合王国政府关于香港问题的联合声明》(以下简称《中英联合声明》)，可以说是自《南京条约》以来最重要的法律文件。它不单彰显了国家对保护主权和领土完整的决心，也影响了香港特区700多万人的命运。根据双方同意，1997年英国归还香港后，中国在香港成立特别行政区。

《香港特别行政区基本法》(以下简称基本法)是根据宪法为履行《中英联合声明》而制定的。香港回归差不多19年，基本法普遍成功执行，“一国两制”的方针政策得以落实。由于没有先例可援，基本法的条文，在执行上尤其是在香港特区法院处理涉及基本法

---

① 本文系陈兆恺法官2016年7月30日在中国法学会于上海举办的“首届基本法司法适用中的法律解释学术座谈会”上的发言稿。感谢陈先生同意本书发表他的发言。文中序号为编者所加，极个别文字在不影响文章原意的情况下作了润色，特此说明。

* 曾任香港特区高等法院首席法官、香港特区终审法院常任法官，现任终审法院非常任法官。

的案件中,经常产生争议。

我想跟大家讨论其中两个较大的争议:第一,香港特区法院解释基本法时所采用的普通法原则与成文法所采用的原则有何差异?第二,全国人大常委会根据基本法第 158 条的释法会不会影响香港特区法院的司法独立?这些争议点是值得我们深思和面对的。

二、基本法的地位和性质

《中英联合声明》早已在附件一里列出了基本法的框架,经过多方面近 5 年的努力才制定基本法。若要有效地实施基本法,必须正确地认识它的重要性和独特性。

基本法有三个特点,这些特点对落实"一国两制"的方针政策,特别是香港特区法院解释基本法,有着重要影响。

第一,《中英联合声明》是中英双方就香港特区签订的一项国际协议。在声明中,中国承诺制定基本法。因此,基本法是符合《中英联合声明》的,也是为了落实中央对香港特区的"一国两制"方针政策。由于基本法与《中英联合声明》之间的关系,根据普通法原则,在解释基本法条文时,香港特区法院必须参考《中英联合声明》和背景。

第二,基本法是全国人大根据《宪法》第 67 条所制定的全国性法律。既然是全国性法律,全国须要执行和遵守。因此,全国人大常委会对基本法享有解释权。

第三,基本法是香港特区的"宪法",①是香港特区法律的一部分,而且不能轻易修改。其凌驾于香港特区所有法律之上,任何本地的法律包括法院的判决,都不能抵触基本法,否则无效。香港特区法院在审理案件时,也必须根据这个原则来解释香港特区法律。

三、香港特区法院处理有关基本法案件的权力

根据基本法第 2 条(和第 19 条第 1 款),中央授权香港特区,依照基本

---

① 此处用"宪法"表示,准确地说应当是"宪制性法律"。因香港特区法院判决中将基本法称为"宪法",故作者采用了香港特区司法界的惯常用法,但从中国宪法理论来看,这一说法是不妥的。为尊重作者,本书对此保留作者的提法,并加注引号。——编者注

法的规定,实行高度自治,享有行政管理权、立法权、独立的司法权和终审权。第19条第2款明确规定,香港特区法院对香港特区所有的案件(除了涉及国防和外交)均有审判权。

香港特区法院在审理案件时,无论是刑事案件还是民事案件,如果涉及基本法的条文,都要就有关条款,作出解释并加以执行。根据基本法第158条第2款规定,香港特区法院获全国人大常委会授权处理有关基本法的案件,并可就基本法关于香港特区自治范围内的条款自行解释。第158条第3款更容许法院对基本法的其他条款也可解释。不过,关于中央人民政府管理的事务或中央和香港特区关系的条款,在终局判决前,必须经终审法院向全国人大常委会提请释法,即这两类条款(一般被称为"除外条款")所有法院也可作出解释,但终审法院在判决前,必须提请全国人大常委会对有关条款先行释法,才可作出终局判决。

有这样的安排,是因为终审法院以下的法院作出的判决,并不是终审判决,还可以向终审法院上诉。但如果是终审法院的判决,根据普通法的先例原则,该判决具约束力,其他法院必须依从。如果判决只是有关一般法律,事后产生问题,还可以修改这些法律,但如果判决涉及基本法,问题便不易解决。由于是涉及中央人民政府管理的事务或中央和香港特区关系的条款,如果终审法院判决后需要全国人大常委会就有关条款作出解释或修改,引起的争议和回响就会很大,正如1999年吴嘉玲案件的情况一样,因此,基本法第158条第3款的提请规定只限于终审法院,是一个合理的安排。

有关基本法第158条,人大释法和香港特区法院的权力,曾引起了不少争论,以后会详细讨论。

四、香港特区法院处理有关基本法的一般情况

回归以来,有不少案件涉及基本法的条文,需要法院处理。这是因为基本法列出了香港特区居民的许多权利(如第三章),也从第39条,经香港人权法,引进了国际人权公约中的一些条款,保障香港特区居民的基本权利和自由,法院有责任审理这些权利和自由是否受到干扰。

在刑事案件中,涉及基本法的争论多关于两类问题:一是被告人在审讯时应有的权利,如一般的缄默权和审讯是否公平和公正;二是有关控罪是否

合法,如法律上有没有这种罪行,被告人的行为在法律上是否构成罪行。

在民事案件中,大部分有关基本法的争论,是居民针对公共机构或行政机关和官员的行为,向法院经司法复核的程序,提出诉讼和挑战,要求推翻立法或行政的决定或政策,其理据亦是以基本法的条文和所保障的权利和自由为基础。

自 1997 年回归以来,特区各级法院经常需要处理涉及基本法的案件,由于对社会影响较大,不少上诉至终审法院。至 2015 年年底,有超过 100 宗涉及基本法,经终审法院判决的案件。由于都是重要案例,因此,这些有关基本法和人权法的判词,大部分已翻译成中文,并上传至司法机关的网页。

五、香港特区法院解释基本法时采用普通法原则

由于香港特区采用普通法制度,法院在审理有关基本法的案件时,应用普通法解释宪法的原则。终审法院在回归后第一宗涉及基本法的终极上诉(吴嘉玲案)里指出:基本法是特区的"宪法",跟一般的宪法一样,都只是陈述一般性的原则和它的目的,用含义广泛和概括性的语言,很少讲究细节和界定词义。其用意是使它可配合时代转变和适应环境的需要。终审法院清楚地列出解释基本法时应采用的原则:

1. 必须考虑基本法的立法目的。

2. 特区在考虑基本法的立法目的时,要考虑整部基本法的条文,特别是要解释的条款,也包括其他条款和其他相关的材料,以便找寻它的原则和目的,包括它的背景,如《中英联合声明》。

3. 也要考虑需要解释的条款所采用的语言,必须避免采用只从字面上的意义,或从技术层面,或从狭义的角度,或以生搬硬套的处理方法诠释文意。

终审法院这部分判词的翻译本如下:

首先我等必须认识及了解这份文件的特性。基本法是为贯彻独一无二的"一国两制"原则而制定的宪法性文件,具有不可轻易修改的地位。制定宪法性文件时,一般都会采用含义广泛和概括性的语言。宪法是一份具有灵活性的文件,旨在配合时代转变和适应环境的需要。

解释基本法这样的"宪法"时,法院均会采用考虑立法目的这种取向,而

这方法亦已被广泛接纳。法院之所以有必要以这种取向来解释宪法,是因为宪法只陈述一般原则及表明目的,而不会流于讲究细节和界定词义,故必然有不详尽及含混不清之处。在解决这些疑难时,法院必须根据宪法本身及宪法以外的其他有关资料确定宪法所宣示的原则及目的,并把这些原则和目的加以贯彻落实。因此,在确定文件的真正含义时,法院必须考虑文件的目的和有关条款,同时须按文件的背景来考虑文本的字句,而文件的背景对解释宪法性文件尤为重要。

关于目的方面,制定基本法的目的是按照《中英联合声明》所阐述及具体说明的中国对香港特区的基本方针政策,在"一国两制"的原则下成立与中国不可分离的香港特区,并实行高度自治。在确定基本法某项条款的目的时,法院可考虑该条款的性质,或基本法的其他条款,或参照包括《中英联合声明》在内的其他有关外来资料。

有关文本使用的字句,法院必须避免采用只从字面上的意义,或从技术层面,或从狭义的角度,或以生搬硬套的处理方法诠释文意。法院必须考虑文本的背景。基本法某项条款的文意可从其本身及包括《中英联合声明》在内的其他有关外来资料中找到。法院也可借用语言传统及文字惯用法了解所用的文字意思。

六、解释基本法时所考虑的相关材料

这些普通法用来解释宪法的原则,虽然与成文法的原则不同,但一般是可以接受的。终审法院在其后另一宗居港权的案件(庄丰源案)里,再重申这些原则。但在该案中,就法院应考虑什么是相关材料的问题上,却产生了很大争议。因为普通法所采用的原则与成文法的大不相同,令终审法院在这宗案件中的判决,备受内地和香港多方质疑。

该案涉及所谓"双非儿童"的居港权,案中女童的父母是在内地居住的中国公民,即非香港永久性居民("双非")。他们来港期间诞下女童,并为其申请成为香港特区永久性居民,理由是她符合基本法第 24 条第 2 款第 1 项的规定,即"在香港特别行政区成立以前或以后在香港出生的中国公民"。问题是,第 24 条第 2 款第 1 项是否需要申请人在香港特区出生时,他的父母其中一方必须是香港特区永久性居民?审讯时,政府说是需要的,并引用 1999 年 6 月 26 日全国人大常委会的释法中曾提及回归前香港特区筹备委员会的一份意见书,并认同该意见书是对第 24 条立法原意所表达的意见。但终审法院根据普通法原则,认为人大常委会 1999 年的释法没有就第 24 条第 2 款第 1 项作出解释,因此,对该案没有约束力。法院还表示该条款已很清晰,无须考虑外来资料。而且,香港特区筹备委员会的意见书不是基本法制定时或之前的相关文件,所以不符合可供考虑的外来资料的条件。因此,裁定女童拥有居港权。

终审法院这部分判词的翻译文本如下:

为协助解释有关条款,法院会考虑基本法的内容,包括基本法内除有关条款外的其他条款及其序言。这些均属有助于解释的内在资料。

有助于了解基本法或基本法某些条款的背景或目的的外来资料,一般均可用来协助解释基本法。这些可供考虑的外来资料包括《中英联合声明》,以及于 1990 年 4 月 4 日通过基本法之前不久,即于 1990 年 3 月 28 日提交全国人大审议的《关于〈中华人民共和国香港特别行政区基本法(草案)〉及其有关文件说明》。审议上述解释以及签署《中英联合声明》时,本地法例的状况很多时候也会用作解释基本法的辅助资料。虽然基本法于 1997 年 7 月 1 日才实施,但由于基本法的背景及目的是在 1990 年制定基本法时确立,故一般来说,与解释基本法相关的外来资料是制定前资料,即制定基本法之前或同时期存在的资料。

就本案而言,除了与背景及目的有关的制定前资料外,本院无须在此探究其他外来资料会有什么帮助(即使有),特别是制定后资料能否给予协助的问题。本院只需说明:在全国人大常委会没有作出具约束力的解释,而法院必须按照普通法处理法律释义的情况下,若法院在借助内在资料及适当的外来资料去确定有关条款的背景及目的,并参照该背景及目的后作出诠释,断定文字的含义清晰,则外来资料,无论其性质,也无论其属制定前或制定后资料,均不能对解释产生影响。含义清晰即所用文字没有歧义,就是在合理情况下不能得出另一对立的解释。

法院参照了有关条款的背景及目的来诠释文本字句,一旦断定文本字句确是含义清晰后,便须落实这些字句的清晰含义。法院不会基于任何外来资料而偏离这些字句的清晰含义,赋予其所不能包含的意思。

如法院需考虑采用外来资料,而这些资料并不是与背景及目的有关的制定前资料,法院便应依循普通法原则审慎处理有关事宜。一般而言,普通法的处理方法不会把所有外来资料先收入考虑之列,然后再衡量资料的分量。法院应要求考虑制定后资料时尤须审慎。这是因为如前所述,在包括三权分立的普通法制度下,法例一经制定,解释法律便属法院的事务。不过,如前所述,法院在这方面的权力是受制于第158条第3款对本院就"范围之外的条款"行使管辖权的规限,以及受全国人大常委会根据第158条作出的解释的约束。

这相信是普通法和成文法的原则中较大的差异,一时很难解决。幸运的是中央和特区政府都相当了解和克制,没有进行第158条第1款的释法,只由特区政府以行政方法解决问题。

七、全国人大常委会和香港特区法院解释基本法的权力

基本法的解释权属于全国人大常委会。这是第158条第1款列明的,终审法院也接受。全国人大常委会行使第158条第1款的权力是没有限制的,只需不抵触基本法便可以。也可以对基本法内任何条款作出解释,而且就是没有案件也可自行释法。这种情况已发生过好几次,如有关行政长官任期的解释。

香港特区法院解释基本法的权力,是全国人大常委会根据基本法第158条第2款规定所授权的,以处理有关基本法的案件,并可就基本法关于香港特区自治范围内的条款自行解释。第158条第3款更容许香港特区法院对基本法的其他条款也可进行解释。不过,由于这些权力是全国人大常委会授权,所以是有限制的。

1. 这些权力必须是在审理案件时才能行使。

2. 涉及自治范围以外的其他条款,如有关中央人民政府管理的事务或中央和香港特区关系的条款(除外条款),终审法院在终局判决前,必须向全国人大常委会提请释法。

3. 全国人大常委会无论是根据第158条第1款自行释法,还是根据第158条第3款经终审法院提请释法,所作出的解释对香港特区法院具约束力,不过以前作出的判决不受影响。

八、全国人大常委会具有释法权的理据

全国人大常委会具有释法权的规定是合理和必然的。首先,基本法是根据《宪法》第 67 条而制定的全国性法律,全国人大常委会当然有此权力。其次,除了联邦制国家外,世界上没有一个国家内的一个地区,有自己的终审权,而不是在中央,只有香港特区。就是在联邦制国家内,如果案件涉及国家宪法或联邦法律,也是由联邦法院而非地方法院审理。因此,由于内地的司法系统与香港特区的司法系统没有司法上的连接,基本法就成了两个制度中间的连接,也是两个制度的交叉点,容易产生矛盾和争议。还有,基本法虽然是特区的"宪法",由于同时也是国家的法律,很难令人信服:由特区法院用另一个制度的原则作出的解释是最终解释,而全国人大常委会作为主权国的最高权力机构不能过问全国性法律如何诠释。而且香港特区法院的基本法解释权力是授权式的,源自人大,人大不可能没有最终的解释权。

终审法院非常任法官梅师贤在刘港榕案中有以下的分析:

> 像宪法的权力分配情况一样,香港特区法院须连接中华人民共和国内的机构。在一个全国性的普通法制度下,地区法院通常连接国家宪法法院或最高法院,但就香港特区的情况而言,除了有两个不同的制度之外,还有两个不同的法律制度。在实施"一国两制"的背景下,基本法第 158 条提供了一个极不相同的连接方式,其遵照中国《宪法》第 67 条第 4 款,将解释基本法的一般权力赋予全国人民代表大会常务委员会,而非最高人民法院或全国性法院。
>
> 普通法制度下的律师可能会对上述结论感到奇怪,但本席认为,这是在按照基本法第 158 条的内文和结构并顾及基本法作为一项载录于由中国制定的全国性法律兼作为香港特区"宪法"的特性后所必然得出的结论。

九、终审法院提请全国人大常委会释法的条件

在吴嘉玲案中,终审法院讨论在什么情况下需要根据第 158 条第 3 款向全国人大常委会提请释法。首先,有争议条款所涉及的论点,必须是一个可争论的问题。如果很明显是不可争论的,便根本不需要再讨论下去。如果

是可争论的,终审法院便需要考虑有争议的条款是否符合两项条件。若符合,法院便必须将有争议的条款提交全国人大常委会解释,这两个条件如下:

1.[类别条件]即需要解释的条款,属于除外条款,就是有关中央人民政府管理的事务,或中央和香港特区关系的条款。

2.[有需要条件]即这些条款的解释将会影响案件的判决。

终审法院还指出:只有终审法院,而非全国人大常委会,才可决定有争议的条款是否符合这两项条件。由于终审法院是正当处理该案件的法院,而且是负责向全国人大常委会提请释法的机构,由终审法院作出决定是合理的。但问题是,如果它裁定因条件不符合而无须提请全国人大常委会,便会自行作出解释。一旦与全国人大常委会的意见出现分歧,便会产生矛盾。

如何决定是否符合类别条件?如果只是涉及基本法其中一条条款,情况比较简单。但如果涉及两条或以上的条款,情况则较复杂。终审法院认为,这时需要寻找"最主要需要解释的是哪条条款"。如果该条条款不是除外条款,便无须向全国人大常委会提请解释,终审法院可自行作出解释。但如果是属于除外条款(而又符合有需要条件),法院有责任提请人大释法,释法后才可作出终局判决。

终审法院这部分判词的翻译本如下:

从上述的观点出发,让我等讨论应采用何种考虑原则。X 条款(这里指第 24 条)是关于特区自治范围内的条款,在作出解释时,必须考虑其背景,这自然包括基本法的其他条款,而这些条款可能在某几方面与解释 X 条款有关。例如,这些条款可能通过增减修订等形式来规限 X 条款,或润饰 X 条款的意思,又或提供指标来解释 X 条款。根据资深大律师马先生的论点,当一项"范围之外的条款"(这里指第 22 条第 4 款)如上述般与 X 条款有关,便须提交人大常委会。提交的主题不是要求解释 X 条款,因它并非"范围之外的条款";马先生的论点似是提交的主题是请"人大常委会"解释该"范围之外的条款",而该项解释只限于涉及 X 条款的解释。这样的提交,会收回本法院对解释基本法中关于属特区自治范围内的条款(X 条款)的司法管辖权。我等认为这样做会严重削弱特区的自治,而且是不对的。

我等认为,在考虑该条款是否符合“类别条件”时,应采用代表申请人的资深大律师张先生提出的考虑原则——实质上,法院审理案件时最需要解释的是哪条条款?如果答案是一条“范围之外的条款”,本法院必须将之提交人大常委会。如果最主要需要解释的并非“范围之外的条款”,便无须提交。在这种情况下,即使一条“范围之外的条款”可以争辩地说成与“非范围之外的条款”的解释有关,甚至规限了“非范围之外的条款”时,法院仍无须将问题提交“人大常委会”。

这个“最主要需要解释的是哪条条款”的测试标准,在执行时会产生困难和引起争议,这点在吴嘉玲案中已显露出来。

该案是终审法院处理的第一宗涉及居港权的案件,申请人是在内地出生和居住的中国公民,他们是非法来香港特区或逾期不合法居留。他们的父或母现时是香港特区永久性居民,但在他们出生时还未在香港特区通常居住连续满 7 年,即尚未成为香港特区永久性居民。不过,申请人声称:根据基本法第 24 条第 2 款第 3 项,他们也是香港特区永久性居民,因为他们是“第(一)、(二)两项所列居民在香港以外所生的中国籍子女”。第二项是指“在香港特别行政区成立以前或以后在香港通常居住连续七年以上的中国公民”。第一个争议点:第 24 条第 2 款第 3 项所指的人士,是否必须是其父或母已经成为香港特区永久性居民以后所生的子女,还是在其父或母尚未成为永久性居民以前所生也算在内?第二个争议点:涉及申请人是否受第 22 条第 4 款所限制?该款规定:“中国其他地区的人进入香港特别行政区须办理批准手续,其中进入香港特别行政区定居的人数由中央人民政府主管部门征求香港特别行政区政府的意见后确定。”

终审法院裁定第 24 条第 2 款第 3 项是该案中“最主要需要解释”的条款,这是在特区自治范围内,而不属于除外条款,因此不需要向人大提请释法。终审法院又认为申请人不受第 22 条第 4 款所限制,所以无须先取得内地批准来港及领取单程证。这两个裁决衍生了一些问题:第一,这是否正确地反映了这两个条款的立法原意?第二,第 22 条第 4 款是除外条款,如要解释就必须提请人大释法,但终审法院没有这样做,而且其实已作出了解释。第三,这令人怀疑他们的“最主要需要解释”的测试标准是否正确或可靠。

在终审法院这个裁决后,由于涉及受影响的人数估计 160 万,香港特区政府为了解决由此而衍生的社会问题，向全国人大常委会要求根据基本法第 158 条第 1 款就第 22 条第 4 款和第 24 条第 2 款第 3 项作出解释。结果，全国人大常委会于 1999 年 6 月 26 日作出解释。实际上推翻了终审法院判决的效果，但不影响因判决已获得居港权的诉讼人士。

十、终审法院向全国人大常委会提请释法

终审法院自回归以来只有一次引用第 158 条第 3 款向全国人大常委会提请释法，即刚果案。前刚果政府与前南斯拉夫政府因商业纠纷进行讼裁，前刚果政府欠下债项，南斯拉夫政府把债务转售予一间专门收数的美国公司，该公司向刚果政府作全球性追讨，其间刚果已转移政权。其后，中国国企与刚果新政府达成协议，中国协助刚果大型基建，并取得开采该国的资源权。美国公司在北京提出追讨，意图向中国国企“埋手”，[①]不遂，转而在香港特区法院诉讼。刚果政府提出反对，理由是该国政府有绝对司法豁免权。回归前，香港实行英国的国家豁免权条例，即外国政府在商业纠纷上没有豁免权，只是有限制的豁免权，而普通法案例亦是如此。不过，中国政府却奉行绝对司法豁免权。香港特区终审法院(以 3:2 多数)认为案件涉及基本法第 13 条和第 19 条的外交问题，便向全国人大常委会要求释法，其理据很清楚。

1. 一个国家赋予另一个国家的豁免权是绝对的、有限制的，一定是外交事务。这正是涉及基本法第 13 条和第 19 条，法院必须根据第 158 条第 3 款提请释法。

2. 港英当局的国家豁免权条例不能过渡，即回归后没有相应的本地法例，这是因为中方在中英联络小组提出反对，担心对中国主权有影响。

3. 有关普通法的案例亦不能过渡，这是由于全国人大常委会于 1997 年 2 月 23 日所作出的决定：所有普通法如与香港特区的地位不符，应作出必要的变更、适应、限制或例外。这部分决定已成为《香港法例》第一章第 1A 条。

4. 一个国家不可以有两个不同的外交政策，外交政策的决定权在主权国。“一国两制”不可以被误解为可以有两个不同的外交政策。

---

① “埋手”为广东话，意为“暗中下手”。

十一、全国人大常委会的释法是否干预司法独立

全国人大常委会 1999 年的释法,被一些人宣扬为干预香港特区法院的司法独立。这是否正确,可加以分析一下。全国人大常委会释法只在以下情况时发生:

1. 根据第 158 条第 1 款自行解释基本法的任何条款。这可能是个政治上的决定,但由于没有案件诉讼,与司法独立无关(如有关特首任期的释法)。

2. 根据第 158 条第 3 款,经终审法院提请全国人大常委会就需要解释的条款,即限于两类除外条款,作出解释,这也没有干预终审法院的司法独立(如刚果案)。

3. 在终审法院作出终局判决后,全国人大常委会才根据第 158 条第 1 款自行释法,实际是推翻终审法院的判决。这就是吴嘉玲居港权案件判决以后的情况。但要注意的有两点:第一,刘港榕案,终审法院裁定:全国人大常委会根据第 158 条第 1 款的释法,对香港特区法院同样有约束力,但对释法前法院作出的判决没有影响。第二,在很多普通法司法管辖区内,如立法或行政机关认为法院的判决出了问题,也可循修改现有法例以抵消该法院判决的影响。只不过现在有关的是基本法,不能任意修改,人大释法是一种可行的途径。所以没有干预司法独立的疑虑。

十二、总结

香港特区基本法对整个中国具有非常重要的意义和作用,但其在执行上所遇到的困难和所引起的矛盾和争议,是不容轻视的。由于内地与香港特区的法律制度和司法传统有所不同,内地与香港特区对基本法的理解、取向和期望都有差异,需要更多的相互交流和磨合。假以时日,才可消除这些矛盾和差异;顺利实施基本法,对成功落实“一国两制”的方针政策起关键性的作用。

共识与分歧:《香港特别行政区基本法》解释问题的一个初步检视①

邹平学*

任何法律的实施都难免发生争议,任何法律的实施又都离不开法律解释。但不可避免的是,为解决法律实施争议必不可少的法律解释也经常面临分歧和争议。许多研究《香港特别行政区基本法》(以下简称《基本法》)的学者发现,《基本法》的实施过程并非一帆风顺,而是充满挑战,其中很重大的挑战就是如何解决《基本法》的解释问题和解释实践中发生的分歧和争议。诚如强世功教授所言:"围绕基本法解释产生的分歧、对话、协商与斗争,是香港回归以来最为突出的政治议题,也是最重要的法律问题之一。"②可喜的是,香港回归以来,《基本法》解释实践呈现了清晰可见的产生分歧、解决分歧、渐进达成共识和不断积累

---

① 本文系笔者主持的2014年国家社科基金重大项目《港澳基本法实施的相关机制研究》(立项号14ZDC031)的阶段性成果。原稿系2016年7月30日提交中国法学会于上海举办的"首届基本法司法适用中的法律解释学术座谈会"的发言稿。收入本书时增补了注释,对文字作了必要的技术处理,特此说明。

* 深圳大学港澳基本法研究中心主任,教授、博士研究生导师,法学博士。

② 强世功:《文本、结构与立法原意——"人大释法"的法律技艺》,载《中国社会科学》2007年第5期。

共识的路径,为具有巨大包容性的"一国两制"实践提供了有丰富意蕴的法律愿景。本文拟就《基本法》解释的共识性问题和分歧性问题作出初步梳理。

一、《基本法》解释实践在哪些方面达成了共识、哪些方面还存在分歧

从实践来看,香港特区法院在审理案件时解释基本法的情况相当普遍,如果在香港特区司法机构的官方网站上,以"HCAL"快速搜索判案书,可以找到 1600 多项,这意味着涉及《基本法》的判决目前已有 1600 多项了。据统计,在终审法院判决的案件中涉及《基本法》解释的有 100 多件。这说明,《基本法》第 158 条授予香港特区法院的解释权得到很好的、充分的运用。到 2016 年 8 月为止,全国人大常委会对《基本法》的解释有 4 次,分别是 1999 年对居港权案件涉及的争议条款的解释,2004 年对两个产生办法有关条款的解释,2005 年对补选行政长官的任期的"二五之争"的解释,2011 年对有关刚果金案由终审法院提请的解释。应当说,全国人大常委会第一次和第四次解释都涉及与终审法院解释权的关系,第二次和第三次解释不涉及诉讼案件,不涉及法院。第一次引起的争议最大,第四次香港法律界普遍反映良好,也被视为是《基本法》第 158 条有关解释合作机制的良好开始。人大常委会的其他两次解释虽然不涉及法院审理案件的问题,但在香港也有不同的看法,如有的法律界人士认为 2004 年的解释不是解释,而是修改了《基本法》。

那么,近 20 年来,上述《基本法》解释实践解决了什么争议性问题呢?初步总结,至少在如下六大方面达成了共识:

第一个问题是全国人大常委会和香港特区法院的解释权范围问题。现在比较明确的是,根据我国宪法和基本法的规定:(1)全国人大常委会有权对基本法的所有条文作出解释,不限于涉及中央管理的事务和中央与特区关系的条款。(2)无论需要解释的事项是否涉及诉讼案件,全国人大常委会都可以解释。在刘港榕案中,法院判决认为全国人大常委会的解释权并不像香港特区法院的解释权那样只能在具体案件审理中才能行使,全国人大常委会依据《基本法》第 158 条第 1 款而享有的基本法解释权应该是"全面(general)而不受限制的(unlimited)"。[①] 2001 年 7 月 20 日在庄丰源案中,法

① 参见[1999]3HKLRD778。

院在判词中再次重申指出,常委会根据第158条第1款的规定对《基本法》作出解释的权力是源自《宪法》,而这项权力是"全面而不受限制的"。"人大常委会根据第158条第1款诠释《基本法》的权力扩展至基本法中的所有条款,而且并非只限于第158条第3款所指的范围以外的条款。"①当然,在涉及诉讼案件的解释问题时,人大常委会要遵循第158条的有关程序规定。(3)全国人大常委会可以依据香港特区终审法院的请求作出解释,也可以按照有权提出解释议案的机构的要求,对基本法作出解释。(4)如果香港特区法院对《基本法》解释错误,全国人大常委会可以重新解释,一旦作出相关解释,香港特区法院要以全国人大常委会的解释为准。值得注意的是,1999年2月26日香港特区终审法院首席法官李国能宣读终审法院5名法官一致的《澄清判词》里面还提到,全国人大常委会根据第158条具有解释《基本法》的权力是不受香港特区法院质疑的。

第二个问题是香港特区法院解释《基本法》的权力来源问题。香港特区法律界现在公认《基本法》解释权属于全国人大常委会。至于香港特区法院的解释权,很显然,《基本法》第158条第2款明确了香港特区法院解释自治范围内条款的权力来源于全国人大常委会的授权,终审法院在判决中承认第3款关于法院解释非自治范围内条款的权力也来自全国人大常委会的授权。1999年2月26日香港特区终审法院首席法官李国能宣读终审法院5名法官一致的《澄清判词》中指出:"特区法院的司法管辖权来自《基本法》。《基本法》第158条第1款说明《基本法》的解释权属于人大常委会。法院在审理案件时,所行使解释《基本法》的权力来自人大常委会根据第158(2)及158条第3款的授权。"②这说明,香港特区法院解释《基本法》的权力来源于全国人大常委会的授权存在共识。

第三个问题是香港特区法院解释《基本法》的权力限制问题。对于这个问题,有三点可以明确:一是香港特区法院的解释限于审理案件的时候;二是如果全国人大常委会作出解释,它必须以全国人大常委会的解释为准;三是如果需要解释的条款是关于中央管理的事务或中央与特区关系的条款,它有义务提请全国人大常委会作出解释。

---

① 参见[2001]4HKCFAR211。

② 佳日思、陈文敏、傅华伶主编:《居港权引发的宪法争论》,香港大学出版社2000年版,第93页。

第四个问题是如何看待全国人大常委会的解释效力。这一点,终审法院也是十分明确的。在刘港榕案中,法院不仅承认了全国人大在香港特区宪制架构中的凌驾性地位,而且确认 1999 年人大释法的法律效力。法院在判词中确认 1999 年人大释法"有效且对香港所有法院具约束力"。应当看到,经过近 20 年的博弈和磨合,香港特区司法机关对人大释法的心态也趋于平和,体现了专业理性。2013 年 4 月 8 日,终审法院首席法官马道立先生在出席一个法律讲座时表示,根据《基本法》第 158 条,香港特区的法院都会受到全国人大常委会对《基本法》条文的解释所约束。[①] 他的这一表态即上述心态的明证。不过,需要指出的,对于全国人大常委会享有的最终和最高的解释权而言,不宜对其质疑,诚如美国联邦最高法院的一位大法官说过:"不是因为我的判决是正确的所以它才是终局的,恰恰相反,我的判决之所以是正确的,是因为它享有终局性。"这段话或许是理解全国人大常委会基本法解释权及其解释行为的一个很好的参考。

第五个问题是全国人大常委会对《基本法》的解释是不是会影响香港特区的司法独立?实事求是地看,这个问题在回归后的前一段时期,香港特区社会确实有的人认为人大释法对香港特区法治具有破坏性。在释法问题上,香港特区的个别大律师、法院法官不能理解和接受全国人大常委会对基本法的解释行为,认为中央在法律上行使解释权力就是干预自治权,就是为政治力量背书,提出了意图限制人大释法权、规避《基本法》规定的提请释法的义务等错误的法律主张。人大释法的权力是《基本法》规定的香港特区法治的构成部分,尊重香港特区法治就必须尊重人大释法。应当说,现在这一认识偏差也基本改变了,不是法律界的主流观点。

第六个问题是香港特区法律界、法学界尽管主流观点认同人大常委会释法的全面性、权威性、最终性,但有人还是主张要尽量少释法。这一点在学术上,内地学界不是一致认同,如笔者就认为全国人大常委会释法就应当常态化,当然常态化不是说释法越多越好,而是指只要出现应当释法的情形,全国人大常委会就要行使这个权力。[②] 但客观来说,不管出于什么考虑,全国人大常委会在实践中确实很谨慎地对待释法,目前只有 4 次解释,次数

① 参见马道立:《人大释法只能跟从》,載香港《成报》2013 年 4 月 9 日。

② 参见邹平学:《香港基本法实践问题研究》,社科文献出版社 2014 年版,第 397 ~ 401 页。

确实很少。这一点笔者认为内地与香港特区都有信心,也有共识。

目前,仍然存在分歧或争议的有如下问题:

一是在刘港榕案中,梅师贤大法官认为,尽管1999年人大释法是由作为国家最高立法机关的全国人大常设机构全国人大常委会颁布的,但1999年人大释法已经不是简单的立法解释,而是对《基本法》的一种实质修改。[①] 从吴嘉玲案可以看出,1999年人大释法对于《基本法》立法原意的理解是与香港特区终审法院不同的。在庄丰源案中,终审法院认为,对释法文件中未直接解释的内容,特区法院可以按照普通法另外解释,不受人大解释的约束(内地学者把这个做法视为法院处理普通法中的随附意见)。全国人大常委会发言人曾对此认为与人大解释不尽一致,表达了异议,但没有采取实质性的后续行动。法院在2011年的外佣居港权案进一步坚持了庄丰源案中确立的1999年人大释法不对《基本法》第22条第4款和第24条第2款第3项以外条款的解释具约束力的规则,再次将1999年人大释法划分为"主论"(具有法律效力)与"副论"(不具有法律效力)两部分,试图限缩人大释法的效力。

二是香港特区法院在审理案件中如需要对《基本法》关于中央管理的事务或中央与特区关系的条款进行解释,如何判断或决定提请全国人大常委会解释?按照《基本法》规定,只要有关解释会影响判决结果,在案件作出终局判决之前,均需终审法院提请全国人大常委会进行解释。但终审法院在"1·29判决"之外增加了一个标准,即如果需要解释的主要条款是自治范围内的条款,附带需要解释中央管理的事务或中央与特区关系的条款,就无须提请全国人大常委会解释。用这种自创的主要条款、附带性条款的测试标准,结果就是导致规避了向全国人大常委会提请解释的义务,对此内地法学界是不敢苟同的。笔者注意到,香港特区司法机关对这个测试标准也在反思。说明可不可以以主要条款、次要条款来决定提请的必要性,香港特区司法界对此并没有完全达成一致。

三是如何判断哪些《基本法》条款属于中央管理的事务或中央与特区关系的条款?对此,特区政府律政司在多起案件中提出,要以对有关条款的解

---

① 刘港榕案第168段,参见梁美芬:《香港基本法:从理论到实践》,法律出版社2015年版,第130页。

释是否会影响到中央权力或中央与特区的关系为判断标准。但终审法院坚持认为,不能用结果来判断,而要看某一条款是否是明确规定中央的权力或中央与特区的关系。这一点,笔者认为律政司的观点是正确的。①

四是谁有权决定或判断哪些条款属于“香港特别行政区自治范围之外条款”?应当说,明确划定有关条款的范围和明确判断条款特性的标准问题本身就是一个留待需要“解释”的问题。终审法院认为它有权作出判断或决定。确实,逻辑的、合理的必然结论是,谁在审理案件,当然就有权并且实际上作出判断或者决定。但从法理上说,谁有最终的解释权,如果它认为有必要,谁就应当享有和行使这个权力。不过,在吴嘉玲案的判决中,香港特区终审法院认为当有关条款符合“类别条件”和“有需要条件”时,终审法院才有责任将有关条款提交全国人大常委会解释。“类别条件”即相关条款是“范围之外的条款”,“有需要条件”即该条款有被解释的必要并将影响案件的判决。终审法院的法官同时宣称:“我等认为在审理案件时,唯独终审法院才可决定某条款是否已符合上述两项条件;也只有终审法院,而非全国人民代表大会,才可决定该条款是否已符合‘类别条件’……我等强调提交人大常委会解释的是某些特定的‘范围之外的条款’而非一般性的解释。”判词认为,只有终审法院才有权判断条款性质,这是专断和错误的论点。② 终审法院有权判断是没错的,但如果说只有终审法院才有权判断是有问题的。法理上全国人大常委会也有权作出判断,而且是最终的判断。而且,香港特区终审法院的这一判断本身也不符合普通法解释法律不得完全违背立法者的原意的规则。

五是如果香港特区法院在应当提请全国人大常委会解释的情形下,不履行提请程序如何解决?这一点似乎也还有争议,香港特区社会对特区政府在 1999 年居港权案件中向国务院提出报告,请求解释《基本法》的做法颇有微词。不过,这一点在内地是完全认同的,认为是符合《基本法》关于特首向中央负责的条款的立法精神。

六是对《基本法》的解释应当采用内地解释方法或规则,还是采用普通法的规则的问题。对此,一种意见认为,《基本法》是全国人大制定的法律,

---

① 参见邹平学:《香港基本法实践问题研究》,社科文献出版社 2014 年版,第 381 ~382 页。

② 同上书,第 348 页。

当然要用内地的解释方法或规则进行解释。另一种意见认为,基本法在香港特区执行,香港特区法院要采用特区法律制度下解释法律的方法来解释基本法,即要用普通法的方法来解释基本法。由于两大法系在解释方法和解释所依据的规则上,排除政治因素,确实有法律上的分歧。

七是香港特区法院运用《香港人权法案条例》来解释基本法的问题。为实施《公民权利和政治权利国际公约》,港英当局于 1990 年通过了《香港人权法案条例》,该条例被赋予凌驾于所有香港法律之上的地位。1997 年 2 月全国人大常委会通过了《关于根据〈中华人民共和国香港特别行政区基本法〉第 160 条处理香港原有法律的决定》,明确废止了该条例凌驾地位的条款,以维护《基本法》在香港特区的宪制性地位。但香港回归以来,香港特区法院在众多人权案件的审判实践中依据该条例解释《基本法》,存在架空《基本法》的隐忧。这一点内地和香港特区也存在分歧。

八是香港特区法院及全国人大常委会释法的程序问题。释法实践显示,《基本法》解释程序还存在《基本法》没有明确规定的突出问题需要研究解决,从香港特区法院来看,只有终审法院才可以提请解释,如果案件尚未上诉到终审法院或者最终没有上诉到终审法院,案件在下级法院审理过程中当事人提出类似请求如何处理?这是指在终审法院以下的其他法院作出终局判决的情形下,诉讼当事人对《基本法》解释有异议且提出了希望提请全国人大常委会解释《基本法》的诉求,应如何由终审法院决定是否提请全国人大常委会解释。似乎在香港特区方面对此并没有明确,实践中似乎如果案件没有上诉到终审法院,此类申请都不会得到处理。从全国人大常委会来看,程序方面需要明确的主要包括:全国人大常委会可以在什么情形下主动提起解释,其启动的程序、条件是什么;是由法院来判断还是由全国人大常委会判断哪些条款属于中央政府管理的事务或中央和香港特区关系的条款;如何解决特区法院应当提请而没有提请全国人大常委会解释的问题;终审法院提请解释时,应当提交什么材料?是否应当提交终审法院对该条款的理解及涉案法院对该条款的理解?全国人大常委会在受理提请解释后可否要求终审法院或者涉案法院补充材料?可否询问案件当事人?是否需要举行听证会?全国人大常委会受理终审法院提请的解释请求并进入解释程序后,在实体上是否受制于终审法院提请解释的范围?是否可以扩大或缩小提请解释的范围?应当在多长时间内完成解释工作?香港特区行政长官及香港特区政府可否直接提请全国人大常委会解释《基本法》。

二、如何认识和解决《基本法》解释实践中存在的分歧、争议性问题

应当客观认识这个问题,毕竟内地与香港特区的法律制度、法学教育师出多门,不是师出同门,所以有分歧很正常。《基本法》是一部十分独特的文件,梁美芬教授的英文著作题目就是《香港基本法:中国法与普通法的混合体》。[①] 这种前所未有的大陆法和普通法的综合体,恐怕与生俱来就会给人带来差异感和不适感。曾任香港终审法院常任法官的陈兆恺先生在香港回归后的"宪政第一案"马维騉案的判词中如此描述《基本法》,"基本法是一个独一无二的文件。它处理实施不同制度的主权者与特区的关系。它规定政府不同部门的机关和职能。它宣布公民的权利和义务。因此,它至少有三个纬度:国际的、国内的和宪法的。人们必须认识到它不是由普通法的法律人所起草的。它是用中文起草的并附带了一个官方的英文本,但发生分歧时中文本优先于英文本。"[②]进一步来理解有关的分歧,还有一些理据值得参考:

一是第 158 条设定的解释制度是香港回归后新宪制秩序在法律解释领域的制度安排。就法治而言,内地和香港特区恐怕都存在不熟悉、不习惯对方的问题。香港特区作为普通法地区,当然不习惯立法机关可以释法的做法。内地其实对于允许存在普通法的一个地区如何行使好授予它的权力也不是心中有数。亦不可能预料到回归后,香港社会无论是民间还是官方,特别是香港特区法院,包括终审法院基于普通法院的传统和维护司法独立的立场而尽可能避免提请人大解释的微妙心态。[③]

二是坚守法治视角和法学立场。无论存在多大的分歧,要看到终审法院法官们对待《基本法》争议性案件有着令人尊敬的专业精神和职业操守,这从洋洋洒洒的判词和不厌其烦、近乎刻板的说理中可以看到。所以,认识《基本法》解释问题上出现的分歧争议,任何一方都不宜政治化解读对方,政

① Cf. Priscilla Leung, *The Hong Kong Basic Law: Hybrid of Common Law and ChineseLaw*, Hong Kong, LexisNexis, 2006.

② See HKASR v. Ma Wai-Kwan [1997] HKLRD 761.

③ 参见邹平学等:《香港基本法实践问题研究》,社科文献出版社 2014 年版,第 394~396 页。

治化解读不能妥善解决争议问题,只会徒增更多的争议和不信任。唯一可行的路径还是应当从法治的差异性看待,请注意,这里说的是差异,不是差别。因为,对于法治本身,内地与香港特区没有原则性的差别,但确实存在水平、程度、能力的差异。这可以从三个方面得到启示:(1)很显然,香港特区的法官、法院对于维护法院的尊严、司法独立的立场、终审法院地位的信念与追求,必然导致他们严格审视提请解释的事项,甚至可以说能够不提请尽量不提请也在他们的情理之中。香港特区法官在坚守上述立场时,对处理好与人大释法权的关系偶尔出现过偏差。这一点内地要保持好的心态。这可能是好心办错事,而不一定是有意为之。(2)另外,内地与香港特区解释体制确实存在差异,这可能带来的冲突也是难以避免。在《基本法》解释机制上,解释权的具体行使和运行是在两种性质和功能完全不同的机构间进行的:一个是最高国家权力机关的常设机关,另一个是特别行政区的司法机构——法院。这种体制上的对接如果是在内地的人民代表大会制度模式下应当是顺畅的,但香港特区是特别行政区,加之香港特区司法机关享有终审权,使对接的不确定因素增加。(3)立法解释和司法解释的差异。全国人大常委会解释《基本法》的行为性质上属于立法解释,不是司法行为,即使是对香港特区终审法院在司法程序中提请的解释也属于立法解释。立法解释属于抽象解释,不同于具体运用于案件事实和案件当事人的司法个案解释。而香港特区法院的解释属于具体的司法解释,而且是针对个案的解释。由此差异带来的冲突也不能忽视。

三是不宜夸大两个法系在法律推理和法律解释方法、方面的差异对解释权争议的影响程度。目前,学界不少人认为全国人大与香港特区法院的释法权冲突主要在于解释方法的不同,但这种不同的影响面到底有多大,值得进一步评估。1999 年全国人大常委会对居港权案件的解释,其对第 22 条第 4 款的解释与香港特区原诉庭和上诉庭的解释结论一模一样。而它对第 24 条第 2 款第 3 项的解释,也正是香港特区上诉庭采纳过的解释——只不过这些解释后来曾被终审法院推翻罢了。在香港回归后的第一个重大诉讼马维騉案件中,法官对法院司法审查权的权力限制的认识也是正确的。这似乎可以说明,释法中出现的冲突并非完全是反映内地与香港特区普通法的法律诠释方法的冲突。因为很明显,上述案件中的香港特区原诉庭和上诉庭,也是采用普通法释法方法的法院,为什么他们自己也不一致?这是解释方法的差异还是心态、立场的差异使然,值得深入研究。其实不管是内地还是香港特区,同一个法系不同审级的法院对同一个案件会作出不同的判决,而解释方法很可能是完全相同的,这都出现不同的判决,说明不宜把解释方法的差异看得很重。可能解释主体的地位、权力大小带来的影响更大。必须看到,普通法是一个开放和不断发展的体系,不能绝对地把普通法的解释方法和大陆法的解释方法对立起来,它们有差异,但差异也许不大,甚至实质性上没有差别,只是推理模式、表述形式有差异。它们有互通的地方,有相融的地方,所以既不能以普通法的方法来排斥成文法行之有效的做法,也不能以成文法的做法否定普通法的做法,这两种做法恐怕都未必符合普通法的理念和成文法的理念。

四是对于香港特区坚守按照普通法原则解释《基本法》应当给予基于法治立场的理解,但香港特区对于内地主张按照大陆法推理方式也要给予尊重和理解。在影响甚大的庄丰源案件中,终审法院裁决"在香港的法院必须引用普通法来诠释《基本法》。这是符合《基本法》中有关香港特区享有以普通法为基础的不同法律制度的规定。""终审法院有责任在常委会没有作出具有约束力的解释的情况下,按照普通法来处理法律释义。"佳日思教授也认为:"尽管有人声称《基本法》是中国法因而应当采用中国法规则解释,但法院采纳的是普通法的解释方法和规则。"但内地主张,《基本法》是大陆法的典型制定法,对《基本法》的解释首先应当考虑大陆法的传统。同时《基本法》是在全国适用的基本法律,因而内地法律解释常用的大陆法的方法应当加以运用。换位思考,香港特区法院通过普通法原则与方法解释法律固然有其正当性和合理性,只是完全采取普通法方法解释具有成文法特点和在香港特区具有宪制性效力的基本法是否妥当,值得反思。总体来说,采取非此即彼的方式不可取,如能综合运用应当是较好的做法。有没有可能在实践中发展出一套机制,使香港特区法院在解释《基本法》时能够主动地接受、引进或者结合借鉴运用全国人大常委会解释《基本法》的原则和方法,而全国人大常委会在解释《基本法》的原则和方法时也能够对普通法的做法有所借鉴?这是一个很有价值的研究课题,也是内地与香港特区释法机制进入良性运作的可选路径。

五是妥善解决《基本法》解释问题上的分歧和争议,其实主要还是各种历史和现实的原因带来的心结心态问题和换位理解不够的问题。内地与香港特区对《基本法》的理解、认知和期望,确实存在差异。但要看到,只要秉承理解尊重和相互交流的理念,假以时日差异将减少,共识将增多。持续的交流和换位思考,对构建共识性基本法解释机制必不可少。无论现在还存在多少分歧,观照过往,已经达成了不少难能可贵的共识。对于未来,有两点也肯定是有共识的,即内地与香港特区都有希望解决分歧的法治立场共识与共同的基本法制度基础。令人欣慰的是,2011 年终审法院就刚果金案提请全国人大常委会解释《基本法》开启了一个很好地落实第 158 条第 3 款的积极的、合作的实践。这说明,内地与香港特区应当对今后和未来中央和香港特区在《基本法》解释问题上形成良性合作的机制充满信心。

《澳门特别行政区基本法》解释基本原则探析

——必要性、内容及途径

李元起*

自20世纪90年代末《香港特别行政区基本法》《澳门特别行政区基本法》(以下分别简称《香港基本法》和《澳门基本法》)实施暨香港特别行政区(以下简称香港特区)和澳门特别行政区(以下简称澳门特区)成立以来,基本法解释制度即逐步走上历史舞台,成为保障基本法贯彻实施,保障特别行政区制度发展完善的重要制度。近20年来的港澳特别行政区建设实践,已经充分证明了基本法解释制度在发展完善特别行政区制度建设中的重要作用。但与此同时,基本法解释实践也一再表明,基本法解释制度尚存在一定的问题,不同解释主体对基本法的解释不仅有一定程度的差异,有时甚至有矛盾冲突。① 综观基本法解释的实践历程,可以清楚地看到,以往的基本法解释出现矛盾冲突的重要原因之一,就是缺乏为各释法主体

---

* 中国人民大学法学院副教授,法学博士,宪法学与行政法学教研室主任。

① 如全国人大常委会1999年、2004年两次解释《香港基本法》的过程,就凸显了全国人大常委会和香港特区终审法院在基本法解释上的矛盾冲突。

所共同认可、共同遵守的,明确而统一的解释原则,以致不同的基本法解释主体在解释基本法时,有时不能统筹兼顾,只从各自的角度出发,各说各话。为了充分保障基本法的贯彻实施,有必要对基本法解释的基本原则问题进行深入研究。本文对《澳门基本法》解释基本原则的确立必要性、基本内容和落实途径进行探讨。

一、确立《澳门基本法》解释基本原则的必要性

法律解释的基本原则,是指在解释法律的过程中,为法律解释主体认可并采用,适用于大多数法律解释和贯穿于各次法律解释的主要过程,并被长期遵循、不轻易变动的解释指导思想、行为规则或判断标准。确立法律解释的基本原则,其必要性体现在统一人们认识、准确理解法律、保障法律有效实施等许多方面。确立《澳门基本法》解释基本原则的必要性主要体现在以下四个方面:

(一)有利于协调《澳门基本法》不同解释主体的释法思路和路径

根据《澳门基本法》第 143 条的规定,全国人大常委会和澳门特区各级法院在不同的职权范围内行使《澳门基本法》解释权,都是其解释主体。但是,二者之间存在很大差异:首先,中国内地的法律解释体制是一种集立法解释、行政解释和司法解释为一体,以立法解释为主、行政解释和司法解释为辅的二元制法律解释体制,其中全国人大常委会的立法解释具有最高效力。澳门特区各级法院的解释则是由继承大陆法系国家葡萄牙的法律解释制度发展而来,其法律体制是唯由法院行使法律解释权的一元制法律解释体制。[①] 其次,由于分属不同的法域,全国人大常委会的解释和澳门特区各级法院的解释,不仅在法律解释所处的社会环境方面存在明显差异,就是在法律解释的法律传统、法律解释方法与原则、法律解释效力和法律解释程序等方面也都存在或多或少的差异。最后,在《澳门基本法》解释体制中,全国人大常委会的解释和澳门特区各级法院的解释有各自不同的解释权限范围和法律效力。由于上述种种不同,在对基本法进行解释时,若无明确的基本原则可供遵循,全国人大常委会和澳门特区各级法院可能出于各自所处的

---

① 参见李元起、许崇德等:《〈澳门基本法〉解释体制研究》,澳门理工学院"一国两制"研究中心 2011 年版,第 146~149 页。

地位、环境、性质和见解等选择释法思路和释法路径,从而使对于相同的问题得出大相径庭的解释结果。如确立共同认可的基本原则以供遵循,则可极大地协调基本法各解释主体的释法思路和路径,使各解释主体皆可能采取为他方所认可的释法思路和释法路径,做出为各方均能认可与接受的基本法解释。

(二)有利于准确阐释《澳门基本法》的基本精神和内容

法律解释的重要功能之一是准确阐释法律规范的含义。法律的有效实施,重在得到一体遵行。法律的一体遵行,应以对法律的准确阐释和准确理解为前提。"横看成岭侧成峰,远近高低各不同",若《澳门基本法》解释主体没有统一的解释原则,不在同一参照系,不采取大体一致的分析标准或判断准则,就总有一些解释主体不可能准确地解释《澳门基本法》。换言之,在法律解释主体不一且处于不同法域的情况下,由于社会制度、生活方式、法律文化、语言习惯、法律术语、法律解释方法以及法律价值取向等因素的差异,若无为各解释主体共同认可和遵循的基本原则,全国人大常委会和澳门特区各级法院对《澳门基本法》同一条文甚至同一术语的解释必然会有所差异,甚至出现相互矛盾的解释,从而影响对基本法的准确理解和贯彻实施。这种不准确理解基本法甚至曲解基本法的解释一旦出现,必然要影响基本法的实施,扭曲基本法基本精神和基本内容的落实。确立《澳门基本法》解释的基本原则,把《澳门基本法》的基本精神和主要内容归纳、总结到解释基本法的基本原则中,使之成为各基本法解释主体所共同认可、共同遵循的指导思想、行为准则和判断标准,就可以极大地提高基本法解释主体在基本法解释中的协调性和一致性,在不同的社会制度、生活方式、法律文化、语言习惯、法律术语、法律解释方法以及法律价值取向等因素中求同存异,减少对法律原则、法律条文或法律术语等不能为对方所接受的单方面说明或表述,尽可能使对基本法的解释符合基本法立法原意、社会发展需要,为各方所接受。

(三)有利于保障《澳门基本法》解释主体的法定释法权限

《澳门基本法》第 143 条对全国人大常委会和澳门特区各级法院解释《澳门基本法》的职权范围做出了划分:《澳门基本法》的解释权属于全国人大常委会;全国人大常委会授权澳门特区法院在审理案件时对该法关于澳门特区自治范围内的条款自行解释,澳门特区法院在审理案件时对本法的其他条款也可解释。但若澳门特区法院在审理案件时需要对该法关于中央人民政府管理的事务或中央和澳门特区关系的条款进行解释,而该条款的解释又影响案件的判决,在对该案件作出不可上诉的终局判决前,应由澳门特区终审法院提请全国人大常委会对有关条款作出解释;如全国人大常委会作出解释,澳门特区法院在引用该条款时,应以全国人大常委会的解释为准,但在此以前作出的判决不受影响。

上述规定为全国人大常委会和澳门特区各级法院分别行使基本法解释权提供了依据,设定了范围。但由于该条只是概括性的规定,实际情况又极复杂且不断发展变化,哪些条款是澳门特区自治范围内的条款,哪些条款是关于中央人民政府管理的事务或中央和澳门特区关系的条款,《澳门基本法》没有也不可能明确划分清楚,需要根据实际状况具体确定。这就为全国人大常委会和澳门特区各级法院解释基本法权限的实际行使留下了很大的不确定性。若没有共同认可和遵循的基本原则调整,及时确定不同释法主体的权限范围,预防基本法解释权限之争,不同解释主体在行使基本法解释权时,就难免会发生权限冲突或争议,甚至影响中央与特别行政区之间关系的正常发展。

(四)有利于避免和解决《澳门基本法》解释的矛盾冲突

基本法解释是由不同的释法主体基于自身的地位、环境、传统和法律认知等因素而对基本法所做的阐释、说明。在"一国两制"情况下,内地和澳门特区在政治环境、利益诉求、法律理念和语言习惯等方面差别很大,全国人大常委会和澳门特区各级法院对《澳门基本法》的理解和阐释可能存在差异,以致产生不同基本法解释的矛盾冲突。这种矛盾冲突不仅会存在于分属不同法域的全国人大常委会和澳门特区各级法院之间,也会存在于属于同一法域的澳门特区各级不同法院之间。① 而且随着时间的推移、社会环境的变迁和人们主观认知的改变,甚至也会存在于同一基本法解释主体的不同解释之间。基本法解释的矛盾冲突得不到及时解决,必然影响《澳门基本法》的贯彻实施,以及特别行政区制度的发展和完善。确立明确、为各释法主体认可并遵循的基本法解释冲突预防和解决基本原则,有利于使基本法

---

① 参见胡锦光、朱世海:《〈澳门基本法〉解释问题研究》,载澳门理工学院《"一国两制"研究》2009 年第 1 期。

解释主体在释法之前预先将可能引发争议的事项排除在释法程序外,有利于在释法之中及时发现可能引发释法之争的因素并尽可能避免做出引发冲突的法律解释,也有利于在释法结束并发生矛盾之后及时采取措施与各方达成共识、顺利化解冲突。在法律解释的矛盾冲突中,有一些确实是由于不同的释法主体因利益不同、见解不同,相互之间不愿妥协而有意造成的;有一些则不过是因没有共同遵循的释法原则,不同释法主体在缺乏相互了解的相对封闭状态下,各说各话而无意造成的。因此,确立共同认可并遵循的释法基本原则,是避免和解决《澳门基本法》解释矛盾冲突的必然选择。

二、《澳门基本法》解释基本原则的基本内容

《澳门基本法》解释的基本原则应基于其规定和特别行政区建设的实践而确立。依据上述两个方面的实际情况,《澳门基本法》解释至少应确立以下四个基本原则。

(一)以"一国两制"方针为《澳门基本法》解释的指导思想

"一国两制"不仅是《澳门基本法》立法的指导思想,也是包括《澳门基本法》解释在内的《澳门基本法》实施的指导思想,无论是全国人大常委会的释法还是澳门特区各级法院的释法,都不能偏离这一指导思想。确立"一国两制"方针的释法基本原则地位,必须明确以下几个方面:第一,"一国"处于首要地位,全国人大常委会享有对《澳门基本法》的最高解释权。"一国"是"两制"的前提和基础,[①]如果不能保证"一国",维护国家主权统一和领土完整,"两制"也就失去了存在的意义。具体到《澳门基本法》解释问题上,就是要确立全国人大常委会对基本法的最高解释权。"基本法是全国人大制定的基本法律,是全国性法律,只有全国人大常委会拥有对其最高解释权,才能充分保证法律解释的准确性和权威性,保证它在全国范围内得到统一的理解和实施。"[②]同时,确立"一国"的首要地位,在中央和特别行政区发生矛盾冲突的情况下,才能从整个国家和民族的角度提供解决冲突的底线,保障

---

① 参见夏勇:《"一国"是"两制"的前提和基础》,载新华网:http://news.xinhuanet.com/newscenter/2004-02/22/content_1325667.htm,最后访问日期:2015年9月20日。

② 邹平学:《全国人大常委会解释法律与解释基本法的若干问题研究》,载中国宪政网:http://article.chinalawinfo.com/ArticleHtml/Article_37975.shtml,最后访问日期:2015年9月20日。

《澳门基本法》的顺利实施,维护国家和民族整体利益。全国人大常委会对《澳门基本法》的解释才是最终解释,在全国人大常委会与澳门特区法院对《澳门基本法》同一条款因理解不同而作出了不同解释的情况下,只能以全国人大常委会的解释为最终解释并遵照执行。第二,“两制”必须得到尊重,澳门特区各级法院在法定范围内享有独立的《澳门基本法》解释权。所谓“两制”就是必须承认内地和澳门特区在社会制度上的差异,要求双方必须相互尊重对方包括法律制度在内的社会制度,在政治、经济等方面占强势地位的中央应从实际出发,充分尊重澳门特区的各项制度。没有“两制”,特别行政区制度也就失去了存在的必要性。具体到《澳门基本法》解释问题上,就是要充分认识两地各自的法律解释体制的不同背景及差异,相互尊重对方对《澳门基本法》的法定解释权。全国人大常委会不仅要尊重澳门特区各级法院享有的在法定范围内独立解释《澳门基本法》的权力,不越俎代庖或过度干预澳门特区各级法院对《澳门基本法》的解释,也应当慎用自己的最终解释权,尽可能避免在特别行政区法院作出司法解释后作出与之针锋相对的立法解释。在“一国”的前提下坚持“两制”,将保障澳门特区各级法院作出符合澳门特区需要的基本法解释,增强人们对“澳人治澳”的信心。

(二)以兼顾两种法域释法传统为《澳门基本法》解释的实践进路

《澳门基本法》解释是由分属不同法域、不同法律解释体制的全国人大常委会和澳门特区各级法院实施的活动。因此,《澳门基本法》解释与全国人大常委会所做的法律解释,以及澳门特区各级法院在澳门特区法律解释体制下所做的解释,既有不可分割的联系,又有很大的差异。全国人大常委会所做的法律解释,以中国特色社会主义的法律传统为释法实践进路;澳门特区各级法院在澳门法律解释体制下所做的解释,以大陆法系法律传统为释法实践进路。《澳门基本法》解释体制是综合这两种不同法域不同特色的释法传统而形成的一种新的法律解释体制,因此在进行《澳门基本法》解释的实践进路选择上,不能只以上述两种不同传统的法律解释体制中的任何一种法律解释传统为依归,必须对二者进行统筹考虑,走兼顾两种法域释法传统而进行《澳门基本法》解释的实践道路。兼顾两种法域释法传统进行《澳门基本法》解释,也是贯彻实施《澳门基本法》、完善特别行政区制度的必然要求。由于历史和现实的种种原因,造成了中国内地与澳门特区在社会制度、生活方式、语言文化、风俗习惯、政治理念和法律传统等诸多方面存在差异,法律解释方面亦不例外。众多的差异必然导致两地对同一法律现象的认知差异,因此,无论是全国人大常委会还是澳门特区各级法院,若只采用内地或澳门特区的一种法律传统解释《澳门基本法》,都很难完整、准确地认知、表达《澳门基本法》的精神实质和基本内涵,对基本法做出能为各方普遍接受、遵循的科学解释。不同的《澳门基本法》解释主体在解释实践中,只有从大局出发,跳出本位主义的窠臼,在维护国家整体利益的基础上相互尊重、相互了解、相互学习、相互借鉴,兼顾双方的释法传统,才能准确地解释基本法,建设好澳门特区,发展和完善澳门特区制度。

(三)以遵守法定解释权限为《澳门基本法》解释的秩序保障

中国内地和澳门特区由于法域不同、法律传统各异,对法律解释权应当归属何种机关的问题,在澳门回归之前存在认识和制度上的差异。在中国内地,以 1981 年颁布的全国人大常委会《关于加强法律解释工作的决议》、1982 年颁布的现行《宪法》和 2000 年颁布的《立法法》等法律为基础,形成了以立法解释为主、行政解释和司法解释为辅的二元制法律解释体制。在这一体制下,法律解释权主要归属于立法机关。全国人大常委会作为立法机关,不仅享有法律解释权,且其立法解释在法律解释体系中具有最高效力。澳门特区法律解释体制是由大陆法系国家葡萄牙的法律解释制度发展而来,另具特色。近代以来,大陆法系国家和地区的法律解释经历了一个从坚持只有立法机关才有权解释法律、法院不得解释法律,发展到确认普通法院在立法监管的监督之下有权解释法律,到最终确认法院(法官)能够独立享有法律解释权的发展过程。目前,大陆法系国家和地区普遍确认了法律解释权应当归属于法院的基本原则。正如一位学者所言:目前西方法学著作中所讲的法律解释,除法律有特别规定外,一般都是指法院(包括宪法法院、行政法院)和法官对法律的解释。[①] 在葡萄牙,《葡萄牙民法典》等葡国相关法律确认了该国由法院解释法律的法律解释体制,在回归前,《澳门民法典》等澳门相关法律也确认了其由法院解释法律的法律解释体制,澳门回归之后继续沿用了这种只由法院解释法律的一元制法律解释体制。在这一法律解释体制下,法律的解释权归属于法院。《澳门基本法》集中国内地法律解释体制和澳门特区法律解释体制之长,把两个不同法域、两套不同解释体

① 参见沈宗灵:《比较法研究》,北京大学出版社 1998 年版,第 151 页。

制下的两类法律解释主体整合到了同一个法律解释体制之下,创立了一种崭新的法律解释体制。在中央和澳门特区之间,形成了内地法律解释体制、澳门特区法律解释体制和基本法解释体制三个并存的法律解释体制。分别作为它们各自的释法主体之一的全国人大常委会和澳门特区法院,在不同的法律解释体制中承担着不同的法律解释职责,担当着不同的法律解释角色。《澳门基本法》作为一部成文法,其第143条的规定和其他相关条款,在规定基本法解释权限划分问题上的概括性或模糊性特点,也使全国人大常委会和澳门特区各级法院对基本法解释权限范围的划分,难免出现认识不一的情况。如果在权限范围不清的情况下,各释法主体就各行其是解释基本法,可能导致基本法解释上的冲突,影响《澳门基本法》的贯彻实施。因此,在《澳门基本法》解释实践中,无论是全国人大常委会还是澳门特区各级法院,作为基本法解释主体,都必须改变其在原法律解释体制中的惯性思维,适应在《澳门基本法》解释体制中的崭新角色,明确自己在《澳门基本法》解释中的权限范围。在权限范围不明确或发生争议的情况下,应当以从大局出发、互谅互让的姿态协商解决问题。任何释法主体在《澳门基本法》解释中,都应当既不越权又不失职,以遵守法定解释权限为澳门基本法解释的秩序保障。

(四)以积极沟通协调为《澳门基本法》解释的应变通道

择要而言,全国人大常委会和澳门特区各级法院可能发生的基本法解释矛盾冲突,或者会源于彼此对对方情况的不熟悉、不了解,或者会源于因相互间缺乏交流、缺乏信任而引起的不合作甚或是对立情绪。无论是对于前者还是后者,加强全国人大常委会和澳门特区各级法院之间的积极沟通协调,都是解决问题、缓和矛盾、消弭冲突的有效措施和手段。以《香港基本法》的解释实践为类比,《香港基本法》解释过程中发生过的基本法解释矛盾冲突产生和化解实践已证明了“释法”矛盾冲突的不可避免性,凸显了沟通协调机制在预防和化解矛盾冲突中的必要性和重要性。因此,在《澳门基本法》解释矛盾冲突难以避免的情况下,于全国人大常委会和澳门特区各级法院之间设立相应的信息交流平台,建立健全沟通协调机制,让内地与澳门特区的各种社情信息能够充分传递,各种意见和建议能够无碍交换,应当成为预防和化解基本法解释矛盾冲突的重要管道。积极的沟通协调机制,既可以使全国人大常委会和澳门特区各级法院能够相互了解和熟悉对方的实际情况和基本诉求,预防不同释法主体间的不合作或对立情绪,也可以促进、加快已产生矛盾冲突的化解与消弭。全国人大常委会和澳门特区各级法院在法定职权范围内,都是独立的《澳门基本法》解释主体,有权依法独立承担各自法定的《澳门基本法》解释任务,任何释法主体都不得越权违法干预其他主体的释法活动,但这不妨碍在不同的基本法解释主体之间,采用以交流信息、促进了解、增进信任为目的的沟通协调作为保障基本法解释权顺利实施的重要手段。在全国人大常委会与澳门特区终审法院之间的交流协调机制框架下,双方都应当是平等的意见交流者和信息分享者。只有通过经常的、平等的交流协调,才能增进双方之间的相互了解和信任,避免矛盾发展到无可挽回的程度,化解已经产生的冲突。无论是在内地和澳门特区两地社情极不相同、释法理念差别很大的日常情况下,还是在不同的释法主体之间产生了矛盾冲突的特殊情况下,要求同存异、解决对峙僵持状态、化解矛盾冲突,就都应当把积极沟通协调作为保障《澳门基本法》解释顺利进行的应变通道。

三、落实《澳门基本法》解释基本原则的主要途径

《澳门基本法》解释的抽象原则只有在"释法"实践中得到落实,才能体现出重要作用。根据《澳门基本法》解释应当确立的基本原则、内地和澳门特区的社会发展状况和《澳门基本法》解释的实际情况,其解释基本原则的落实有以下几条主要途径。

(一)完善澳门特区各级法院进行基本法解释的组织机制

《澳门基本法》第 143 条授予了澳门特区各级法院在其法定范围内行使基本法解释权。由于这是一项崭新的职能,澳门特区各级法院在通过何种组织机制行使基本法解释权,通过何种组织机制协调解决基本法解释矛盾冲突,终审法院通过何种组织机制提请全国人大常委会解释基本法等一系列问题上,没有现成的制度可遵循,需根据基本法解释的实践不断发展完善。

(二)健全《澳门基本法》解释主体的权限分工

正如有学者在谈到《香港基本法》解释时指出的那样,基于成文法的局限性、法律语言表意的有限性和立法技术的时代限制,基本法不可能在中央与特区自治事务之间划出绝对清晰的界限,总有一些事项处于边缘性的模

糊地带，不那么容易进行界定。[①]《澳门基本法》第143条虽然规定了全国人大常委会和澳门特区各级法院解释《澳门基本法》的权限分工，但该条的规定不可避免地呈现概括性、模糊性和探索性的特点。因此，在《澳门基本法》解释实践中，必须通过不断探索，进一步明确不同释法主体的基本法解释权限范围，以保障在基本法解释实践中能各司其职，避免越权或失职现象的发生。健全《澳门基本法》解释主体的权限分工，至少应当从以下几个方面入手：首先，明确全国人大常委会在《澳门基本法》解释中的地位，确定全国人大常委会解释基本法的权限范围。根据《澳门基本法》的规定，基本法解释权属于全国人大常委会。从理论上来讲，全国人大常委会依法有权对基本法的所有条款行使解释权，可以因终审法院或行政长官等其他法定主体的提请解释基本法，也可以自己主动解释基本法。但全国人大常委会在什么情况下可以解释基本法的一般条款，可不可以或者在什么情况下可以解释特别行政区自治范围内的条款，在什么情况下可以主动解释基本法相关条款等问题，都需要进一步明确。其次，明确《澳门基本法》中规定澳门特区自治权行使范围的条款，确定澳门特区法院可以自行解释基本法的权限范围。根据《澳门基本法》的规定，全国人大常委会授权澳门特区法院在审理案件时对基本法关于澳门特区自治范围内的条款自行解释，但到底哪些条款属于特别行政区自治范围内的条款则需要进一步确定。最后，明确《澳门基本法》中关于中央人民政府管理事务的条款或中央和澳门特区关系的条款，确定澳门特区法院须由终审法院提请全国人大常委会解释的，特别行政区自治范围内的条款之外的其他条款的权限范围。只有搞清了这几个问题，划清了这几个方面的界限，才能真正确定《澳门基本法》解释的权限范围，更好地解释基本法。

（三）建立《澳门基本法》解释沟通协调机制

关于内地与澳门特区或香港特区基本法解释沟通协调机制的设立问题，人们有不同的意见。有观点认为，特别行政区实行司法独立制度，若在特别行政区法院与全国人大常委会之间设立沟通协调机制就法律解释问题进行沟通，将会影响法院独立性，有全国人大常委会干预特别行政区司法之嫌。有观点认为，根据《澳门基本法》的规定，澳门特区保留原有的法律制

---

① 参见季金华：《〈香港基本法〉解释的权限和程序问题探析》，载《现代法学》2009年第4期。

度,由于不同的法律传统和不同的知识背景,对此制度全国人大常委会并不是十分熟悉和了解,全国人大常委会对《澳门基本法》进行解释时,自然会遇到困难。而鉴于此设立的基本法委员会是中央与特区联系的桥梁、沟通的纽带,[①]因此,要充分发挥基本法委员会在基本法解释上的作用。还有观点认为,应当在全国人大常委会和特别行政区终审法院之间建立沟通协商机制,但不应将基本法委员会作为全国人大常委会与特别行政区之间沟通协调的机构,"因为基本法委员会的职责已经由基本法明确作出规定。如果要将它从目前的咨询性机构改造成为接受全国人大常委会授权负责对外协商的办事机构,必然要涉及基本法的修改。而基本法作为香港的'宪法',不宜动辄修改"。而"可以考虑全国人大常委会授权其所属的法制工作委员会与终审法院进行协调"。[②]

笔者认为,全国人大常委会和澳门特区各级法院之间的基本法解释沟通协调机制,不是一种法定的程序制度,只是为了更好地解释基本法,而应当设置的一种平等交流工作机制。沟通协调的结果目的是增进相互之间的了解、交换某些情况或者澄清对某些问题的看法等,以便减少基本法解释中的不一致或者冲突,其结果不对基本法解释主体有法律约束力。首先,设置沟通协调机制,并不会形成对特别行政区司法权的干预、影响特别行政区的司法独立。其次,全国人大常委会即使授权澳门基本法委员会负责沟通协调,也不一定需要修改《澳门基本法》。有权解释基本法的澳门特区各级法院都应当被纳入沟通协调机制之内,但为了避免无序起见,由澳门特区终审法院在澳门内部协调的基础上,统一代表澳门各级法院与全国人大常委会沟通协调比较适宜。沟通协调的具体机构和方式,既不是法定的,也不是已确定的,就应当由全国人大常委会和澳门特区法院共同商定,经过实践不断检验并逐步固定下来。

(四)完善《澳门基本法》解释方法和程序

法律解释是一种专业化的、有技术含量的工作,应当以科学的方法和严格的程序来进行。作为对跨越不同法域、践行"一国两制"方针的《澳门基本

---

① 参见李元起、许崇德等:《〈澳门基本法〉解释体制研究》,澳门理工学院"一国两制"研究中心2011年版,第291~293页。

② 王玄玮:《香港基本法解释权的冲突与协调》,载《云南大学学报》(法学版)2007年第3期。

法》进行说明、阐释的《澳门基本法》解释来说,更应如此。全国人大常委会和澳门特区各级法院在完善解释方法问题上应当做到以下几点:首先,应当形成尽可能了解、熟悉对方所适用的不同法律解释思维和法律解释方法的机制,使各释法主体能选择、运用能为双方都熟悉的方法进行解释;其次,应当致力于寻求为双方所能共同接受的,能为澳门"特别行政区和中国内地的相关机构提供解释《基本法》共同基础的解释方法,使得两种不同的法律体系中的机构在解释《基本法》时能有一种向心力而不是任由《基本法》的条款被向不同的方法上解释";①最后,应当保障按照已经形成的、共同认可的、适用于《澳门基本法》解释的方法解释其机制,使基本法解释方法能够发挥实效。在完善解释程序方面应当做到以下几点:其一,对于澳门特区各级法院来讲,应当理顺各级法院在基本法解释中的关系,明确解释基本法和解决基本法解释冲突的方式、方法和步骤;其二,明确终审法院提请全国人大常委会解释基本法的方式、方法和步骤。对全国人大常委会来讲,应当明确受理澳门特区终审法院或其他主体提请解释基本法的方式、方法和步骤,明确和细化解释基本法的方式、方法和步骤,尤其要细化如何听取、了解澳门特区的有关意见和情况,保障解释更加合理,以及能够被接受的方式、方法和步骤。

四、结语

中国内地的法律解释体制和澳门特区的法律解释体制分别反映不同法域的法律解释传统,各有特色、差异很大。在二者基础之上形成的《澳门基本法》解释体制作为一个崭新的法律解释体制,为《澳门基本法》解释留下了许多有待探索之地,在为保障《澳门基本法》顺利阐释、实施的同时,也为《澳门基本法》解释矛盾冲突的产生留下了滋生之地。为了保障《澳门基本法》解释发挥应有效能,避免和解决矛盾冲突的发生,很有必要探索、确立《澳门基本法》解释的基本原则,认识基本法解释基本原则的内涵及作用,探索贯彻落实基本法解释基本原则的方法和途径,以基本法解释基本原则指导、促进《澳门基本法》解释实践,推动《澳门基本法》的实施和澳门特区制度的完善。

---

① 廖鸣卫:《中国内地和香港特别行政区的法律解释体制——一个比较法的视角》,载《河北法学》2002 年第 2 期。

论澳门特别行政区实施“一国两制”的比较优势

骆伟建*

通过《澳门特别行政区基本法》（以下简称《澳门基本法》）实施落实澳门特别行政区（以下简称澳门特区）“一国两制”已16个年头，实事求是地说是基本成功，符合“一国两制”维护国家主权、安全、发展和特区社会稳定、经济发展宗旨的预期。

在维护国家利益方面，有三个实例可以说明：第一，澳门特区履行《澳门基本法》的宪制义务，根据《澳门基本法》第23条的规定，自行制定了维护国家安全的法律，禁止叛国、分裂国家、煽动叛乱、颠覆中央人民政府、窃取国家机密的行为，使国家的安全得到法律的保障，分裂国家的势力受到遏制；第二，澳门特区根据《澳门基本法》的规定和全国人民代表大会常务委员会《关于〈中华人民共和国澳门特别行政区基本法〉附件一第七条和附件二第三条的解释》，顺利完成行政长官和立法会两个选举办法的修改，体现了尊重中央对澳门特区的管治权和对涉及中央管理和中央与澳门特区关系事务上的决定权；第三，在“一国两制”原则下积极开展特区与内地的多领域的合作，

* 澳门大学教授，法学博士，澳门特区法律改革委员会副主席。

无论是经济领域的区域合作,还是法律领域中的司法协助,均取得了良好的进展,体现出“一国两制”的优势。

在保障特区利益方面,澳门特区政府比较好地解决了特区居民普遍关心的社会稳定和经济发展的问题。如果将这两个方面在特别行政区成立前后作一个比较,变化十分明显。第一,在治安方面,回归前的治安不靖,犯罪率高,严重案件多发,社会人心惶惶。回归后在特区政府努力下和中央政府的支持合作下,一举扭转局面,持续保持了澳门特区良好的社会治安秩序。第二,在经济方面,回归前澳门特区经济连续7年下滑,深陷低迷,失业率高企,悲观情绪弥漫。在特区政府及时调整经济政策,制定明确的以旅游博彩业为龙头,适度发展其他经济的规划,以及中央支持和配合下,促进了澳门特区经济的腾飞。15年来,澳门特区经济得到了迅速地发展,2013年与1999年相比,澳门本地生产总值由502亿澳门元达到了4134亿澳门元,年增长16.2%。财政收入由169亿澳门元增加到1759亿澳门元,年增长18.2%。人均GDP由1.5万美元上升到8.7万美元,增长4.8倍。[①] 澳门特区民生也得到逐步改善,失业率屡创新低,由1999年的6.3%降至2013年的1.8%,实现了国际标准下的充分就业要求。人均月收入中位数由4900澳门元升至12,000澳门元,增长了3倍。政府将发展经济成果惠及广大居民,仅现金福利就包括:现金分享、公积金账户预算盈余特别分配款项、社会保障津贴、医疗券、住宅单位电费补贴、学生津贴、持续进修计划、豁免房屋税和部分印花税、减免职业税和额外退税等政策。澳门特区社会保障事业亦快速发展,养老保障基本覆盖全体澳门居民,社会保障支出由1999年的1.59亿澳门元提高至2013年的23.11亿澳门元,增长了13.5倍,其中养老金由每月1150澳门元调升至目前的3180澳门元,多项社会保障津贴近年大幅调升。[②]

澳门特区为什么能够在“一国两制”下取得令世人瞩目的成就?他的比较优势在哪里?又是如何形成的?这些都非常值得思考。

---

① 参见《贯彻“一国两制”的生动写照——写在澳门回归祖国十五周年》,载中国日报网:2014-12-15。http://cnews.chinadaily.com.cn/2014-12/15/content_19087054.htm,最后访问日期:2105年9月22日。

② 参见《澳门居民的福利这么多,算一算也醉了》,载新华网:http://news.xinhuanet.com/gangao/2014-12/06/c_127281673.htm,最后访问日期:2015年9月22日。

一、准确理解"一国两制",达成社会基本共识

"一国两制"的理论、方针政策得到了澳门特区绝大多数居民的认同和接受,达成了社会的基本共识,为"一国两制"的顺利实施提供了必要的思想条件。

(一)对"一国两制"理论中的基本问题有正确的认识

"一国两制"由两个基本点构成,即"一国"原则和"两制"安排。对于"一国"和"两制"的认识是否全面和准确将直接影响接受"一国两制"的政策和实践"一国两制"的自觉性,是一个关系"一国两制"能否顺利实施的基础性问题。

1. 在"一国"原则上,对国家认同、身份认同、中央管治权和国家安全四个问题有比较正确的认识

(1)国家认同

在国家认同上,有两个问题需要解决,即"一中观念"和"中华人民共和国观念",不解决这个最根本的问题,"一国"无从谈起。第一,中国观念。正如《澳门基本法》序言所说,澳门自古以来是中国的领土,澳门与内地是一个共同的国家,根本就不存在澳门独立和分离出中国的问题。如果鼓吹澳门独立就是分裂中国,否定"一国"原则。第二,中华人民共和国的国家观。正如《澳门基本法》序言所说,恢复对澳门行使国家主权的主体是中华人民共和国,而不是中国历史上的其他朝代。所以,"一国两制"中的"一国",具体而言,特指中华人民共和国。国家认同就是要接受中华人民共和国行使主权。否则,国家认同仅是抽象接受,具体否定,只有形式,没有内涵。

有了"一个中国观念",进而确立了"中华人民共和国观念",必然就会维护"一国"原则所要求的国家统一和领土完整。澳门特区居民对国家认同的程度比较高,对中央政府支持特区稳定发展非常有信心、比较有信心和尚有信心的占居民中的接近九成。①

(2)身份认同

在身份认同上,常常需要面对三个问题:我是谁?我自豪吗?我要爱国

---

① 参见"一国两制"研究编辑部:《"一国两制"综合指标民意调查报告Ⅳ》,载《"一国两制"研究》2013 年第 1 期。

吗？不同的认识对“一国”原则产生不同的影响。第一，我是谁？也就是承认还是不承认自己是中国公民的身份。一个连中国人的身份都不愿意接纳的人，根本上不可能认同中国。因为现今任何一个国籍法都规定公民身份与国家不可分，只有拥有一个国家的国籍，才能成为这个国家的公民。换句话说，否定中国公民的身份也就是想割断与中国的法律联系。所以，身份认同是国家认同的基础。第二，我自豪吗？虽然在国籍法是一个中国人，但为自己的身份羞愧，耻于与中国人为伍，必然导致不认同自己的身份。正如邓小平先生所言，连身为中国人的自豪感都没有的人，不会相信自己能够管理好“一国”下的港澳特区，殖民主义的意识也不可能除去，怎么能够做好“港人治港”“澳人治澳”呢？第三，应否爱国？作为中国人应不应该拥护国家统一和国家对港澳地区恢复行使主权？维护国家的利益，对国家承担义务？如果这些最基本的爱国要求都加以否定，那么，让这些人行使高度自治权，结果可想而知——不可能坚持“一国”的原则，维护国家的主权、安全和利益。要实现“港人治港”和“澳人治澳”以爱国者为主体，接受中国人的身份，为中国人身份自豪，愿意履行维护国家利益的义务是最基本的要求。

同样，澳门特区居民的身份认同也是比较好的，对中国人的身份感到非常自豪、比较自豪和尚自豪的占到居民总数的八成半。[①]

(3)中央管治权

在对待“一国”原则下的中央对特别行政区的管治权上，也遇到两个问题：承认不承认中央的管治权？服从不服从中央的管治权？正确认识这两个问题，对坚持“一国”原则是重要的。第一，中国恢复行使主权。主权当然意味着对国家领土范围内的事务享有管辖权，特区作为国家一部分，必然受主权管辖。如果不承认和接受中央对特区的管治权，事实上，意味着国家既没有真正统一，也没有真正恢复行使主权。承认国家行使主权，也就要承认和接受中央的管治权。第二，国家行使主权不是一句空话，也不限于象征，是有实质的内容。例如，中央政府领导特区政府，中央政府任命特区行政长官，人大常委会解释特区基本法，当中央行使这些权力时，特区应该服从并遵守和执行。如果排斥和限制中央依基本法行使管治权，或把中央行使管

---

① 参见“一国两制”研究编辑部：《“一国两制”综合指标民意调查报告Ⅳ》，载《“一国两制”研究》2013 年第 1 期。

治权视为侵犯和损害特区自治权加以反对,也就违背了"一国"的原则。

澳门特区回归16年来,特区政府对中央行使属于中央管理和中央与特区关系的事务的管治权给予尊重和配合,保障"一国"原则的落实。

(4)国家安全

"一国"不仅要领土完整,主权统一,而且还要国家安全和发展。应该不应该保护国家安全,如何维护国家安全,是必须解决的问题。第一,国家实现了统一,就不希望也不允许国家再次分裂,为了防止和制止分裂国家、危害国家的行为发生,就必须维护国家的安全,并将此要求上升为法律,成为每一位公民的法律义务。如果国家安全可有可无,那么"一国"原则是没有保障的。

澳门特区居民正是认清了国家安全对"一国"的重要,所以,在平衡了国家利益与个人权利之后,制定了维护国家安全法。

2. 对"两制"和平共处、互相尊重、互相合作、共同发展的关系方针认识比较全面和准确

(1)和平共处

"两制"不同,存有差异,是客观的事实。"一国两制"不是要消灭不同制度的差异,而是让不同制度和平共处,各自有生存和发展的空间。

(2)互相尊重

正确处理不同制度之间的差异就应该学会互相尊重、理解对方,不能以一种制度的标准去衡量另一种制度的做法,互相之间产生对立和对抗。制度之间如此,居民之间的交往也如此。不同社会背景下生活的居民,一定有他们的一些习惯和习俗,互相碰撞会有一些矛盾,并不奇怪,关键是要在互相尊重的前提下处理矛盾。

(3)互相合作

虽然两种制度不同,但是各有一定的长处和优势,"一国"的平台为"两制"提供了互相取长补短的机遇,如果因为制度不同,人为地画地为牢,互相隔绝,那么任何一方的优势对另一方没有好处和意义,不同的制度只是消极的存在,没有积极的意义。两种制度互相合作,互相存在才有意义和价值,只有通过互相合作,才能共同发展。

(4)共同发展是目标

通过和平共处、互相尊重、互相合作,达到共同发展的目标,实现"一国两制"的宗旨,即国家与特区共同发展。

(二)对处理“一国两制”中的基本关系有正确的态度

1.“一国”与“两制”关系

澳门特区社会的主流共识是,在处理“一国”与“两制”的关系上,坚持两个利益的兼顾。澳门特区要维护国家的主权、安全和发展,支持国家的改革开放,从国家的发展中分享经济、社会发展的成果,大河水满小河流。同时,澳门特区发挥自身的优势,利用特殊的政策,用好高度自治权,发展经济,改善民生,维护社会稳定,促进经济发展。

2.中央与特区关系

在处理好中央和特区的关系上,坚持两种权力(管治权与自治权)的统一。中央的管治权有利于保障特区高度自治权,高度自治权有利于维护国家主权。澳门特区接受中央的领导,行政长官对中央负责,服从中央的管治。中央权威和管治权得到认同和维护。中央支持特区政府依法施政,保障特区高度自治权。通过建立互相信任的基础,让两种权力互相尊重和配合,不搞互相对立和对抗。事实说明,澳门特区发展取得的成绩都离不开中央的支持,从内地与澳门特区经贸合作协议、内地居民澳门特区个人游,到澳门特区与广东区域合作(如横琴开发中的粤澳中药园区建立),都是中央支持的结果。而澳门特区搭建的中葡经贸合作平台,也为内地开展与葡语国家的经贸合作创造了条件。

3.行政与立法关系

在处理好行政与立法的关系上,坚持行政主导和立法监督结合。在《澳门基本法》规定的政治体制下,一方面要坚持“行政主导”,实现行政长官对中央和特区负责;另一方面要做好行政机关与立法机关既互相独立工作,又互相制约,也互相合作。只有这样,政府才能有效施政,提供良好的公共服务,并且在立法机关监督下,调整政策,改进工作。如果行政与立法互相对立对抗,为反对而反对,政府一事无成,经济不能发展,民生不能改善,最终是市民受害。

(三)“讲道理,明事理,达共识”是怎么形成的

“讲道理,明事理,达共识”局面的形成,是澳门特区政府、澳门特区社会共同努力的结果。

1.澳门特区政府的工作方面

澳门特区政府重视对公务员进行基本法培训工作,从公务员的录用考试开始,就要进行基本法的知识测试,在一些部门对进入公务员编制后的新人,集中一段时间进行基本法知识的教育,公务员晋升时也进行基本法理论培训,尤其对中高级公务员要求参加一周的基本法研习班。正是经过政府持之以恒的基本法教育,公务员对基本法都有比较好的认识。除此之外,政府还支持社会组织宣传和推广基本法,如支持澳门基本法推广协会的工作,提供适当的场地和经费资助。政府的教育部门与社会教育团体合作,编写基本法教材,培训学校教师在学校推广基本法,这些工作取得了一定成效。

2. 社会方面

在澳门特区宣传和推广基本法功不可没的是澳门基本法推广协会。这个民间社团从《澳门基本法》起草时作为基本法起草委员会的咨询组织,协助收集民间意见,向基本法起草委员会建言献策,到基本法通过后通过各种渠道,采用不同方式,积极推广基本法,在对居民普及基本法知识方面发挥了很大的作用。澳门特区中华教育会在编写基本法普及读物方面也发挥了作用。

二、严格按基本法确立的制度运行,维护"一国两制"的秩序

只有坚决维护基本法的权威,严格按基本法办事才能维护"一国两制"的秩序。"一国两制"实施需要法治化,基本法就是"一国两制"的法律化。《澳门基本法》是社会集思广益,集体智慧的结晶,体现了社会的最大公约数。所以,必须以《澳门基本法》为一切行为的准则。如果《澳门基本法》都可以放在一边不顾,社会行为就失去了规范。如果基本法规定的制度都可以不执行,在基本法之外另搞一套,社会就会动乱。严格按基本法办事,澳门特区主要做到了以下几方面。

(一)符合《澳门基本法》规定的敢于坚持

1. 选举制度方面

《澳门基本法》规定,如有需要可以对行政长官和立法会产生办法进行修改;但是,任何修改都不能违背《澳门基本法》关于政治体制确立的原则。例如,符合"一国两制"的原则,保证行政长官能够对中央负责。符合"行政主导"的原则,不能影响行政长官拥有实权,立法机关能够与行政长官合作。符合利益兼顾,均衡参与的原则,尽可能让不同阶层、不同界别的代表参与立法机关工作,平衡社会不同的诉求和利益。在坚持这些原则下完善民主的选举制度,扩大民主的因素,而不是一味地为追求民主选举的形式放弃政

治体制的原则，忽视澳门的历史和现实的情况。澳门特区立法会在逐步增加立法会选举产生的议员比例时，保留澳门特区长期存在的一小部分委任议员。选举产生的议员中采用直接选举和间接选举并举，以符合多元利益和代表性的需要。

2. 政府专属提案权方面

《澳门基本法》第75条规定，凡属于公共收支、政府运作的法案只能由政府提出。根据这一规定，上述事项属于特区政府专有提案的范围。如果特区政府向立法会提出专门事项的法案，立法会议员可以不经政府同意提出修改案并表决通过，这就改变了政府专属提案的性质，剥夺了特区政府专属提案权。所以，《澳门特别行政区立法会议事规则》第103条明确规定，属于政府的专门提案权应包括随后的提案权，即立法会议员在审议政府专属提案时，可以提出修改建议，但要得到政府接纳，变成政府的修改提案。这样，既体现了“行政主导”，又保障了立法会对政府的监督。

（二）对违反《澳门基本法》的行为敢于抵制

例如，澳门特区有社团提出就行政长官产生办法的议题进行所谓的“民间公投”，主张行政长官产生办法应由“公投”决定。这种要求缺乏基本法依据，也不符合澳门特区在《澳门基本法》中确立的法律地位，实质上是否定中央的决定权，企图将澳门特区变相成为一个独立的政治实体。对这种不符合“一国两制”和《澳门基本法》规定的主张，绝不能放任不管，必须加以限制，否则，将产生不良后果。为此，特区政府不仅正面表明反对所谓的“民间公投”的立场，还采取措施对所谓“民间公投”涉及违反个人资料保护法的行为加以取缔。法院的判决也明确指出“民间公投”没有法律依据，不应支持，维护了《澳门基本法》的权威。

（三）依《澳门基本法》处理争议

例如，《澳门基本法》规定立法会可以制定法律，行政长官可以制定行政法规，但是，其没有明确规定法律和行政法规各自的调整对象和范围，在实际立法中产生了一些不明确的情况，引起行政法规与法律范围管辖之争。解决两者之间的争议，只能以《澳门基本法》为依据来处理。法律和行政法规不能互相排斥，不能简单地用法律去否定行政法规的效力。澳门特区第13/2009号《关于订定内部规范的法律制度》规定，法律和行政法规均根据《澳门基本法》制定，所以，行政法规可以有两种形式存在：一种形式是独立行政法规，即行政长官依据《澳门基本法》授予的职权,根据《澳门基本法》的规定制定规范性文件;另一种形式是细则性行政法规,即依据立法会通过的法律制定实施法律的行政法规。这就基本解决了法律和行政法规在调整范围方面的冲突。

坚持按《澳门基本法》规定的制度办事,有利于形成正能量,保障制度的正常运行。两者是互相依赖和互相促进的关系。第一,《澳门基本法》确立的制度有利于爱国者发挥作用。"一国两制"要以爱国者为主体治理特区,如果制度上不能保障爱国者治理,那么"一国两制"难以实现。例如,澳门特区立法会的选举制度,由直接选举、间接选举和委任混合,实践证明,既体现均衡参与,也有利于爱国爱澳者参政议政,有利于行政主导体制运行。经验也说明,同样是要求爱国者为主体,但是在不同的选举制度安排下,未必能形成主体。所以,制度很重要,制度是保障。虽然是相同的人,但制度不同,人的作用和结果会大不相同。《澳门基本法》确立行政主导体制,但是因具体的公共支出制度不同——一种是要求每一笔政府公共支出须经立法会批准,让一些议员有机会阻挠政府施政;另一种规定财政预算须经立法会批准,但具体执行财政预算时不需要每一次经立法会批准,政府有相对的主动权,结果导致行政主导和行政效率完全不同。因此,要坚持基本法确立的制度,在实践中不断完善制度。第二,让爱国者充分发挥主导作用,有利于维护《澳门基本法》确立的制度。制度不会自己说话,制度须依靠人运行和维护,说明人的因素很重要。例如,同样是行政与立法之间需要制约和合作,但在什么情况下制约、什么情况下合作,完全取决于人的因素、人的决定。如果立法会中有一些人为制约而制约,为反对而反对,那么,只会让行政与立法对立、对抗,不可能出现合作。如果对政府的态度取决于政府政策的对错,凡政策对的就合作,政策有问题就制约的议员占多数,行政与立法之间制约和合作的关系就会处理得比较好,政治体制就会顺畅运行。所以,一方面要加强制度建设,另一方面要加强爱国爱澳力量的培养。坚持立规则、守秩序、讲法治,形成一个社会有共同规则的局面。

三、形成实施基本法和"一国两制"的社会基础和政治力量,增强执行力

爱国爱澳力量占据社会主流是澳门特区实施"一国两制"和基本法的保障。基本法靠人维护,制度靠人执行,当然,爱国爱澳力量成为主流,并占据主导地位是决定性因素。

（一）爱国爱澳力量的重要性

澳门特区的主要官员、公务员中的中高级领导、主管人员和工作人员以及立法会议员和司法官对“一国两制”和《澳门基本法》的认同，形成了“一国两制”的基本意识，所以，在工作实践中能够以基本法为准则作出决定。总体而言，由于形成了一种意识，往往产生出比较自觉的行为，没有那种口是心非，阳奉阴违，说一套做一套的情况。正因为管治队伍中绝大多数是接受和支持“一国两制”和基本法的正能量，才能维护“一国两制”和基本法。

在澳门特区历史发展中逐步形成了一大批爱国爱澳的社团，它们又凝聚了许多居民，成为社会中的重要力量。从历史上讲，澳门特区居民中的中国公民具有爱国爱澳的传统，广大的居民拥护国家对澳门特区恢复行使主权，欢天喜地迎接回归。在 1999 年 12 月 20 日特别行政区成立的仪式上高唱国歌和敲锣打鼓欢迎中国人民解放军进驻澳门特区的热烈场面就是最生动的体现。从认识上讲，澳门特区居民的爱国情怀是理性的，是建立在对“一国两制”的正确认识基础上的。澳门特区居民不仅热爱澳门特区，维护澳门特区自身的社会制度，而且爱国，坚持“一国”的原则，维护国家的制度。从现实利益上讲，为什么居民支持“一国两制”和政府依法施政，关键是有利于经济发展和社会稳定，有利于解决好经济和民生的问题，居民从中受益，吸引支持者形成力量。爱国爱澳的社团力量无论在支持和维护“一国两制”、基本法方面，还是在支持、配合特区政府依法施政方面都发挥了主力的作用。比如，无论在政府依据《澳门基本法》第 23 条规定，制定维护国家安全立法时，还是在政治发展，制定完善行政长官、立法会产生办法时，都得到了爱国爱澳社团和会员们的大力支持，积极发表支持的意见，讲解和宣传法案的内容，让更多的居民了解和理解，最终立法会顺利地通过了法案。

青少年是“一国两制”和基本法实践的未来，没有他们的支持“一国两制”难以维系。特区政府和社团对此都有清醒的认识，并把薪火相传作为重要的工作来抓。经过长期的工作，澳门特区青少年中大多数对国家有认同，对中国人的身份有认同，接受“一国两制”和《澳门基本法》，支持政府依基本法施政。爱国爱澳社团还吸引一大批有能力的青年人。青少年对“一国两制”和基本法实施中出现的问题还是比较客观理性地发表意见。

澳门特区能够形成一支比较强大的爱国爱澳力量，除了历史的原因外，现实原因为：特区政府 16 年努力促进经济发展和维护社会稳定，基本解决好了经济发展和民生改善的问题(开篇已有论述不再重复),使澳门特区居民看到希望,享受了实惠,自觉地拥护基本法,坚定了走"一国两制"道路的信心。所以,观念上认同,利益上得益,政治信仰和实际利益结合,形成爱国爱澳的政治力量,为"一国两制"保驾护航。今后,在巩固和发展爱国爱澳队伍问题上,一要安定人心,稳定现有队伍;二要争取人心,扩大队伍,吸引更多的年青一代加入爱国爱澳的行列。

(二)爱国爱澳力量要勇于面对挑战

虽然澳门特区形成了一支爱国爱澳的队伍,但是,也应该正视面临的挑战,应对内外环境的影响。

1. 外国因素

虽然中国坚持和平发展的道路,但是,遇到一些国家对中国发展的遏制,除了军事力量外,意识形态的围堵不容小视,它不断影响澳门特区居民的价值观。而且,还要防止外部政治势力的渗透。

2. 国内因素

国内一小部分人的一些言论企图影响港澳居民对中央管治权的认同,影响中央管治的权威。有时他们还与港澳的某些势力遥相呼应,影响爱国爱港澳队伍的士气。要防止这些言论的不利影响。

3. 我国台湾地区和香港特区因素

这两个地区的一些势力,鼓吹"去中国化",反对与内地经济合作。在一些社会议题上联合呼应,以壮声势。澳门特区一些人的言论,其一套理论并不是自创,而是完全照搬邻近地区一些组织的说法,这种趋势让爱国爱澳的力量受到更多压力。

4. 澳门特区本地因素

实践证明,特区政府施政的能力和效率、施政的得失直接影响爱国爱澳力量在居民中的影响力和凝聚力,因为爱国爱澳力量是政府施政的社会基础,实际上是一荣俱荣,一损俱损。所以,特区政府一定要做好依法施政,提供更好的公共服务;注意社会媒体、舆论的变化和新媒体的影响;关注青少年的价值观的变化;及时解决经济、民生发展中的问题。总之,要提升政府施政的能力和成效,让爱国爱澳力量支持政府有底气,有理由,理直气壮。

只要能够比较好地应对上述挑战,"一国两制"的事业必将取得更大的成果。

国家安全法治在澳门特别行政区的落实

陈欣新*

维护国家安全是澳门特别行政区(以下简称澳门特区)的法定义务。自澳门特区成立以来,特区政府和绝大多数澳门特区居民中的中国公民对在澳门特区维护国家安全给予了主动积极的支持,澳门特区也在国家安全法治建设方面逐步积累了经验。澳门特区根据《澳门特别行政区基本法》(以下简称《澳门基本法》)第23条的规定,制定了第2/2009号法律《维护国家安全法》,履行了有关国家安全自行立法的部分义务,这是中央和澳门特区社会各界广泛关注的重要问题。

一、《澳门基本法》第23条的由来

《澳门基本法》第23条规定:"澳门特别行政区应自行立法禁止任何叛国、分裂国家、煽动叛乱、颠覆中央人民政府及窃取国家机密的行为,禁止外国的政治性组织或团体在澳门特别行政区进行政治活动,禁止澳门特别行政区的政治性组织或团体与外国的政治性组织或团体建立联系。"《澳门基本法》第23条的文字与《香港特别行政区基本法》(以下简称《香港基本

---

* 中国社会科学院法学研究所研究员,法学博士,香港基本法澳门基本法研究会副会长。

法》)第23条的措辞相同,其立法设计思路源于《香港基本法》。

最初在设计《香港基本法》的框架结构时,并没有考虑现在《香港基本法》第23条的内容。1988年4月《香港基本法(草案)征求意见稿》的第22条规定:"香港特别行政区应以法律禁止任何破坏国家统一和颠覆中央人民政府的行为",其含义没有现在《香港基本法》第23条丰富。后来,起草委员会法律小组的内地委员基于对国家和香港特区安全问题的忧虑,才提出在基本法中增加相应内容。回归前,香港特区法律原有此类规定。其《刑事罪行条例》第一部分就包含上述内容,只是由于英国实行君主立宪制,此类犯罪均以英王或"英王陛下的政府"为侵犯对象,不同于我们以国家和中央政府为侵犯对象。英国撤退前将有关条文废止或修改,致使香港特区出现此类犯罪的法律空缺。1997年2月,全国人大常委会作出决定,1992年7月17日以后港英当局对香港特区《社团条例》(《香港法例》第151章)的重大修改及1995年7月27日以后对香港特区《公安条例》(《香港法例》第245章)的重大修改抵触基本法,不采用为香港特区法律。依照"罪行法定主义",凡是法律没有明文规定的均不构成犯罪。如果香港特区法律里没有禁止叛国、分裂国家及窃取国家机密等罪行的规定,此类活动就会被认为不是犯罪行为。因此,香港回归后有必要制定相关的法律,且香港原有法律也需要特区根据回归后的具体情况,予以适当的修改和完善。因此,香港回归后有必要制定相关的法律。

为了让港人安心,也为了更好地适应香港特区的具体情况,《香港基本法》第23条才规定由香港特区自行立法而不是适用专门的全国性法律来禁止和制裁"七项可能危害国家安全的行为"。考虑到特区有独立的司法权和终审权,今后如果发生类似的情况,实际上是由特区法院根据自行立法予以处理,符合"港人治港"和"高度自治",能够使绝大多数香港居民放心。最初提出此条时,港方委员的顾虑很大,有人甚至认为港人会因此"上街游行"。但是,内地委员向他们讲清了增加第23条的理由:一是世界各国通例;二是香港本来就有;三是为了保障国家和香港的安全,不能不立法禁止叛国、分裂国家及窃取国家机密等罪行;四是香港有独立的司法权和终审权,由香港法院执行香港立法机关制定的法律,应该能够贯彻"一国两制"的精神。港方委员最终一致赞同把第23条写入《香港基本法》。

起草《澳门基本法》时,多数委员认为应当借鉴《香港基本法》第23条的规定,由于《香港基本法》起草时对相关问题已经进行了较为深入的讨论,文字表述已经进行了推敲,所以《澳门基本法》采取了相同的文字表述。基于《澳门基本法》的这项要求,澳门特区政府起草有关"国家安全法"草案的行为是依照法治原则落实"一国两制"的具体措施。

二、《澳门基本法》第23条自行立法的考虑

1.《澳门基本法》第23条立法应采取澳门特区自行立法模式

《澳门基本法》第23条规定的"禁止任何叛国、分裂国家、煽动叛乱、颠覆中央人民政府及窃取国家机密的行为,禁止外国的政治性组织或团体在澳门特别行政区进行政治活动,禁止澳门特别行政区的政治性组织或团体与外国的政治性组织或团体建立联系"的内容,是坚持"一国两制"中"一国"部分的需要,由澳门特区自行立法则是其中"两制"的要求。只有坚持《澳门基本法》第23条必须立法且由澳门特区自行立法才体现法治条件下"一国两制"的基本精神。欲落实"一国两制",采取澳门特区自行制定国家安全法律的形式,是维护内地和澳门特区正常、融洽关系的最好方式。通过立法禁止颠覆政府、分裂国家和窃取国家机密等行为,是多数国家和地区的通行做法,既非中国的特别模式,亦非对澳门特区的特殊要求。因此,坚持由澳门特区自行立法并不违反国际惯例。如果不坚持上述态度,不仅使"一国两制"缺乏法律保障,导致在特别行政区维护国家安全的行为无法可依,也会使其已经取得的落实"一国两制"基本原则的成果受到质疑,令澳门特区政府的威信受到极大损害,甚至会导致澳门特区政府付出的维护"一国两制"的诸多努力付之东流,进而危及澳门特区的安全和繁荣,将极大地损害澳门特区同胞的切身利益和祖国统一大业的实现。

2. 澳门特区落实《澳门基本法》第23条自行立法法定义务的情况

澳门特区政府考虑到回归初期的稳定,在何厚铧先生担任特首的第一任期内,未将第23条立法问题提上议事日程。在担任特首的第二任期开始后,何厚铧先生和特区政府积极进行相关的工作,制定了《维护国家安全法(草案)》。该草案较充分地考虑了澳门特区与内地的差异和澳门特区民众目前的心态,在很多方面收窄了法律适用的范围,并对犯罪构成要件规定了严格的标准。例如,《维护国家安全法(草案)》第7条仅规定"禁止外国的政治性组织或团体在澳门作出危害国家安全的行为",第8条也仅规定"禁止澳门的政治性组织或团体与外国的政治性组织或团体建立联系作出危害国家安全的行为”,较之《澳门基本法》第 23 条“禁止外国的政治性组织或团体在澳门特别行政区进行政治活动,禁止澳门特别行政区的政治性组织或团体与外国的政治性组织或团体建立联系”的规定,法律限制的范围无疑收窄很多。对此,主要是考虑到“如果不把定义收窄,会出现很多意识形态的问题。同时,《澳门基本法》第二十三条主要的立法精神是维护国家安全,所以决定要把条文写得清晰,并把哪些行为属违反维护国家安全列入几项实际行为上,这样就绝对不会有很大的灰色地带,让大家以为有书信来往、在国际组织见面交流等,都属于联系,假如空间太大,会造成社会很多猜测,亦会被利用作危言耸听,这既不利于严谨立法,也不利于澳门为维护国家安全立法”。[①] 此外,澳门特区本地组织即使从属被中央明令禁制或取缔的内地组织,也不会自动被取缔。针对部分澳门特区社团的顾虑,澳门特区政府还反复强调,“立法的目的,是维护国家安全,而不是限制澳门人和团体与外国各类团体联系交流。只要有关交流并非危害国家安全,就绝对拥有自由”。

澳门特区制定的《维护国家安全法》,基本上是按照大陆法系的理念、程序和技术,对《澳门基本法》第 23 条中有关国家安全的事项予以规范,在确定具体条款的含义时,也参考了其他大陆法系国家和地区的经验。《维护国家安全法》中关于违法犯罪行为的范围和构成要件的规定,不仅比内地相关法律严格,也比主要西方国家的相关法律严格。例如,澳门特区成立以前,原适用于澳门的葡萄牙《国家保密制度法》将国家秘密较宽泛地界定为,“未经许可的人获悉后会给国家独立、团结、完整和内部保安、外部安全带来危险或造成损失的文件和数据”。按照《澳门基本法》的规定,国防和外交事务由中央人民政府负责管理,澳门特区直辖于中央人民政府,特区行政长官需要对中央人民政府负责。因此,《维护国家安全法》把在澳门特区保护国家机密的范围,严格限定为“涉及国防、外交或《中华人民共和国澳门特别行政区基本法》规定的其他属于中央和澳门特别行政区关系的有关事项且已经被确定为应予以保密的文件、信息或对象”。可见,该规定既坚持了“一国”,又顾及了“两制”。

为顾及一般民众反对扩张警察权力、坚持“基于公共利益的披露”作为

---

① 参见 2008 年 10 月 24 日澳门特区政府新闻局公布的《行政长官释危害国家安全的行为》。

对抗“机密”的抗辩理由等主要诉求，针对窃取国家机密罪，澳门特区《维护国家安全法》引入了“公共利益免责抗辩”，即明知有关资料为国家机密，但为了更重要的公众利益而故意刺探并公开，在法庭审理时可以作为抗辩理由。假设在审理涉及国家机密的案件时，行为人声称是为了谋求公共利益之目的，刺探并公开国家机密，那么，法官就要衡量在具体行为中是否存在公共利益、公共利益是否受威胁、是否透过披露国家机密等行为就可以排除公共利益受威胁。如果法官审视所有证据后认为，行为人为维护更重大公共利益而牺牲国家安全的利益是合理的，那么法官就可以接纳其抗辩理由来排除其行为的不法性。澳门特区政府法务官员表示，由于澳门特区属大陆法系，按照相关的法律体制传统，《维护国家安全法》作为一部单行刑事法律，其中未明确规定的内容，澳门特区《刑法典》都将补充适用。如果符合澳门特区《刑法典》规定的“公共利益抗辩”情形，行为人即使客观上作出触犯法律的行为，最终亦可能无须判罪或获减刑。这反映了澳门特区政府在国家安全立法方面是慎重的，也是注意听取民意的。

3.《澳门基本法》第 23 条涉及的“七项禁止行为”必须在国家安全条例中予以明确，但其形式和内涵应按照澳门特区的普通法律理念和运作方式予以实现

澳门特区是法治社会，内地也实行依法治国，如果《澳门基本法》第 23 条所列举的“七项禁止行为”缺乏明确的制裁法律规范，则澳门特区政府在惩治和防范上述行为时就会面临无法可依的尴尬局面。考虑到《澳门基本法》第 23 条所列举的行为在绝大多数国家均属于严重罪行，相关法律责任及惩治方式极为严厉，如果相关法律规范不明确，势必极易造成滥用权力和处罚畸重畸轻的偏差，不利于保障人权和维护法治。鉴于澳门特区属于大陆法系地区，无论是法律理念、法律程序、法律技术均承袭葡式法治传统，与内地存在一定差异。如果按照内地的法律理念建构和理解有关国家安全法律规范体系，不仅使澳门的法律职业界无法操作，而且容易激发特区市民的抵触情绪。再加上两地实行不同的社会制度，在一些极具敏感性的问题上认识迥异，如果要求澳门特区按照内地的观念和行事方式处理《澳门基本法》第 23 条立法中的法律问题，不仅无助于维护国家安全反而会造成新的矛盾。因此，在《澳门基本法》第 23 条立法的问题上，不仅要充分尊重葡式法治理念、借鉴葡式法律程序、领会葡式法律技术的精神，还可以适当参考

其他大陆法系国家和地区成功的实践经验。鉴于《澳门基本法》第23条涉及的问题在特殊情况下可能会同时关联澳门特区和中央,属于基本法中规定的特别行政区和中央政府关系的领域,今后在处理具体事件时,内地和澳门特区在观念与做法上,也仍然要遵循相互谅解、协调、避免矛盾激化的思路,澳门特区在起草有关《澳门基本法》第23条配套立法的过程中,就这方面所进行的尝试应予以肯定和支持。当澳门特区政府与社会上持不同政见的团体发生较严重的对立时,中央不宜过多介入,应尽量为澳门特区政府创造较为宽松的环境。

三、应当尽快完成澳门特区国家安全配套立法和专门机构设置

1. 澳门特区《维护国家安全法》总体上是合适的,但也存在可以斟酌之处

首先,在如何以明确条文协调"国家安全"和"自由"这两个基本价值之间的关系,尤其是对二者的解释发生歧义甚至是具体冲突时,如何平衡取舍,最终使这两个基本价值都得到充分维护和实现等方面,澳门特区《维护国家安全法》存在缺陷。考虑到澳门市民普遍认为自由和法治是澳门特区繁荣稳定的基石和进一步发展的优势所在,如果不能使澳门特区法律界和普通市民感觉"自由"和"法治"不会因"国家安全立法"而削弱,就不能真正保证澳门特区的繁荣和发展,也不能得到澳门市民的认可和理解,最终受到损害的是包括澳门人民在内的全中国人民的根本利益。因此,在今后的相关立法中如能加以完善并明文规定,所有条文的解释、适用及执行,必须符合《澳门基本法》第三章(规定居民权利的专章),包括国际人权公约标准,澳门居民现时根据《澳门基本法》所享有的自由和权利继续获得保障,似更为妥当。

其次,澳门特区《维护国家安全法》中禁止性规范占绝大多数,缺乏相应的权利保障条款。近年来,各主要发达国家虽然没有修改原有的国家安全立法,但是普遍通过保障人权的立法和相关司法判例强化了人权这一基本价值的地位。在处理国家安全和人权这两个基本价值的关系时,在形式上和主张上较强调人权,至少是两者并重,这一点对澳门特区法律界和普通市民必然会产生较大的影响,对此应给予足够的重视。

最后,部分条文的表述不当。例如,澳门特区《维护国家安全法》第4条

第 2 款规定,“公然和直接煽动中国人民解放军驻澳门部队的成员放弃职责或叛变者,处一年至八年徒刑”。此条款立法意图在于禁止和惩戒煽动武装力量成员叛乱的行为,但是,却将煽动对象限于“中国人民解放军驻澳门部队的成员”,而非全部武装力量的成员。这与绝大多数国家的相关立法条文表述方式不同。实际上,按照这样的表述,如果煽动行为的指向对象是“中国人民解放军驻澳门部队”以外的中国军队成员,则即使相关行为发生在澳门特区内且后果严重,也不构成犯罪。但是,众所周知,这样的煽动行为对于国家安全的威胁是极大的,按照《澳门基本法》第 23 条的立法原意也应当规定为犯罪且予以刑事制裁。

此外,澳门特区政府个别官员在立法会接受质询时,以“葡萄牙统治时期就有类似的法律规范”作为支持国家安全立法的理由,这种观点理由并不充分。在葡萄牙统治时期澳门被视为“准殖民地”或“并非葡萄牙领土的代为管治地区”,澳门民众的地位是附属性的。葡治的绝大部分时期,其法律制度中尽管存在很多符合现代法治的成分,但不可否认的是也存在一些明显违反法治和人权的内容。澳门回归以后,实行高度自治,澳人的地位较葡治时期有根本变化,多数人已经不能接受“葡治时期亦如此”的观点作为支持一些带有限制权利色彩的法律规定的理由。对于国家安全立法而言,真正有说服力的理由即澳门特区《维护国家安全法》适合澳门特区现在的形势和需要,符合《澳门基本法》的要求,而不是“葡治时期亦如此”。

2. 国家安全配套立法的完成期限可以适当展宽,但不可无限制延期

从适用范围来看,澳门特区《维护国家安全法》已经就《澳门基本法》第 23 条中“禁止任何叛国、分裂国家、煽动叛乱、颠覆中央人民政府及窃取国家机密的行为”所必需的相关刑事法律规范作出了规定,并就“禁止外国的政治性组织或团体在澳门作出危害国家安全的行为”和“禁止澳门的政治性组织或团体与外国的政治性组织或团体建立联系作出危害国家安全的行为”所必需的相关刑事法律规范作出了明确规定。但是,澳门特区《维护国家安全法》未能涵盖《澳门基本法》第 23 条中“禁止外国的政治性组织或团体在澳门特别行政区进行政治活动,禁止澳门特别行政区的政治性组织或团体与外国的政治性组织或团体建立联系”的内容。

澳门特区政府在近期内调整经济结构、完善行政管治的工作繁重,加上普通市民对国家安全配套立法的必要性认识不足,也存在反对仓促立法的

呼声。如果要求政府在澳门特区《维护国家安全法》之外,于短时间内全部完成《澳门基本法》第 23 条的自行立法起草和咨询工作,并通过立法会的审议以完成全部立法程序,则存在相当大的难度。对此,即使利用政府在立法会的支持优势强行通过,也会造成特区市民和法律职业共同体的误解和反感,不利于国家安全相关法律的实施和国家安全法治建设,后患无穷。中央和澳门特区政府之间只有在充分理解、充分信任的基础上,就目前澳门特区各界对有关国家安全相关立法的不同观点、主张,进行仔细和充分的分析,才能真正吸收民间正确的意见,排除恶意的阻碍,完善国家安全相关立法并为今后的具体实施积累经验。考虑到《澳门基本法》第 23 条立法是澳门特区基于基本法的法律义务,无限期的延期既不利于澳门特区政府履行责任,也为外部势力破坏澳门特区的稳定繁荣,蒙蔽普通民众造成可乘之机,因此,无限期拖延是不利的。至于具体的立法完成期限,应由澳门特区政府在中央的指导下,相机在进行充分的可行性论证的基础上确定,不宜草率行事。

3. 澳门特区目前的形势及“澳人”对维护国家安全的本地立法的不同意见

目前,在澳门特区,真正完全反对完成《澳门基本法》第 23 条配套立法的是少数人。针对澳门特区《维护国家安全法》的不同意见主要可分为三种情况:其一是个别人士不接受《维护国家安全法》引入“预备行为”条文,认为澳门特区《刑法典》第 266 条已涵盖关于危害公共危险的预备行为,声称《维护国家安全法》引入“预备行为”是“政治审查”。其二是部分澳门市民担心今后表达对政府的不满可能会招致国家安全法处罚,“反对仓促立法”。其三是澳门特区法律界人士较忧虑执法部门的公正性以及执法人员的素质问题可能损害澳门特区的自由和法治。他们认为,澳门特区《维护国家安全法》令部分居民感到不安,除了因为一些反对的人士持续发放负面信息外,亦源于对执法人员素质的忧虑,担心日后执法人员执法能力不高,可能会引起公正性的问题,质疑特区政府如何保障执法人员一定正确执法。有法律界人士建议特别行政区政府可参考其他国家的做法,设立专责部门处理涉及国安法的罪行,或设立监察委员会监察执法行为。

4. 尽快在澳门特区设立国家安全机构

澳门特区与香港特区的情况不同,在维护国家安全的民意基础方面,十分有利于设立专门的国家安全机构。世界各国和地区维护国家安全的事权，都属于中央事权，地方政府或州政府是配合、辅助的地位。根据基本法，澳门特区和香港特区不仅负有通过自行立法的方式维护国家安全的法定义务，还负有配合中央通过执法维护国家安全的义务。澳门特区和香港特区的特殊情况以及“一国两制”、高度自治的制度基础决定了港澳必须设立专门的国家安全执法机构；并且，根据各国维护国家安全的通行做法和维护国家安全的规律，香港特区、澳门特区的国家安全机构应当由中央实际领导和控制。考虑到香港特区的社会实际，短期内难以设立公开的国家安全机构，而澳门特区如果能够尽快设立国家安全机构，不仅有利于澳门特区维护国家安全的实际工作，也可以为将来条件成熟时在香港特区设立相关机构积累经验。

从目前的情况来看，经过澳门特区政府广泛听取各界意见、认真细致做好说明解释工作，并适当加以修改完善后，有关国家安全的配套立法完全可以顺利通过。但是，立法不等于实施，在今后具体实施中，葡式法律理念和行为方式与内地法律理念和行为方式之间的磨合还会产生一些问题，两种制度之间的矛盾在国家安全领域会长期存在并以多种复杂的形式表现出来，为了避免“临时抱佛脚”的被动局面，需要做好未雨绸缪的预研工作。

澳门特别行政区政制设计实现原因及其启示

许　昌*

作为《澳门特别行政区基本法》(以下简称《澳门基本法》)确立并与澳门特别行政区(以下简称澳门特区)在中央授权下"高度自治"的地方行政区域性质相适应的地方管治架构制度,澳门特区政治体制的设计目标是建立一个在中央政府直辖下,以权力分置为前提,以行政为主导,行政与立法相互制衡和配合、司法独立的地方政制体系。上述设计目标和特征概括,体现在《香港特别行政区基本法》和《澳门基本法》的具体规范中。总体和体系上具有一致性,具体制度上稍有差别,但付诸落实后所形成的政治现实则差异较大。香港特区的"行政主导"受到较多方面的掣肘牵制,政界、法律界和舆论界对此抨击质疑甚多。与此相对照,澳门特区则被标定为政制运作和发展势头良好,尽管存在各种非议,但确实经受住了来自社会、经济和各项施政事务的考验。澳门特区之所以能在回归后迅速顺利地依照基本法实现其设计的特区政治体制的各项目标,并稳步发展使之巩固确定,其原因不仅要从《澳门基本法》设计的制度本身来总结,

* 澳门理工学院"一国两制"研究中心教授级研究员,法学博士。

而且要从澳门特区的社会结构、历史传统和政治格局的特点中去寻觅。笔者认为,主要源自以下六个因素。

一、有赖于澳门华人社会长期具有的深厚爱国传统

早在国共内战和抗日战争时期,澳门民众就有不同程度的爱国参与。新中国成立后,澳门爱国进步社会力量团结在南光公司、南通银行等国家驻澳机构周围,服务社会,造福乡梓,关注国家,对葡斗争,建立和维系起覆盖全澳门社会的华人自治网络:工商界以中华总商会为代表,劳工界以工联会为代表,教育界以中华教育会为代表,青年以学联为代表,妇女以妇联为代表,手工业商贩以市贩商会为代表,市民以各区街坊会为代表,以及澳门日报、镜湖慈善会和归侨总会等社会团体,弘扬和传承爱国主义传统,保障当地居民的合法权益,实行某种程度的社会自治,联合约制葡澳殖民势力,形成华洋共治的二元社会。1966年"一二·三事件"后,葡澳统治进一步衰落,台湾残余势力被扫地出门赶离澳门,进一步奠定了澳门"半个解放区"的政治格局。同时,澳门基本生活必需品主要来自内地供应,出口加工、金融保险、建筑地产、博彩旅游四大支柱产业以及报章传媒、医疗等社会公共服务事业等,自20世纪80年代后即长期为当地商家掌控,中资也有所参与甚至部分发挥主导作用。澳门长期持续展开爱国教育,相当部分居民来自内地,各阶层都普遍感受到日常生活依赖内地的实状,有较多意愿和管道熟悉与亲身了解内地经济社会的发展进步,使爱国情绪较为自然地成为主导全社会的主流意识,"人心回归"的任务在春风化雨、润物无声间顺利完成。

二、有赖于澳门特区建立初期"以我为主"创建管治团队的政策思路

澳门爱国社团的长期存在和重要功能,使其在社会活动中形成了政策主张,积累了管理经验,锻炼了人才队伍,还为澳门回归后迅速从爱国社团选拔管治人才和有行政经验的资深公务员共同组成执政团队奠定了有利的组织基础。同时,葡萄牙高官恋栈官位到政权移交的最后一刻,为特区政府因势利导实现高层全面更换而不留用任何前执政官员,毫无障碍地按照邓小平"爱国者"标准选擢人员创建管治团队提供了良好的客观条件。全新的执政团队有较少的历史包袱,较多的做事冲劲,给特区政制带来了活力。正因为在回归过程中和其后,顺利解决了特区管治团队和爱国建制力量的互

通结合问题,爱国社团不仅在代表民众监督特区依法施政上有所作为,而且得以继续在澳门特首选举、立法会选举和人大代表选举中发挥重要功能,形成欲参政就必须通过社团活动管道的行为范式。这样的制度产生行为,进一步推动了澳门特区社团数量倍增和功能政治化。特别是上述趋势有利于形成特区政府和社团的利益互动和相互支持,而没有遭遇香港式政团化趋势的冲击。

三、澳葡当局遗留的负资产激发了澳门特区民众的爱国思想

葡萄牙对澳门特区的治理没有形成法治、民主的经验,反而留下官僚、无能和贪腐的负资产。首先,和葡萄牙在非洲的殖民统治带来当地的政治腐败、经济凋敝一样,葡澳当局在澳门的统治以经济掠夺为直接目的,缺乏长远有效的经营思路。1974 年葡萄牙国内革命后宣布放弃其在全世界的殖民地时,曾主动要求交还澳门给中国。《中华人民共和国政府和葡萄牙共和国政府关于澳门问题的联合声明》(以下简称《中葡联合声明》)签署后,葡方仍仅希望在维持澳门的葡萄牙裔社群利益和文化存在、保留葡萄牙法律传统的影响和司法活动中的控制力、多从澳门捞取利益方面有所进取。由于回归前澳门经济出现整体持续负增长,社会治安因黑帮血雨腥风中争利而急剧恶化,澳门居民对葡澳当局统治的不满、对回归祖国的渴望达到空前程度。其次,葡澳统治注重经济掠夺而轻视文化教化的另一表现,是政治权力包括公务员入职长期不向华人开放而依靠受教育程度普遍较低的土生葡人,后者缺乏自主的管治决策能力,且在华人社会中认受性很低,根本不可能成为填补葡人离去空白的社会力量。而澳门社会又不曾培养出亲葡华裔社会阶层,曾经引发警惕的留用人员消极应对或"弄权玩人"的情况基本不曾出现。澳门民众将之对澳葡统治的愤懑和唾弃,化作对新政权的支持和拥护,显然有利于新的特区体制的有效确立。

四、博彩业长期作为澳门的命脉产业,对政府和社会形成了强大影响

澳门从帆船时代的商港,到香港开埠后逐渐转型于鸦片贸易、移民和劳工转运、黄金走私等边缘行业,最终在 1847 年开赌的基础上逐渐发展出在国计民生中起重要作用的赌业。1962 年后 40 年事实上形成的独家专营娱乐博彩体制,成为支撑葡澳当局税收、保证澳门地方的普遍低税制、提供澳门

居民就业岗位、保障澳门各项社会服务的重要命脉产业，很大程度上呈现“赌税是澳门政府财政主要来源，赌场是澳门居民就业和社会公共设施建设的主渠道”的局面。无论是特区建立之初的“澳娱”独家营赌，还是2002年后推行“适度开放”经营模式后出现的6家博企竞争性经营，赌业在澳门产业结构中的地位、对澳门特区政府政策的影响、对澳门居民就业乃至生活方式和价值观的作用，非但没有削弱，反而因为内地开放居民境外旅游带来的巨大资金投入刺激而空前迅猛发展，虹吸作用导致澳门特区经济高度单一依赖博彩业的局面更加突出。国家特许澳门特区合法独家开赌带来的稳定政策预期，给予澳门特区从容享受凭国家配置资源而得的空前繁荣，使澳门从无名的小城在短短16年内成长为人均生产总值8.7万美元、在世界富裕国家和地区排名前列的显要地方。因此，澳门特区乐观情绪高涨，大小问题都可以在高收益、高税收、高福利、高代价基础上达致“社会和谐”，各行各业、各阶层包括不受法律保障营生的从业者都能取得稳定收益从而各安其所，特区体制相当稳固。

五、澳门特区社会结构中注重现实利益的阶层和人群呈现一定的政治冷感性

首先，中产阶级的地位和作用在澳门特区社会结构中不突出。尽管从经济收入来讲，不少居民达到了相当富裕的生活水平，但由于澳门特区个人所得税和公司利得税的收入占财政收入比重极小，高收入人群主要从事博彩业管理和中介服务，或者本身是受纪律约束的公务员。大学和科研机构主要系政府设立，社团活动和传媒报章多数受政府财政资助，因此，社会精英支持和拥护特区政府的声音相对较强，而一般民众只关注挣钱养家、公屋分配、增加工资等眼前利益，导致社会沉默的大多数成员呈现政治冷感，现代公民或市民意识并不是很强烈。其次，所谓的政府“反对派”处境尴尬。他们起先是极少数出于各种复杂理念、反对澳葡统治兼又反对传统社团封闭保守势力，回归后又无法通过选举等手段获得行政权。于是便转而注重对特区政府施政缺失的监察和批判，客观上扮演着“反政府特定政策”而“不反基本法规定的政治体制”的角色，甚至也在某种意义上渐变成从事特定动作的“传统势力”。再次，形形色色的与赌场不法利益相联系的人员相对安分。回归后，在中央和特区政府双重打击下，特别是随着赌场利益不断扩张

的状况,他们各得其所,生活相对安逸富足,故除非赌业重启20世纪90年代的恶性竞争,否则不至于出现严重影响治安的情况。最后,葡萄牙后裔居民融入大众。据中葡联络小组1998年磋商土生国籍问题时葡方的介绍,当时澳门在当地出生的葡裔居民5000多人,在澳门以外出生的葡裔人士6000余人,回归时少数葡人撤退回国。近年来,因葡国内经济不好而前来澳门的葡人逐渐增多,2011年澳门人口普查结果显示,539,131名常居人口中声称为葡萄牙籍的人为5020人,约占0.9%,声称使用葡萄牙文为日常用语的人仅4022人,约占0.7%。葡萄牙后裔居民的政治态度近年并不彰显,有的发挥自身所长乐得其所,有的顺应时势求变谋生,不少人甚至因各种原因明确宣布选择中国籍身份。在此基础上的社会和谐,必然降低了特区体制应对社会矛盾上的压力。

六、中央与澳门特区分别采取正确政策维持良好关系

中央对澳门特区关怀照顾无微不至,澳门特区政府对中央给予的支持和提点尊重服从,两者在贯彻落实基本法行使各自权限的过程中,相互配合、关系密切。事实上,无论是特区成立初期的"反黑风暴"、博彩业经营适度开放转制,还是完成维护国家安全的立法、处理政制发展问题、解决行政立法关系中重要立法事项,中央始终全力支援和悉心指导澳门特区的相关工作。澳门特区体制中保留委任制和间选制度,遵循澳门特区特点并仿效香港模式调整立法会提案权体制,选择与香港特区最终实现"双普选"有所区别的民主发展路径。这在某种程度上即中央因在处理香港特区同类事务积累了经验、发现了问题的基础上,有针对性地通过各种管道和方法加以调整,因此规定和措施相对较为完善,应对意识和办法都有提高。

或许还有人可以总结出其他可资补充的内容,但笔者认为,以上六个方面的稳定因素足以支撑起澳门特区体制建立初期的稳定形态,也构成澳门特区目前政治生态和宏观格局的根本基础。同理,上述主客观因素的实质性变化,也必然随时影响和制约澳门特区社会生态和政制发展的未来前景,倘若博彩业持续下降引发经济财政困难并进而影响到大众民生,爱国爱澳传统优势被权力腐败和无能而消耗至失去年轻一代的正当性认受,相关制度体系就可能出现变化。

澳门特区的历史进程启示我们:首先,"一国两制"永远是实事求是、勇

于探索的创新实践，澳门特区的既成事业是立足于现实澳门特区特有条件下干出来的，既具有示范性，也不可忽视其特质性。切忌盲目故步自封地将不可复制的经验概括为空洞和抽象的“模式”或“道路”，夸大宣传的效果定然不好，而且如今的正当性未必能持续永远，必须保持不断进步的制度品格，从这个意义上“保持五十年不变”的制度本身就是值得重新审视的。其次，“一国两制”是在特定阶段、特定条件下的制度安排，必须符合客观规律，包括经济运行规律、社会发展规律和国家管治规律，依靠行政控制分配资源维持独家垄断地位、用提供经济利益交换政治利益、采取机会主义的应对方式而忽略长远的制度逻辑终究是不可能长久的，必须转而坚持用法律化、制度化的方式建立逐步完善和有效的制度延续生命力。最后，研究“一国两制”必须遵循正确的思路。对此，不应盲目坚持“应然逻辑”去描绘美丽的图画，应深入客观现实，发掘为什么形成这样现实的原因，把握其发展变化的规律并预测其未来前景，以审时度势、与时俱进地制定符合现实和规律的政策并形成制度。

基本法的权利规范与普通法的人权理念

——论香港特别行政区居民权利保障的普通法特质

姚国建*

一、前言

《香港特别行政区基本法》(以下简称《香港基本法》)是我国的宪法性法律,而在香港特别行政区(以下简称香港特区)更被视为“小宪法”。按现代宪法学基本理论,宪法的根本使命是保障公民的权利。《香港基本法》同样承载着保障香港特区居民权利的使命。按照基本法的规定,香港特区回归后普通法传统保持不变,因而基本法的权利规范主要在普通法环境中实施。普通法不仅是一套规则体系的概括,更是一种完善的法治理念,其理念中的一个重要方面是人权保障。[①] 因而,基本法中权利规范的实施必然受到普通法人权保障理念的影响。一方面,与中国宪法上的公民权利保障机制不同的是,香港特区法院在司法实践中形成了司法审查制度,即法院根据基本法审查特区立法和政府行为是否侵犯居民基本权利,这本身即普通法中的人权保障机制;另一方面,法院在进行司法审查时,借

---

* 中国政法大学教授、博士研究生导师,法学博士。

① 参见姚国建:《论普通法对香港基本法实施的影响——以陆港两地法律解释方法的差异性为视角》,载《政法论坛》2011 年第 4 期。

鉴普通法的人权理念，广泛使用普通法中的权利规范解释方法来解读基本法中的权利规范。因而，分析普通法的人权理念是如何介入法院对基本法权利规范的解读中是理解特区居民权利保障的关键。本文以特区成立前后香港人权保障的重要事件即《人权法案》和《香港基本法》的制定及实施为切入点，分析普通法人权理念是如何借助于这两个成文法律文件影响香港居民权利保障的。

二、《香港人权法案条例》的制定：普通法人权理念的成文化

（一）《香港人权法案条例》的制定及其性质

在1991年《香港人权法案条例》制定之前，如同英国一样，香港实行的是不成文的人权保障传统，即没有一部成文的宪法或人权法案为香港居民的权利提供保障，而是依据普通法对居民权利进行保障。但实际上，在20世纪70年代之前，香港的人权保障主要是针对少数英国人和特权阶层的，而对占人口绝大多数的华人则采取排斥、歧视和压制等手法，限制其参政，人身自由受到侵犯，社会、经济和文化权利无任何保障。[①] 但80年代后，一方面随着人权运动在全球的发展，香港人对人权的诉求日益增强；另一方面随着主权移交时间表的确定，港英当局治理香港的策略发生改变，香港居民的人权在这一大背景下发生明显变化。自70年代起，香港社会就开始呼吁制定专门的人权保障立法。[②] 1991年香港制定了《香港人权法案条例》（Hong Kong Bill of Rights Ordinance，以下简称《人权法案》），这是香港人权保障史上的重要转折。《人权法案》是《香港法例》的第383章，其内容是把《公民权利和政治权利国际公约》适用于香港的条文收纳入香港法律，废除一些与之抵触的当地立法以保障人权。

在制定《人权法案》时，曾考虑过如何处理与当时香港的宪制性法律即《英皇制诰》（Letter Patent）以及将来的宪制性法律《香港基本法》之间的关系。当时曾有两种设想：一是将其列入《香港基本法》之中；二是将其列入《英王制诰》中。但由于中国政府一直反对港英当局单方面制定《人权法案》，所以将法案内容纳入《香港基本法》的可能性在政治上是不存在的；而其最终

---

① 参见张晓玲：《香港人权回顾与展望》，载《内部文稿》1997年第14期。

② See Leung Mei - fun, *The Hong Kong Basic Law Hybrid of Common Law and Chinese Law*, LexisNexis, p. 185.

未能纳入《英皇制诰》亦是政治考量的结果,即担心其会在回归时随着《英皇制诰》一起被中国政府予以废除。[①] 从而最后以单独立法的形式出现。

正是由于其既未被纳入《英皇制诰》,也未被纳入《香港基本法》,从而引发了对其效力地位的争议。当然,《人权法案》从制定伊始就引起了中英双方的巨大争议。其中,最具争议性的不是其中包含了哪些权利内容,而是其中有关"凌驾条款"的问题,即《人权法案》第3条及第4条。其中,其第3条规定:"对先前法例的影响:(1)所有先前法例,凡可作出与本条例没有抵触的解释的,须作如是解释;(2)所有先前法例,凡不可作出与本条例没有抵触的部分现予废除。"第4条规定:"日后的法例释义:在生效日期或其后制定的所有法例,凡可解释为与《公民权利和政治权利国际公约》中适用于香港的规定没有抵触的,须作如是解释。"根据《人权法案》规定,香港当时的条例中大约有1/10应被废除或修改,总数为50~60个条例。[②]

对于第3条及第4条的性质,学术界的观点不同。香港有学者认为,这些条款并未赋予《人权法案》本身以当地立法的最高效力。[③] 英国政府为了配合《人权法案》的实施相应地修改了《英皇制诰》第7条,与《人权法案》同时生效。根据这项修订,香港立法机关不得在此日期后,制定任何限制人权的法律,如果有关限制与适用香港特区《公民权利和政治权利国际公约》的规定有所抵触(而该公约规定的人权保障标准与《人权法案》采纳的是完全一样的)将失去效力。据此,《人权法案》被间接地引进《英皇制诰》,香港法院可以根据《公民权利和政治权利国际公约》和《人权法案》内的人权审查相关立法的效力。因此,《人权法案》成为香港法院审查1991年6月8日以后通过的新条例的法理标准。

有学者认为,正是这一规定,使《人权法案》获得了凌驾地位,并由此使法院获得了违宪审查权。[④] 但是,在内地学者看来,《人权法案》第3条及第

---

① See Leung Mei-fun, *The Hong Kong Basic Law Hybrid of Common Law and Chinese Law*, LexisNexis, pp. 187 – 188.

② 参见李昌道:《香港"人权法"评析》,载《政治与法律》1995年第4期。

③ See Richard Swede, "One Territory-three Systems? The Hong Kong Bills of Rights", *I. C. L. Q.*, 1995, 44(2), pp. 358 – 378.

④ See Leung Mei – fun, *The Hong Kong Basic Law Hybrid of Common Law and Chinese Law*, LexisNexis, p. 187.

4 条事实上构成了凌驾条款,[①]这就有可能与《香港基本法》才高于特区立法的原则不一致。这也是中央政府的立场,因而全国人大常委会于 1997 年香港特区回归前夕废除了《人权法案》中的这些条款。但是,由于从《人权法案》生效到全国人大常委会决定废除其中的“凌驾条款”间有 6 年的空档期,在此期间内形成的众多有关人权保障的判例构成了香港普通法的一部分,而普通法中的判例并未明确被全国人大常委会废除,[②]并且承载这些判例的《人权法案》主体即第二部分并未被全国人大常委会废除,所以这些判例仍然构成了特区法院的先例,形成了香港特区宪法性法律解释的特点、权利解读的模式和范围,对特区成立后审理类似人权案件具有约束力。而且,在解释基本法的权利规范时,这些在《人权法案》框架下形成的人权理念仍然在法官的思维中得到了延续,影响他们对基本法中权利规范的解读。

尤其是,《香港基本法》第 39 条列明《公民权利和政治权利国际公约》继续适用于香港特区,而《人权法案》的内容出自于《公民权利和政治权利国际公约》。所以,有香港特区学者认为,如同港英时期借助于《英皇制诰》一样,借助于《香港基本法》,《人权法案》在特区成立后仍然获得了至上性地位。[③]从香港特区的司法实践来看,当事人在诉讼中经常以案件所涉法律或政府行为违反《人权法案》而主张其无效,法官亦经常引用《人权法案》作为判断立法或行为有效性的依据。前任特区政府政制及内地事务局局长林瑞麟于 2011 年 5 月 18 日在立法会上接受议员质询时的答复称,自《人权法案》生效以来,约有 1000 份判决书提及《人权法案》;自 1997 年特区成立以来,也有相当多的立法条文或政府措施被法院以违反《人权法案》而宣布为无效。[④] 值得关

① 参见许崇德:《“人权法案”的凌驾条款不能采用》,载许崇德:《学而言宪》,法律出版社 2000 年版,第 379 ~ 381 页。

② 《香港基本法》第 8 条规定:“香港原有法律,即普通法、衡平法、条例、附属立法和习惯法,除同本法相抵触或经香港特别行政区的立法机关作出修改者外,予以保留。”因而,在香港特区回归前废除了与基本法存在抵触的条例和附属立法。但由于普通法、衡平法及习惯法均属不成文法,全国人大常委会无法对其作出一一审查,因而也就无法作出哪些普通法应予废除的决定。参见许崇德:《简析香港特别行政区实行的法律》,载许崇德:《学而言宪》,法律出版社 2000 年版,第 382 ~ 395 页。

③ 参见特区政府新闻网:http://www.info.gov.hk/gia/general/201105/18/P201105180199.htm,最后访问日期:2016 年 7 月 10 日。

④ 参见香港特区政府网:http://www.cmab.gov.hk/gb/legco/questions20110518.htm,最后访问日期:2016 年 7 月 10 日。

注的是,对于法官以抵触《人权法案》为由宣布某项立法或政策无效的做法,特区政府亦从未提出反对。①

实际上,内地学者当时所批判的"凌驾"的含义究竟为何并不清晰,多数学者对此是语焉不详。从可能的角度来看,应有两种理解:一是认为担心其凌驾于《香港基本法》之上;二是认为其与《香港基本法》一样凌驾于香港特区本地立法。就第一种情况而言,由于《人权法案》第 3 条和第 4 条只是针对"法例"(ordinance)而言的,即针对香港特区本地立法,因而不可能凌驾于《香港基本法》之上。那么,是否有可能获得与《香港基本法》相同地位凌驾于本地立法之上呢?从前文所述的特区司法实践来看,存在这样的情况。但应看到的是,绝大多数时候,法院仍是将《香港基本法》作为判断立法或政府行为合法性的主要依据,《人权法案》更多是作为论证补强的依据,即使在二者表达不一致时,法院一般也是尽可能作出一致的解释。② 问题的关键在于:在香港特区的法官看来,《人权法案》只不过普通法中人权的宣示者,并未创造新的权利。因而,真正影响《香港基本法》实施的是特区的普通法,而非《人权法案》。即使没有《人权法案》,也不能阻止法官以普通法的方式来解读《香港基本法》。《人权法案》对《香港基本法》的真正影响在于香港特区法院借助于前者确立了司法审查权,而这一点在《香港基本法》确立的新的宪制体制下得到了确认,使其获得了普通法意义下的实施方式。但这一方式对基本法实施的影响总体上是正面的。③ 所以,《人权法案》的存在并不影响《香港基本法》的效力,反过来还能增强其正当性。而且,《香港基本法》保障的权利内容比《人权法案》更宽泛一些,在有些类型权利的诉讼中,法官只能依据《香港基本法》。所以,认为《人权法案》会冲击《香港基本法》权威性的担心是多余的。

(二)《人权法案》的主要内容

由于《人权法案》是为落实《公民权利和政治权利国际公约》而制定的,

---

① 参见陈弘毅:《公法与国际人权法的互动:香港特别行政区的个案》,载《中外法学》2011 年第 1 期。

② 《香港基本法》中使用的是言论自由,《公民权利和政治权利国际公约》使用的则是发表自由。在判例中,法官作出如下解释:认为"言论"一词在宪制方面所涵盖的范围广泛,因此言论自由便等同发表自由。

③ 参见李树忠、姚国建:《香港特区法院的违基审查权》,载《法学研究》2012 年第 2 期。

所以其基本重述了那些适用于香港特区的公约条文，当然，当时英国就香港特区所作的专门保留声明涉及的内容被排除在外。

《人权法案》共包括三个部分：第一部分主要是程序性规定。包括生效日期，它对在其生效时已存在的其他法例及生效后通过的法例的影响，遭违反时的补救，在紧急状态下的适用情况及约束对象。

第二部分共23条，罗列了各项人权。严格而言，这部分才叫《人权法案》。其条文全部来自《公民权利和政治权利国际公约》，而且在表达方式上与该公约也几乎完全一致。前律政专员戴雅士在一篇文章中亦明确指出，草拟这部分的原则是尽量接近《公民权利和政治权利国际公约》，政府只作出轻微的修改，而这些修改均旨在反映香港现在和将来都不会是一个主权国家，如《公民权利和政治权利国际公约》第23条第3款保障每个孩子均有获得国籍的权利，赋予国籍的权力并不属于香港特区政府，故这项保障没有列入《人权法案》。

第三部分是一些例外及保留条款，一共有6条，这些保留条款除第14条外均是来自英国在1976年签署《公民权利和政治权利国际公约》时所作的保留条款。第14条的作用在于引进一个冻结期。在为期1年的冻结期内，列于《人权法案》附表内的6项法例均不会受《人权法案》的质疑。港府的理由是这6项法例的影响深远，政府需要时间对这些法例作详细的检讨，以及在需要时作出一些修改，故需要1年的冻结期。这6项条例分别是：《人民入境条例》《社团条例》《刑事罪行条例》《防止贿赂条例》《总督特派廉政公署条例》《警察条例》。在草拟过程中，这一冻结条款曾受到香港特区不少人士的批评，冻结期在1992年6月7日结束，但立法局有权将冻结期延长最多1年。

(三)普通法视角下的《人权法案》

英国早在20世纪70年代就已经将《公民权利和政治权利国际公约》的效力延伸到香港。但相当长时间内并未制定相关的立法，其中原因之一就是认为该公约载明的各项权利已经在香港的普通法中得到了保障。① 虽然《人权法案》是为了落实国际公约而制定的，但在香港法官看来，法案并未创

① 这一点与英国自身的情况有类似之处。20世纪50年代英国人签署了《欧洲人权公约》，但相当长时间内都未能制定国内的实施立法，直至1998年才制定《权利法案》。

造新的权利,只是将普通法下判例中形成的人权成文化。[①]

香港法官对《人权法案》中所列举的各项人权与普通法中人权的关系有两个基本观点:

第一,认为《人权法案》所列举的权利来源于普通法。法官们习惯于比较《公民权利和政治权利国际公约》与普通法原有的人权内容的相似性,强调裁决与先于条例通过之前的普通法的一致性,认为前者的内容可能源于后者。在 R. v. Sin Yau-ming 案[②]中,Silke V-P 引用了 Sankey 爵士在 DPP v. Woolmington 案判决中的论述:"贯穿于英国刑法的一条黄金法则就是,控方有责任证明被告人的罪行触犯了刑律。"即普通法中早已存在《人权法案》确立的"无罪推定"原则。他认为,《人权法案》的作用仅在于:由于受议会主权原则的影响,立法机关的意志是免受任何审查的(所谓"如果议会说所有的兔子都是绿色的,那么所有的兔子就都是绿色的"),但《人权法案》制定后,一旦议会的立法(在本案中是香港的立法局)干预了普通法的无罪推定,《人权法案》可以以其所确定的"全新的司法方法"使传统的权利在一定程度上免于这种干涉。

按照这种思维,法官们在解释《人权法案》所列各项权利时,就不愿意超出传统普通法所包括的内容。这一点在涉及《人权法案》第 11 条第 2 款第 3 项被控有罪的人"立即受审,不受无故稽延"的权利时表现得尤为明显。在 The Queen v. William Hung 案中,被告因为一件案情简单但性质严重的毒品案件被羁押了 18 个月。被告认为警方的做法侵犯了其受《人权法案》第 11 条第 2 款第 3 项所保障的权利。但 Duffy 法官指出:"《人权法案》没有创造不受无故稽延审理的权利,比它更古老更权威的美国宪法和加拿大宪章也没有。正当程序是几个世纪之前的概念,可能追溯到自由大宪章……英国和澳大利亚的普通法司法领域下,虽然都没有人权法案或宪章,但都承认法院有内在的权力保护正当程序免遭滥用以使司法程序对控辩双方都能彰显公平及便利。"可以看出,总体上法官不愿承认《人权法案》的这一规定赋予了被告比普通法中正当程序赋予的更多的权利。那么,在解释《人权法案》

---

① See Richard Swede, "One Territory-three Systems? The Hong Kong Bills of Rights", *I. C. L. Q.*, 1995, 44(2), pp. 358 – 378.

② [1992] 1 H. K. C. L. R. 127, 141.

时有无必要超出普通法的思维来考虑呢？他认为，没有法理上的根据要求我们在考虑《人权法案》第 11 条第 2 款第 3 项范围和内涵时必须参照与适用与解释普通法时参照的因素完全不同的因素。Duffy 法官详细分析了几个基本要素，如延误的时间、延误的原因、双方的态度、对被告方的偏见程度，以及效率司法所彰显的公众利益。最后他总结道，通过拒绝终止诉讼程序的申请，尽管延误表面上看起来是过分的，但在本案条件中不是不合理的，被告人为自己辩护的权利没有受到削弱。

第二，《人权法案》只是"宣示"了普通法中的权利，而不是"创造"了新的权利。对《公民权利和政治权利国际公约》规定的权利源于普通法的断言贯穿早期与法例相关的案件。在 The Queen v. Wong Cheung-bun 案中，高等法院法官 Jones 认为第 11 条第 2 款第 4 项中有关被控犯罪的人获得法律援助的权利已经存在很久，可以追溯到很久以前；第 11 条第 2 款第 4 项的作用只是为其提供了成文法基础。在这种意义上说，《人权法案》是"宣示性"(declaratory)而非"创新性"(innovative)的立法。作为宣示性立法的意义在于承认并公开了一些人可能不知道的基本权利。在 The Queen v. Kevin Barry Egan 案中，Jones 法官接着指出，一方面普通法在保护被告人方面有了一个"建立在易于识别的原则基础上的有效体恤的体系"；另一方面"《人权法案》的法理资历尚浅"，第 10 条所规定的被告接受公正审理的权利并不能提供比法院防止权利滥用的权利更好的保护。

另一个可以体现《人权法案》宣示性作用的是法官在上诉法院对 Attorney General v. Lee Kwong-kut 一案的判决。法官在本案中判决，一项规定合理怀疑被告所有之物为盗窃所得即可推定被告有罪的规定与《人权法案》第 11 条第 1 款无罪推定的规定相违背。该法官指出，该规定完全与普通法的相关规则不相容，而《人权法案》的作用在于使普通法中的"无罪推定"规则有效复活。他指出，《人权法案》只是承认和确认了普通法中的权利，"我加上'确认'一词是因为《人权法案》的价值对于普通法域下的我们并不新鲜"。

从以上两个方面来看，可以得出结论：《人权法案》和普通法在人权保障问题上虽非完全一致，但也共享高度的重叠。由于《人权法案》是国际人权公约在香港特区的本地化，法官在解释时，除参考香港特区本地的普通法传统外,自然会大量参考其他国家或国际人权标准,[①]有学者将此称为《人权法案》解释的“国际化路径”。[②] 但这并不意味着国际化标准与特区普通法传统之间的冲突。事实上,只有法院在对特定权利的解释上把普通法解释提高到现存国际司法标准之上时才会出现冲突,但法院总是力求避免出现这种情况。这表明在《人权法案》的解释中,普通法理念的重要性更甚于国际人权标准,占据主导和核心地位。为此,甚至有学者批评香港人权保障的司法标准在某些情况下低于国际普遍标准。[③] 但在法官们看来,在绝大多数情况下,普通法为人权提供的保护并不比国际人权条约更少,《人权法案》只不过是明示了普通法中的各项具体权利,是判例下权利的成文化。正是普通法强调的对公权力的控制以及对人权的保障,使国际人权公约获得了与普通法在理念上的一致性。反之,对国际人权理念的接纳加强了香港社会普通法下的人权保障传统。这也是为什么普通法与《人权法案》体现的国际规范之间没有出现根本的不相容的原因。二者的兼容性使普通法与国际人权规范在香港实现了“合理而愉快地比肩而坐”。[④]

三、从《人权法案》到《香港基本法》:新宪制对普通法的吸纳与融合

1997 年香港回归,《香港基本法》在特区开始实施,成为特区的宪制性法律,特区的宪制发生根本变化,由以前的不成文宪法体制演变为成文宪法体制。伴随着香港宪制的变迁,特区居民的权利保障制度发生了重大变化。另外,《香港基本法》所确立的宪制并非完全切断与过去香港特区人权保障传统的联系;相反,其仍然保留和确认了普通法中人权保障的核心要素,从而使这些要素获得了新的合法性来源。这些要素反过来影响了法院对《香港基本法》中权利规范条款的解读。所以,新宪制秩序下的特区居民权利保障“变”与“不变”并存,传承和发展相列。

---

① 参见陈弘毅:《公法与国际人权法的互动:香港特别行政区的个案》,载《中外法学》2011 年第 1 期。

② Richard Swede, “One Territory-three Systems? The Hong Kong Bills of Rights”, *I. C. L. Q.*, 1995, 44(2), pp. 358 – 378.

③ See Andrew Byrnes, *Jumpstarting the Hong Kong Bill of Rights in Its Second Decade? The Relevance of International and Comparative Jurisprudence*, Australian National University, 2002.

④ Richard Swede, “One Territory-three Systems? The Hong Kong Bills of Rights”, *I. C. L. Q.*, 1995, 44(2), pp. 358 – 378.

（一）从"人的权利"到"居民基本权利"：人权保障新宪制的确立

普通法下人权保障所针对的"人"是抽象和一般意义上的，与国籍或地域无关；《公民权利和政治权利国际公约》作为国际条约所关注的对象也是超国家意义上的"人"。作为落实国际人权法案和普通法中人权成文化的地方立法，《人权法案》中各项权利的主体亦是"人"。[①] 但《香港基本法》作为我国中央立法机关为特定地区制定的法律，其权利规范显然是为此地的居民专门而设，因而其对权利主体的界定是"居民"，从而在香港实现由"人"的权利向"居民"的权利演变。权利主体身份的变迁是 1997 年 7 月 1 日香港基本法实施的结果，也是香港宪制变迁的标志之一。

《香港基本法》为特区居民权利保障提供了新的宪制。《香港基本法》成为香港特区居民主张权利的主要依据，[②]也是法院判断相关立法或政府行为是否有效的主要依据。所以，《香港基本法》的实施使特区的人权保障不单以《人权法案》为基础，更直接建基于《香港基本法》。[③]

由于基本法并非国家的宪法，因而在界定权利主体方面不能如同我国宪法一样适用"公民"概念，而采用了"居民"概念。另外，香港特区并非一个孤立的城市，其特殊性在于：一方面，作为中国的一部分，无论是在回归前还是在回归后，香港特区都与内地存在大规模的人口流动；另一方面，香港特区作为国际化的大都市，与其他国家亦存在较大数量的人口流动。这样一来，香港特区的居民必然呈现多样性。这就需要根据居民的实际情况作出类型化区分并在此基础上针对不同群体设置不同的权利规范。基本法的基本分类是永久性居民与非永久性居民，其区别就在于前者具有居留权，后者没有。另外，只有永久性居民才能享有选举权与被选举权。

虽然在文本上永久性居民与非永久性居民的区别主要在于前者有居留权，但由于这一权利对人的重要性，香港特区本身的发达程度以及特区政府给永久性居民提供的良好福利，使"永久性居民"身份对于内地以及不发达国家的人而言具有极强的吸引力。因而，《香港基本法》第 24 条第 2 款详细

---

① 参见《公民权利和政治权利国际公约》以及《人权法案》的表述。

② See Yash Ghai, *Hong Kong's New Constitutional Order: The Resumption of Chinese Sovereignty and the Basic Law*, Hong Kong University Press, p. 367.

③ 参见陈弘毅：《"一国两制"的法治实践》，载全国人大常委会基本法委员会办公室编：《纪念香港基本法实施十周年文集》，中国民主法制出版社 2007 年版，第 101 页。

规定了永久性居民的各种类型。但在司法实践中,几乎每一种类型都在诉讼中引起了争议。

(二)权利体系的丰富

在权利的内容体系上,《人权法案》仅限于平等权、政治权利,以及各种免于不当刑事处罚的权利。还需值得注意的是,英国政府当时在决定将条约延伸适用于香港特区时,作了大量的保留,尤其是民选政治的保留,使权利和自由的一大基础即民主缺失,从而使《人权法案》在香港特区的效力受到严重影响,以至于联合国人权委员会都对英国这一立场的合法性提出质疑。[①] 在基本法框架下,特区居民的权利不仅包括《人权法案》中所列举的这些权利,还包括经济、社会及文化权利。《香港基本法》第39条不仅强调《公民权利和政治权利国际公约》在香港特区继续有效,也强调《经济、社会和文化权利国际公约》以及国际劳工公约在香港特区继续有效。香港特区是在普通法域下少数几个承认经济、社会和文化权利宪法地位的地区之一,[②]对于那些未能体现在《人权法案》但包含于基本法中的权利,特区法院也同样给予了积极的司法保障。2002年在Bahadur v. Director of Immigration一案[③]中,终审法院对于未能在《人权法案》中显示的非永久性居民的出入境自由也给予了积极的司法保障。

(三)权利保障中的"不变":基本法中的普通法色彩

特区成立后,虽然《香港基本法》取代了《人权法案》成为特区居民权利保障的主导性法律,但并非完全重构了香港特区居民的人权保障体系。一方面,在权利内容上,《香港基本法》中权利规范的表达方式更接近于中国宪法,但其内容仍然是香港特区此前的普通法人权保障实践。另一方面,如前所述,普通法中人权保障的核心机制司法审查制度在《香港基本法》下得到了延续,虽然基本法对此并未明确规定且一直充满争议。同时,《香港基本法》作为宪制性法律还明确保留了普通法中人权保障体制的核心要素,并且在此基础上还有所增加。这些要素包括:

---

① See Yash Ghai, *Hong Kong's New Constitutional Order: The Resumption of Chinese Sovereignty and the Basic Law*, Hong Kong University Press, p. 367.

② Andrew Byrnes, *Jumpstarting the Hong Kong Bill of Rights in Its Second Decade? The Relevance of International and Comparative Jurisprudence*, Australian National University, 2002.

③ (2002)5 HKCFAR 480.

第一,有利于权利保障的政治及社会架构。包括高度自治、市场经济、权力分立等内容。

第二,普通法体制。《香港基本法》规定,原有法律中的普通法除与其相抵触外予以保留。事实上,全国人大常委会在对原有法律进行审查时并未涉及普通法。同时,《香港基本法》还规定,原有的司法体制除新设终审法院之外得以保留。

第三,独立的司法权和司法终审权,法官享有《香港基本法》的解释权。《香港基本法》一方面规定全国人大常委会解释《香港基本法》,另一方面也授权特区法院在审理案件时对《香港基本法》进行解释。

第四,权利体系中的普通法因素。《人权法案》的主体得到保留。全国人大常委会只是宣布《人权法案》中涉及"凌驾条款"的规定不予采用,其他第二部分关于具体人权的规定仍得以保留。这就使香港居民获得了在基本法之外的第二个权利渊源,而且在此基础上形成的判例亦得以保留下来。这些判例中所体现的权利内涵以及所采用的权利解读方式都在解读基本法的权利规范中发挥了重要作用。下文对此有详细的论述。

第五,法官队伍得以延续,且可从其他普通法地区聘请。

第六,参考其他普通法地区判例。

以上六个方面在客观上保证了普通法的人权保障传统得以延续,在某些方面甚至得到了强化,也决定了基本法中的权利规范会得到普通法意义上的解读。

(四)权利解读的范围

《香港基本法》第三章详细规定了公民的基本权利。与一个国家宪法规定公民基本权利的类型相似,《香港基本法》对居民基本权利的规定具有概括性和原则性。这些权利的具体内涵、受保障的程度以及与国家权力及公共秩序之间的具体边界在《香港基本法》文本中并没有明确的界定,它必须以立法或行政的方法予以明确,以司法的方式检验其界限的合理性。《香港基本法》实施 19 年来,法院对其中的大部分权利都进行了解读,厘清了其中的界限。但同时,围绕法院的审查,争议一直未曾停止。

可以看出,19 年来特区法院的司法审查几乎涵盖了《香港基本法》所保障的所有居民基本权利。通过司法审查,特区法院厘清了各项基本权利的内涵与保障边界,既为公民提供了行为的边界,也为政府立法提供了指引。

在此过程中,普通法的精神得到了完全的贯彻。

四、司法审查的形成:普通法人权保障体制的确立

(一)法院应否行使审查权的争议

司法审查是普通法域下保障人权的基本方式,它由法院在具体案件的审判中审查相关立法的合宪性,从而防范立法权对公民权利的侵害。在香港回归之前,香港法院是否有司法审查权一直是一个有争议的问题。香港学者认为,在理论上,与英国的不成文宪法体制并不相同,香港拥有《英皇制诰》这一宪法性法律,因而是存在司法审查制度的。只是由于《英皇制诰》并没有设定对香港立法局立法的限制,因而事实上不存在审查实践。但这一情况在 1991 年后发生了根本改变。1991 年《英皇制诰》第 7 条修订和《人权法案》通过后,香港法院获得了制定法的依据,开始行使司法审查权。

《人权法案》不仅废除了与它相抵触的先前法例,而且被间接地引进《英皇制诰》,成为香港法院审查 1991 年 6 月 8 日以后通过的新条例的法理标准。这是因为为了配合《人权法案》的实施,《英皇制诰》第 7 条作出了修订,在 1991 年 6 月 8 日起生效。根据这项修订,香港立法机关不得在此日期后,制定任何限制人权的法律,如果有关限制与适用香港《公民权利和政治权利国际公约》的规定有所抵触(而此公约规定的人权保障标准与《人权法案》所采纳的是完全一样的)。因此,香港法院便可以根据《公民权利和政治权利国际公约》和《人权法案》规定的人权标准对立法机关立法进行审查。所以,香港学者普遍认为自 1991 年到 1997 年香港回归这段时间法院一直在行使司法审查权。①

香港回归后,《香港基本法》取代《英皇制诰》成为特区的宪制性法律。根据《香港基本法》第 11 条,香港特区实行的一切制度均以基本法为准,特区立法会制定的一切法律均不得同基本法相抵触。但是,基本法并未明确规定应由何种机制审查特区立法是否符合基本法(基本法只是规定全国人大常委会有权将侵犯中央权力或有违中央与特区关系条款的特区立法发回)。尤其是,《香港基本法》在第三章规定了香港居民的各项基本权利和自

① 参见陈弘毅:《公法与国际人权法的互动:香港特别行政区的个案》,载《中外法学》2011 年第 1 期。

由,但依何种方式保障公民的这些权利免受公权力的侵害,并未有明确的界定。回归后,特区法院在特区成立后的第一个宪制性案件——马维騉案中就面临临时立法会这一机构的设立是否违反基本法的问题。特区法院虽然否认自己具有审查全国人大组建临时立法会的决定是否符合基本法的权力,但亦强调自己有权审查全国人大是否存在组建临时立法会这一事实。这已经是在部分地行使司法审查权了。而在 1999 年的吴嘉玲案中终审法院更宣布其有权审查全国人大及其常委会的立法或决定是否有违基本法。这一权力在内地被学者称为"违基审查权"。

也正是终审法院的这一判决将特区法院的司法审查推上了风口浪尖。内地学者展开了对特区法院这一宣示的猛烈抨击。但香港特区社会似乎并未受到太大影响。虽然终审法院应特区政府的询问作了一个澄清,但澄清的内容也仅限于其是否有权审查全国人大常委会的决定,而并未放弃在特区范围内的司法审查权。在其后的 10 多年里,特区法院不再就中央立法是否符合基本法进行审查,但一直在行使对特区立法的审查权。在特区社会内部,无论是特区政府,还是香港特区社会,均没有对法院的这一权力提出质疑。

但在其后的 10 多年时间内,在特区法院究竟是否享有审查权的问题上,内地有学者一直质疑特区法院的这一权力,典型代表是董立坤教授。① 也有学者主张,在学界对特区法院究竟有无"违基审查权"的问题众说纷纭的 10 多年时间内,特区法院一直在行使这一权力,这已是一个客观事实,特区政府也对此持默许的态度。而特区社会,尤其是法律界,则持普遍赞成的立场。面对这一现实,重要的不是去争论法院是否应当具有"违基审查权",而是应探讨特区法院为什么会积极行使"违基审查权"并得到广泛认同,这同样离不开特区的普通法传统。②

(二)从"纠纷裁决者"到"人权保障者":司法审查体制下的法院角色

虽然在特区内部对于法院有无审查权并无太大的争议,但法院审查的范围和方式却引起了较大争议,法院也面临一些过度卷入政治争议的指责

---

① 参见董立坤、张淑钿:《香港特别行政区法院违反基本法审查权》,载《法学研究》2010 年第 3 期。

② 参见李树忠、姚国建:《香港特区法院的违基审查权》,载《法学研究》2012 年第 2 期。

中。早在香港回归之初,就有香港学者意识到,如何在新的宪制下寻找到自己准确的定位对于法院是一个挑战:在 1997 年过渡后,香港特区法院在香港法制以至政制中的功能将有增无减……1997 年后的香港特区法院将有宽阔的空间发展香港的法律……但法院面临的挑战是如何采取一种中庸之道,一方面,勇于坚持独立司法行使其法定的管辖权,借此维护法治和人权;另一方面,不采取过高的姿态,以避免法院角色的政治化。① 可以看出,在学者看来,法院的角色应更多定位于人权保障,而非政治纠纷的裁决,否则将有可能使自己染上过多的政治化色彩,不利于维护自身独立、公正的司法形象。

但是,特区成立后的一段时间内,法院却过分地陷入了立法与行政机关的抵制之中。香港回归初期,当地政治的一个突出问题是立法与行政的关系一直处于紧张之中。按基本法的规定,特区实行的是行政长官制,即行政主导体制。但立法会的部分议员在政党政治的影响下挟民意以自居,对行政长官的施政设置诸多障碍,而行政长官由于缺失政党背景,在立法会中无法形成固定的多数支持,无法有效应对立法会的牵制,从而引发了立法与行政机关的长期对峙。在对峙的过程中,有些议员确实在利用法院的"违基审查权"去对付行政机关。议员通过向法院提起诉讼的方式,利用司法审查去阻碍行政机关施政。如"公务员减薪案""公屋租金诉讼案""出售公司设施的领汇上市案""补选行政长官任期案"等都因法院的介入而导致行政机关施政不畅。有学者指责这些情况实际是法院的司法审查在破坏特区的行政主导体制。②

特区法院的司法审查之所以成为众多政治利益诉求者实现自身政治利益的手段,一方面是因为在普通法下有"政治问题司法化"的传统,香港特区亦不例外;另一方面也与特区民主体制尚不完善有关。香港在回归之前就存在一个"幼稚的民主与发达的法治相映成趣"的奇特景象,英国殖民者基于对自身利益的维护和对本地民主的忌惮,不愿发展当地的民主制度,但为维护居民对自身殖民的信心,将本土发达的法治移植过来,以补强其自身统

---

① See Albert H. Y. Chen, "Constitutional Adjudication in Post - 1997 Hong Kong", *Pacific Rim Law and Policy Journal*, pp. 627 - 682.

② 参见王宜:《司法复核成反对派争拗利器》,载《紫荆》2006 年 10 月。

治的正当性。[①] 香港回归以后,中央政府确定了基于香港"实际情况","循序渐进"发展民主的原则,因而在特区成立之初民主体制仍不完善,这使一些本应通过民主程序化解的纠纷进入了司法程序,而特区的法院在初期似乎也乐意承担裁决政治纠纷的功能。

但是,经过初期的震荡,学术界和实务界都在反思这一现象。有香港特区学者认为,法院过于积极地介入政治纷争,凸显了过分的"司法积极主义",使法院演变成为"政治纠纷的裁决者",不符合法院自身的宪制角色,因而提出要强调法院的司法谦抑主义。[②] 在实务界,立法会议员利用法院的违基审查来对行政机关施加掣肘达到自己目的的企图,已引起了司法机关的警觉。前任终审法院首席法官李国能在2006年法律年开启典礼上,发表了被视为"弦外之音"的致辞。他指出,法庭并非担任"决策者"的职能,不能就任何政治、经济及社会问题提供万应良方,必须由政府及立法机关透过政治过程解决。[③] 2011年1月10日香港特区终审法院新任首席法官马道立在2011法律年度开启典礼致辞中再次表示:法庭服务市民,并不是替他们解决政治、社会或经济问题。[④] 这表明,特区法院已开始意识到法院有必要在介入极具争议的政治性议题方面更为谨慎,应把更多的关注点放在人权保障方面。这符合普通法国家法院角色的普遍定位,也更符合香港居民对法院功能的普遍期待。

当然,"权利保障者"这一角色仍是一个极具解释空间的定位。正如后文所要涉及的,基本法虽然保留甚至强化了普通法下人权保障中的核心要素,但亦引入了中国法因素,并需要面对回归后香港特区不断变化和发展的社会、经济和政治情势。因此,法院需要妥善处理居民权利保障与国家安全、公共秩序等方面的关系,在二者之间寻求恰当的平衡。但在实践中,法院在某些案件如居港权系列案中,抽象化地理解权利,忽略权利保障背后复

---

① See Yash Ghai, "The Intersection of Chinese Law and the Common Law in the Hong Kong Special Administration Region: Question of Technique or Politics?" ,37 *Hong Kong L. J.* 363.

② 参见王书成:《司法谦抑主义与香港违宪审查权——以"一国两制"为中心》,载《政治与法律》2011年第5期。

③ 参见王宜:《司法复核成反对派争拗利器》,载《紫荆》2006年10月。

④ 资料来源 http://sc. isd. gov. hk/gb/www. info. gov. hk/gia/general/201101/10/P201101100200. htm,最后访问日期:2012年2月11日。

杂情势,造成权利保障与中央权威以及特区整体利益之间的紧张冲突。

五、文义解释或目的解释:普通法人权规范解释方法的运用

(一)权利规范的解释方法

最能体现回归前人权保障传统对基本法权利规范实施影响的是特区法院沿用回归前的目的解释方法。

香港特区法院对权利解释方法的关注在1991年《人权法案》生效前就开始了,这一阶段一个重要的案件是1991年的Attorney General v. Chiu Tai-cheong(律政司诉邱达昌一案)。上诉法院在该案中援引了一系列英国枢密院的判例,这些判例确认法院应以宽松的目的性的方法解释宪法中的权利规范。在这些判例中,尤其是Attorney General of the Gambia v. Jobe([1984] AC 689)最为重要,香港回归后,特区法院多次在案件中援引这一判例,强调权利保障的重要性。在该案中,英国枢密院引用了宪法解释中的合宪性推定规则(presumption of constitutionality),通过将某些保障人权的内容纳入法律中从而对法律作出符合宪法的规定。这一传统延续到1991年后。1991年香港上诉法院在R v. Sin Yau-Ming([1992] 1 HKCLR 127)中对人权法的解释作了权威性的论述。法院指出,在解释人权法案时,应采取一个"全新的法理立场",可参考范围广泛的国际法和比较法的资料。在判决中,法院还援引了Minister of Home Affairs v. Fisher一案,在该案中,英国枢密院强调,在解释宪法时,要注意有关宪法性文件的性质和背景,采用较宽松的解释方法,尽量保障宪法规定的权利和自由。

上述这些采用宽松目的解释方法形成的相关判例,直接影响回归后特区法院对基本法权利规范的解读。在回归后的第一个基本法案件马维騉案中,虽然陈兆恺为首的多数意见反对运用普通法解释基本法,但Mortimer法官仍主张可运用Jobe和Fisher案中运用的宽松目的解释方法来解释基本法。他指出:"近年来发展的普通法解释方法有足够的宽度和灵活性,可用以目的论地解释这份类似宪法的文件的清晰的文字。"在后来的张丽华和陈锦雅两案中,高等法院上诉庭的陈兆恺和Mortimer两位法官都引用了Fisher和Jobe两案,强调应对基本法中权利和自由条文给予"宽松及目的论的解释","即使我们未能发现有关条文背后的目的,我们仍须给予有关文字的清晰含义一种宽松的解释"。当然,高等法院的这些论述尚不能表明宽松的目

的解释成为整个特区法院的司法立场,终审法院在吴嘉玲案中对此的论述就具有足够的权威性。

1997 在马维騉案[①]中,高等法院首席法官陈兆恺就指出:"在我看来,基本法的目的十分明确,即保持我们的法律及其制度不变(与基本法相抵触的除外)。这些法律制度反映了我们社会的组织结构……除抵触基本法的规定外,原有法律及其制度必须得以延续。现行的制度在 1997 年 7 月 1 日当天就已是存在的了。这些一定是基本法的目的。"他强调了立法目的在基本法解释中的重要性,但并未将目的解释方法与普通法联系起来。在吴嘉玲案[②]中,终审法院指出,决定基本法解释方法有两个基础:一个是基本法的性质与地位;另一个是特区的普通法体制,而这就要求特区法院运用普通法方法解释基本法。终审法院认为:"《基本法》是为贯彻独一无二的'一国两制'原则而制定的宪法性文件,具有不可轻易修改的地位……解释《基本法》这样的宪法时,法院均会采用考虑立法目的这种取向。"可以看出,虽然法院强调要运用普通法方法解释基本法,但并未运用传统的文义方法,而是强调应以实现基本法目的的方式来解释,即采用了目的解释方法。原因在于:"宪法只陈述一般原则及表明目的,而不会流于讲究细节和界定词义,故必然有不详尽及含糊不清之处。在解决这些疑难时,法院必须根据宪法本身及宪法以外的其他有关资料确定宪法所宣示的原则及目的,并把这些原则和目的加以贯彻落实。"

那么,如何去发现和确定基本法的目的呢?终审法院指出:"法院必须避免采用只从字面上的意义,或从技术层面,或狭义的角度,或以生搬硬套的处理方式诠释文意。法院必须考虑文本的背景。"为此,法院可以借助于其他资料。"在确定文件的真实含义时,法院必须考虑文件的目的和有关条款,同时也须按文件的背景来考虑文本的字句,而文件的背景对解释宪法性文件尤为重要。"由于制定《香港基本法》是为了落实《中英联合声明》和"一国两制"方针政策,所以,"在确定《基本法》某项条款含义时,法院可考虑该条款的性质,或《基本法》的其他条款,或参照包括《联合声明》在内的其他有关外来资料"。这表明终审法院认为发现条款目的的途径有两个:(1)结构

① Hksar v. Ma Wai Kwan [1997] HKLJD 761.

② Ng Ka Ling v. Director of Immigration [1999]1 HKLJD 315.

主义方法,即借助于整个文本的结构及上下文之间的关系来把握条款的立法目的;(2)借助于外来资料的方法,即通过分析记载立法过程的文件以及其他体现立法目的的背景性文件分析条款规范的目的。

在后续的一些案件中,终审法院继续采用目的解释方法,如张丽华案和黎施雅案。但实质上,在这些案件中,法院是不加区分地强调对基本法应进行目的解释。而到庄丰源案①中,终审法院对解释方法作出了区分,在涉及居民权利案件时,继续采用目的解释,而在其他内容的解释上,则转向了文义解释。

目的解释在总体上是一种宽松的、有利于保障居民权利的解释。终审法院在梁国雄诉特别行政区案②中解释了为什么对居民权利条款应采目的和宽松的解释:"和平集会是一项基本的宪法权利。对基本权利的解释必须秉持宽松的目的解释。相应地,对任何限制公民基本权利的法案都必须坚持严格解释。也就是说,政府必须承担证明限制正当性的责任。任何一个法治社会中,法院必须在保障基本权利方面保持足够的警惕,而对任何施加于权利之上的限制予以严格的审查。"

(二)原则的择取

1. 平等保护立法采取了美国的双重标准原则

双重标准理论是美国联邦法院判断差别待遇立法是否构成歧视的基本标准,香港特区法院亦采用了此标准。终审法院在律政司诉丘旭龙一案中首先指出法律面前一律平等的保障并不是不可避免地要求严格的平等,法律上不同的对待也可以有合理的理由予以证成。在涉及基于种族、性别或性倾向为理由的区别对待时,法庭将对其进行严格审查以确定区别对待是否能够证成。Stock VP 指出:"责任的衡量将取决于差异的理由:在理由是由于个人诸如基于种族、性别、宗教或者坚持的政治观点侵犯某人尊重的概念的理由时,法院的审查应该特别地敏感,因为一旦接受,这样的理由将是少见的。另外,当理由不是基于考虑侵犯个人尊严的意见而是基于考虑到普遍公共利益时,根据立法机关或者其他决定做出者的裁量范围是更大的。"明显地,这是在借鉴美国的双重标准理论,但法院并未充分论证为什么

---

① Director of Immigration v. Chong Fung Yuen (FACV 26/2000).

② Leung Kwok Hung v. HKSAR(2005) 8 HKCFAR 229.

要采用区分理论。

2. 比例原则的适用

与中国《宪法》以第 51 条为公民权利限制提供一个总体性原则不同的是,《香港基本法》并没有规定对公民权利限制的总体原则,所以从文本的角度不能界定各项基本权利条款的保护范围。司法实践中,法官在个案中确定具体的规则,而对公民权利限制立法的审查则采取了德国的比例原则。

比例原则是一个从大陆法法系引入普通法系的概念,但各普通法地区对待这一原则的立法并不相同。如在早期,这一原则在英国法院遭遇了抵制,但在澳大利亚,比例原则从一开始就被用于测试议会立法的合宪性和授权立法有效性的。20 世纪 90 年代后期,这一原则在英国也逐渐得到运用。后来,比例原则在人权法领域的适用在大多数的司法管辖区内被接受,以用来保护人权和基本自由免受立法和行政对其的侵害。[①]

1991 年《人权法案》生效后,香港就已经开始适用比例原则了。1995 年的《明报》案[②]是回归前适用比例原则的代表性案例。在政府组织的土地拍卖中,廉政公署得到举报称地产商串通压低地价。廉政公署发现《明报》两个记者参加了拍卖全过程,向其了解情况,并告知其根据香港特区《反贪污条例》不得透露谈话内容,否则构成刑事犯罪。但记者将此调查事件告诉了总编,第二天《明报》曝出廉政公署正在调查地产拍卖是否存在违法现象。廉政公署认为记者违法,交律政司提起公诉,被告以言论自由抗辩。本案的实质问题是香港特区《反贪污条例》第 20 条是否构成对言论自由的限制,这个限制是否合理。案件最终上诉到英国枢密院,枢密院认为,香港特区《人权条例》中大部分权利都是相对的权利,可以加以限制,但限制本身要受到反限制,即限制要符合一定的比例。

特区成立后,梁国雄案是一个由终审法院适用比例原则和法律确定性概念的显著例子。公共秩序条例要求示威游行的组织者在游行之前通知警察,授权警察可以以维护公共秩序等理由禁止示威游行。该案中 3 个被告由于组织了一个没有被授权允许的游行,而被控告并且被判有罪。终审法院

---

① See Sir Anthony Mason, "The Place of Comparative Law in Developing the Jurisprudence on the Rule of Law and Human Rights in Hong Kong", 37 *Hong Kong L. J.* 299.

② Ming Pao Newspapers Ltd. v. Attorney-General [1996] AC 907.

指出,应适用比例原则判断公共秩序条例是否符合基本法,并详细分析了适用比例原则的原因。根据比例原则:(1)限制集会权利的法律必须合理地与一个或多个合法目的相关,其目的在香港特区是合宪的;(2)处于争议中用以损害和平集会权利的手段必须仅是对于实现法律目的而言必要的。

另一个适用比例原则的代表性案件是国旗案。本案中,被告认为香港特区《国旗条例》和《区旗条例》关于毁损国旗的行为构成犯罪违反了基本法上的表达自由。时任首席大法官李国能撰写的判词指出:"在考虑该限制是否有充分理据支持之前,首先必须研究该限制的范围,因为在考虑是否有理可据这个问题时,必须了解须要充分理据支持的到底是什么,特别是须要充分理据支持的究竟是一个广泛的限制,这是一个有限度的限制。"

六、中国法与国际法:普通法人权保障的新视角

从特区法院的司法审查实践来看,虽然法院一直在强调以《香港基本法》《人权法案》和香港特区的判例为依据进行居民基本权利的保障,但不可忽视的一个事实是,《香港基本法》只是主权国家下一个实行高度自治的地方性的宪制性法律,它对本地居民权利的保障必然会带有"地方性"的特征。与传统国家对公民基本权利保障不同的是,法院不仅要面对特区范围内公民与公权力以及公共秩序之间关系的考量,还要面对中央政府的关系。此外,国际因素的考量也是法院看重的。所以,司法对基本权利的界定是一种多维度综合考量下的结果。下文将分析中国法因素与国际因素对特区人权保障的影响。

(一)中国法视域下的特区人权保障

香港特区有学者将基本法视为普通法与中国法的结晶。① 有法官也指出,基本法是"以一部全国性法律的身份,构成了一个普通法制度与更大的中国宪法体系的结合"。② 所以,基本法在构建香港居民基本权利保障制度时不得不受到中国宪法对基本权利规定的影响。事实上,基本法在权利体

---

① See Leung Mei-fun, *The Hong Kong Basic Law Hybrid of Common Law and Chinese Law*, HongKong, LexisNexis, 2006.

② 参见香港特区终身法院兼职法官 Anthony Mason 爵士在刘港榕诉入境事务处处长案中的判词。

系的构建以及权利规范的表达形式上与中国宪法有明显的相似之处,[①]如人身自由、通信自由的规定。在权利体系上,二者也有类似之处,即从平等权开始,顺次按政治权利、人身自由、经济文化权利规定。另外,在财产权的规定上,《香港基本法》与中国《宪法》一样,财产权并未规定在"基本权利"一章,而是规定在"总则"一章。这表明,如同中国宪法中对财产权定性一样,基本法也是将财产权视为整个宪制的基础。[②] 但是,由于中国宪法上的权利规范并未真正进入诉讼领域,应如何对公民权利进行解读并不清楚,因而不能从司法实践中就特区法院保护居民权利在多大程度上受宪法权利规范的影响作出评估。此外,无论是宪法上公民的基本权利,还是基本法上居民的基本权利,都是人(公民或居民)与公权力间的关系。香港特区是中国主权国家下的地方单位,居民权利的行使必然与中央政府对国家主权的维护以及中央政府的权力发生必然的联系。问题是,虽然存在规范上的相似性,但在权利理念上,特区长期受普通法人权理念的影响,与内地存在明显差距,这就决定了法院在界定各项权利的具体内涵与边界时需要在中央权威与普通法人权保障理念之间寻求恰当的平衡。综合看来,以下有关中央权威的三个因素影响特区法院对居民基本权利的解读。

1. 权利保障与国家安全

国家安全是保障国家正常状态的必备要素。我国刑法对维护国家安全规定了详细的犯罪情况,但刑法并不在特区实施。《香港基本法》第 23 条规定特区政府应自行立法禁止危害国家安全的行为。这是作为一个地方单位对国家安全应承担的基本义务。但是,2003 年特区政府推出 23 条立法草案时被香港反对势力借保障人权为由加以阻挠并最终迫使特区政府撤回草案。

但是,在一些个案中,法官们在价值上还是认同国家安全可以成为限制居民权利的一个正当性依据。如在民主党诉律政司一案中,Hartmann 法官

---

① 中国《宪法》和《香港基本法》都采取授权式规定,即"公民(居民)有……权利或自由",这与《人权法案》的表达方式不一样。

② 中国《宪法》第 13 条公民私有财产权的规定是在宪法经济制度这一大的框架中紧接着第 12 条公有财产的规定,表明对私人财产的保护是我国经济制度的一部分,而非从保护私人权利的角度切入的。当然宪法于 2004 年修改时虽然未能将私人财产保护的规定纳入第二章"公民基本权利"部分,但措辞上的修改已表明私人财产权更具公民基本权利的属性了。

指出,《香港基本法》和香港特区《人权法案》保障下的结社自由并不是一个绝对的权利,其必须服从法律规定的限制,服从民主社会中国家安全或公共安全、公共秩序、保护公共健康或道德或保护他人的权利自由的利益必要的限制。另外,在梁国雄一案中,法官也强调警察基于国家安全、公共安全和公共秩序对公民的集会自由进行限制,其中"国家安全"是指"保卫中华人民共和国的领土完整及独立自主"。①

2. 权利保障与中央政府权力

一般而言,基本法中居民权利规范只是特区居民针对特区政府而言而享有的权利,并不涉及中央权力。这一点在前文已有论述。但在某些特定情况下,中央政府的权力也会涉及特区居民权利的保障。主要表现在以下几个方面:第一,全国人大常委会的解释对特区法院具有约束力。由于全国人大常委会解释不仅涉及中央与特区关系条款,也会涉及自治范围内的条款,即包括基本权利条款。一旦全国人大常委会对此作出解释,必将对特区居民权利产生影响。第二,在居留权上,由于内地存在数量庞大的符合香港永久性居民身份的人士,按基本法这些人享有香港的居留权。问题在于:内地有出入境管理制度,这些人是否可不经中央政府的许可自由出境进入香港特区获得居留权?这就是吴嘉玲案所涉问题。第三,根据《香港基本法》第 24 条的规定,获取香港永久性居民资格的类型中多数是以中国公民身份为前提的。在中国内地范围以外有数量庞大的具有中国血统的华人,这些人中的部分人是否仍具有中国公民身份在法律上不明确。一旦这些人主张香港永久性居民身份,首先需要确认他们的中国公民身份,而这一点显然是中央政府的权力范围。实践中已经发生过相关的案例。

3. 权利保障与中央立法在特区的效力

《香港基本法》附件三列举了在特区实施的全国性法律。这些法律主要是有关国家主权、领土方面,以及有关国家统一象征方面的。这些法律代表了国家的整体利益。按照基本法的规定,应由当地公布或立法实施。在实践中,为保障某些法律在特区的效力,特区立法机关制定相应的实施立法。在执行这些实施性立法时,就有可能与基本法所保障的居民基本权利发生冲突。司法机关的职责即如何在国家整体利益保护和居民权利之间寻找恰

① P Y Lo, *The Hong Kong Basic Law*, LexisNexis, 2011, p. 195.

当的平衡点。

国旗案清楚地表达了这一点。关于毁损国旗构成犯罪的法律是否侵犯公民的表达自由在世界各国并无一致的观点。在美国司法实践中,法官们的立场也是分裂的。在国旗案中,法官们遇到的问题有以下几个:《国旗法》是《香港基本法》附件三明确规定在特区实施的全国性法律,且该法律本身已经将毁损国旗的严重行为定性为犯罪了;作为落实国旗法在特区实施的特区法律《国旗条例》,如果定罪化的条款被确定为违反人权法案和基本法,则使基本法的效力以及国旗法的效力都受到消解。所以,终审法院的法官们主要参考了国外那些支持定罪化的判例,判定特区立法没有违反基本法。对此,有学者就指出,终审法院实际上有意忽略了那些否定定罪化的判决。

(二)国际法视域下的人权保障

香港特区的人权保障制度深受当代国际人权保障制度的影响。首先,如前所述,1991 年《人权法案》即为落实《公民权利和政治权利国际公约》而制定的。其次,香港是普通法区域,作为一种判例法,普通法下的法官一般乐于广泛借鉴其他法官的判例。再次,除《香港基本法》第 39 条所指条约外,香港还是 15 个主要国际人权公约的成员单位,其中,要就 11 个条约的落实情况向相关的公约监察机构提交报告。香港大学陈弘毅教授称,香港特区的人权保障与国际人权法存在明显的互动与汇流现象,而具体方式是"立法模式"与"解释模式"的汇合,即一方面通过立法将国际人权公约的内容转化为域内立法,另一方面通过法院的解释将《人权法案》所蕴含的精神贯彻到基本法权利规范的解释中。[①]

陈弘毅教授将特区法院能够做到这一点的条件概括为以下几个方面:(1)法官的选任。基本法规定回归后特区的司法制度保持不变,因而,受过普通法训练的法官队伍保持下来。根据基本法,香港特区可以邀请其他普通法地区的法官参加审判。(2)作为一个只拥有 20 年司法审查历史的地区,其判例积累本身是有限的,有时不得不参照其他地区的判例。(3)世界各地的普通法虽有地方性差异,但都源于英国的普通法,基本理念及规则体系是相同的,因而存在借鉴的可能性。(4)虽然在主权回归后香港特区与英

---

① 参见陈弘毅:《公法与国际人权法的互动:香港特别行政区的个案》,载《中外法学》2011 年第 1 期。

国的政治关联性已终结,但法理上的联系并未完全断结,法官们仍不时借鉴。尤其是,1998 年英国为落实《欧洲人权公约》而制定了《1998 年权利法案》,有学者指出,《欧洲人权公约》和《公民权利和政治权利国际公约》颇为接近。所以,香港特区法官乐于参考英国法官有关《1998 年人权法案》的判决。(5)香港特区不是一个主权国家,仅是主权国家下一个相对独立的司法管辖区域,因而没有那么多可能损害主权的顾忌。

可以看出,虽然特区法院参照了很多的其他普通法区域的判例,但也参照了一些非普通法地区的判例,尤其是欧洲人权法院的判决。无论是普通法地区的判例,还是非普通法地区的判例,都丰富了特区的人权保障理念和实践,也是特区普通法人权保障理念的新发展,直接影响了基本法权利规范的诠释。

同时,香港特区法院的一些判例也受到其他司法辖区法官的关注。一些普通法地区的观点也开始援引香港特区终审法院的判例,这也是特区法院司法判决得到国际认可的标志。

澳门特别行政区行政主导制的检讨与再论

——基于政权组织形式的诠释

祝　捷*

澳门特别行政区(以下简称澳门特区)的政治体制是学界研究特别行政区制度和澳门特区问题的核心问题之一。学界在政策话语的引导下,已经达成了基本共识,即澳门特区的政治体制,是以行政长官为核心的"行政主导制"。[①] 本文虽赞同"行政主导制"的提法,但认为依循权力构成背后的政治逻辑解读澳门特区基本法,并从澳门特区制度之实践面向考察,传统有关"行政主导制"的观点稍显不足,需要检讨并同时澄清澳门特区行政主导制之意涵。为此,本文用更加具体的"政权组织形式",取代失之过宽的"政治体制",构建分析特别行政区权力配置与运行的理论框架,从而对"行政主导制"进行符合澳门特区特色的新诠释。

一、传统"行政主导制"研究之再思

对于"行政主导制"的概括对象,多数学者认为,

---

* 武汉大学法学院副教授、博士研究生导师,武汉大学"珞珈青年学者",法学博士。

① 参见张德瑞:《澳门基本法导论》,知识产权出版社2011年版,第152页。

"行政主导制"概括的是澳门特区的"政治体制",政策话语亦有"澳门特别行政区实行以行政为主导的政治体制"的提法。① 也有学者认为,行政主导制所概括的是特别行政区的"政府体制",简称"政体"。② 本文认为,"政治体制"在描述一国或地区的权力构成方面有很强的概括力,但未免失之过宽:政治体制除了可以统摄类似于行政主导制、三权分立等描述静态权力构成的概念外,还可以统摄如决策机制、精英选拔机制等描述动态权力运行的概念,甚至能够容纳诸如意识形态、多党制、社会管理体制等已经超出政府权力的概念。而政体在宪法学上一般又指对于一国或地区宏观上的政权架构,偏重于权力的组织过程和基本形态。③ 考虑到行政主导制描述的主要是行政与立法之间的相互关系,着重于说明特别行政区高度自治权的实现机关及其之间的关系,因而本文使用更加偏重于微观的、具体的政权构架的"政权组织形式"概念。

梳理当前论述行政主导制的文献,学界对于行政主导制的研究集中于三个方面。第一,关于行政主导制的内涵。萧蔚云的观点居于通说地位,即行政主导,是指在行政与立法的关系中,行政长官的法律地位要高,行政长官的职权广泛而且要大,在政治体制中有较大的决策权,行政长官在特别行政区的政治生活中起主要作用。④ 第二,关于行政长官在行政主导制中的地位与作用。多数学者认为,行政主导制集中体现为行政长官的主导地位,行政主导制又可以被称为"行政长官制"。⑤ 第三,关于行政主导制下行政与立法的关系。多数学者认为,行政主导是相对于立法主导所提出的概念,⑥行政主导制所描述的实际上是立法与行政的关系,其特征就是行政对于立法

① 参见吴邦国:《在纪念中华人民共和国澳门特别行政区基本法实施十周年座谈会上的讲话》,载杨允中主编:《中华人民共和国澳门特别行政区宪政法律文献汇编》,澳门理工学院一国两制研究中心 2010 年版,第 242 页。

② 参见胡锦光、朱世海:《三权分立抑或行政主导制——论香港特别行政区政体的特征》,载《河南省政法管理干部学院学报》2010 年第 2 期。

③ 参见周叶中主编:《宪法》(第 3 版),高等教育出版社 2011 年版,第 209 页。

④ 萧蔚云:《略论实施澳门特别行政区基本法的主要经验》,载萧蔚云主编:《依法治澳与特区发展》,澳门法务局 2004 年版,第 18 页。

⑤ 萧蔚云:《行政长官制是单一制下新的澳门特别行政区地方政权形式》,载骆伟建等主编:《澳门人文社会科学研究文选》(基本法卷),社会科学文献出版社 2009 年版,第 222 页。

⑥ 参见王振民:《一国两制与澳门基本法》,澳门特别行政区立法会 2008 年版,第 20 页。

的优位性。

不可否认,行政主导制已经构成从学理上联结行政长官、特别行政区政府和立法会的关键范畴,在实践中也为维护和强化特别行政区行政长官的权威起到了推动和保障的作用,对行政主导制的论述也已形成固定且获广泛共识的结构与话语,但有关行政主导制的观点绝非已臻完备。事实上,由政策话语奠定的、为多数学者所论证和认同的传统观点,因其对行政主导制概念定位的缺憾,以及对澳门特区政治之历史与现实的关照不足,而在描述澳门特区政权组织形式上有所不足。

首先,行政主导是世界范围内权力配置的发展趋势,任何政权组织形式都呈现出行政主导的特点,传统的"行政主导制"观点仅强调行政权具有主导地位和对立法的优位性,并不足以突出澳门特区政权组织形式的特点。早有学者指出,行政主导制既可以理解为一种政治体制,也可以理解为一种政治现象。① 由于权力关系在运行中更加偏向行政、社会的变迁导致政府功能加强、立法机关结构性不足等原因,②行政权对于立法权的优位性已经成为第二次世界大战后世界各国权力配置的普遍现象,行政权的扩张便成为一种世界性趋势。③ 即便传统以"议会至上"为特征的英国,"议会主权"也受到来自首相及政府的极大挑战,首相凭借对政党和议会议题的控制,成为英国政治的核心。在其他本来就以行政为核心的国家和地区,行政权更加呈现出主导的态势。基于比较法的结论,各种政权组织形式在现代政治生态中都有行政主导的特征,传统"行政主导制"的观点固然可以描述澳门特区行政对于立法优位地位的现象,但如若用以概括澳门特区的政权组织形式则缺乏精准性,不足以体现出澳门特区政权组织形式的特点。

其次,行政主导制并不是与三权分立相对的概念,传统观点却将行政主导制与三权分立对立起来,因而并不准确。考察基本法的历史,行政主导制毋宁是为因应三权分立而提出的概念。起草《香港特别行政区基本法》之初,起草委员会政治体制专题小组曾提出"原则上采用'三权分立'的模式,

---

① 参见宋小庄、何曼盈:《"一国两制"澳门模式下的行政立法关系》,载《一国两制研究》(澳门)第7期。

② 参见骆伟建:《论行政主导的权力设定、结构设计及其他》,载骆伟建等主编:《澳门人文社会科学研究文选》(基本法卷),社会科学文献出版社2009年版,第234页。

③ 参见周叶中主编:《宪法》(第3版),高等教育出版社2011年版,第61页。

使行政机关和立法机关既互相制衡又互相配合”的意见,[①]但是,邓小平随即提出特别行政区不搞三权分立的政治决断。[②] 在这一背景下,行政主导制被赋予了对抗“三权分立”的功能,对于行政主导制的强调多伴随着对三权分立的否定。[③] 亦有学者注意到行政主导和三权分立之间的非对抗性。如胡锦光提出,三权分立是相对民主集中而言,行政主导是相对立法主导而言,全面概括特别行政区政治体制的特征,应是三权分立基础上的行政主导制。[④] 这一试图调和两者关系的观点虽遭到主流观点的质疑,但毕竟注意到行政主导制与三权分立在特别行政区的论域内并非格格不入。在学理上,三权分立是指权力划分为立法、行政和司法三种,互相牵制、互相制约,并不包含何种权力居于优越地位的意涵。由此可见,三权分立实际上是一种权力配置的学说,而行政主导是对权力分立后彼此间相互关系的一种描述,两者并非处在一个说理层面上。

再次,与学理上注重用行政主导制描述行政与立法的关系不同,政策话语的行政主导制还具有诠释中央与特别行政区关系的作用,而不独为描述特别行政区政权组织形式的概念。原全国人大常委会澳门基本法委员会副主任李成俊曾提出,澳门特区政府的权限来自中央政府,特区政府代行中央政府的管治权,因此澳门特区采用行政主导的模式,澳门特区政府运用中央政府授予的权力,符合基本法的规定和核心精神。[⑤] 原国务院港澳办副主任陈佐洱也曾提出:“特区政治体制必须以行政为主导……只有行政主导的政治体制,才能做到《基本法》规定的行政长官对中央负责,无论是立法主导还是三权分立的制度,都无法做到这一点。”[⑥]由此可见,行政主导制实际上是

---

① 参见许昌:《为什么不宜用“三权分立”来概括香港特区政治体制的模式特征》,载《基本法研究》(澳门)2013 年第 4 期。

② 参见《邓小平文选》(第 3 卷),人民出版社 1993 年版,第 220 页。

③ 行政主导制与“三权分立”的对抗性,无论是政策话语还是理论话语上都有所体现。政策话语的典型代表,参见张晓明:《为什么说澳门不是实行“三权分立”的政治体制》,载《一国两制研究》(澳门)2010 年第 10 期;理论话语的典型代表,参见许昌:《为什么不宜用“三权分立”来概括香港特区政治体制的模式特征》,载《基本法研究》(澳门)2013 年第 4 期。

④ 参见胡锦光、朱世海:《三权分立抑或行政主导制——论香港特别行政区政体的特征》,载《河南省政法管理干部学院学报》2010 年第 2 期。

⑤ 参见李成俊:《相信澳门会更好推进“一国两制”事业发展》,载中国新闻网:http://www.chinanews. com/ga/ga-gaynd/news/2009/12 - 24/2036147. shtml,最后访问日期:2013 年 3 月 21 日。

⑥ 冷铁勋:《论澳门政制发展中的行政主导保障》,载《一国两制研究》(澳门)2012 年第 13 期。

中央透过行政长官治理特别行政区的一项制度保障。通过权力相对集中的行政机关治理,在效果上的确比通过立法机关或多机关治理更佳,对此,澳门宪制史上不乏其例。1783 年葡萄牙女王玛利亚一世颁行的《王室制诰》,赋予澳门总督"一切必要权力",并使之超越原本体现澳门"社群共治"特征的议事会,全面介入澳门的一切事务,代表葡萄牙中央政府对澳门行使"管辖"。[①] 此一历史事件实为澳门"行政主导制"之滥觞。澳门当前的行政主导制亦延续传统,有着方便中央政府管制澳门的意涵在内。由此,行政主导制并非仅具有描述特别行政区政权组织形式的功能,还是理解中央与特别行政区关系的重要范畴。

最后,对特别行政区行政主导制的论述,有着"港澳同质化"的倾向,而两地政治生态有同有异,不宜混淆。目前,对特别行政区的研究仍以香港特区为主,行政主导制的内涵、行政长官的地位、行政与立法的关系等研究议题都首先并主要在香港问题的论域内获得讨论,政策话语中描述香港行政主导制的提法也被直接迁移至研究澳门特区的行政主导制。因此,对香港特区行政主导制的结论也被运用于解读澳门特区的行政主导制,造成"港澳同质化"的研究倾向。不可否认,对香港特区行政主导制的研究不论在深度还是广度上都强于对澳门特区行政主导制的研究,但这只能说明在对香港特区行政主导制研究中所使用的研究方法、分析对象和论证逻辑可以为研究澳门特区行政主导制所借鉴,而并非意味着两者有着共同的结论。港澳行政主导制在起源、设计思想、基本法的规定乃至于政治实践上虽有相同之处,但相异之处更多,两者并不能一概而论。如香港特区由于立法会直选议席比例较高以及反对派政党的存在,因而行政主导更多的是表面性的而不是实质性的;澳门特区基于行政长官委任议员制度、爱国爱澳社团对澳门特区社会的整合力度较强等原因,则难以产生类似于香港特区的现象。[②]

传统"行政主导制"观点在描述澳门特区的政权组织形式上有所不足,因而必须重新审视澳门基本法以及澳门特区政治实践中行政与立法、政府

---

① 参见何志辉:《从殖民宪制到高度自治——澳门二百年来宪制演进述评》,澳门理工学院"一国两制"研究中心 2009 年版,第 8 页。

② 参见鄞益奋:《澳门宪政体制中的立法行政关系》,载《一国两制研究》(澳门)2010 年第 3 期。

与社会的关系,对于澳门特区的行政主导制,从更加符合澳门特区特色、宪法学、政治学知识谱系的方面加以新诠释。

二、澳门特区政权组织形式:立基于行政长官的观察

行政长官是澳门特区政治体制的核心。依《澳门特别行政区基本法》(以下简称《澳门基本法》)第 47 条,行政长官由澳门特区本地通过选举或协商产生,由中央人民政府任命,因此,行政长官的正当性基础主要由本地民选的正当性和中央任命的正当性构成。这一二元正当性来源体现了"一国两制"的精神,是澳门特区行政主导制作为中国地方政权组织形式的表现之一。

值得讨论的是行政长官的双首长身份,以及行政长官基于政府首长身份与立法会的关系。根据《澳门基本法》第 47 条和第 50 条的规定,行政长官不仅是特别行政区的首长,代表特别行政区,而且是特别行政区政府的首长,领导特别行政区政府。[①] 依《澳门基本法》第 50 条和第 15 条,澳门特区政府由行政长官提名并经中央批准后任命,因而行政长官所具有的本土民选正当性得传递至特区政府,而经中央的批准行为,特区政府具有了直接的中央任命正当性。据此,澳门特区行政长官和特区政府的正当性与立法会并无关联,反而由于部分立法会议员由行政长官委任,而导致立法会的部分正当性来自于行政长官。基本法却设置了两种类似于议会内阁制的制度,即第 65 条规定的特区政府对立法会负责制度,以及第 52 条和第 54 条规定的不信任投票制度。这两项制度使行政长官和特区政府需获得立法机关之足够信任方可施政。复考察澳门宪制史上澳门总督与立法会的关系,从 1783 年《王室制诰》到经 1996 年第三次修订后的《澳门组织章程》,澳门总督的施政至少在法理上从来不需征得立法会的信任,亦不需向立法会负责。[②]

三、澳门特区行政主导制观察面向:澳门特区的政治实践

不同的政治实践,对于相对固定之政权组织形式有着改造作用。从政

---

① 参见张晓明:《为什么说澳门不是实行"三权分立"的政治体制》,载《一国两制研究》(澳门)2010 年第 10 期。

② 参见何志辉:《从殖民宪制到高度自治——澳门二百年来宪制演进述评》,澳门理工学院"一国两制"研究中心 2009 年版,第 8 页、第 126 页。

权组织形式的角度,考察澳门特区的行政主导制因而理应与澳门特区的政治实践相结合。事实上,在研究香港特区行政主导制的问题时,已有学者将香港政治实践作为考量因素之一,[①]但在研究澳门特区行政主导制时,此类研究尚付阙如。本文将澳门特区的政治实践作为观察澳门特区行政主导制的面向之二,试图揭示澳门特区行政主导制在实践面向的特点。

吴邦国提出:"(澳门)依法实行行政主导制,正确处理行政、立法和司法三者的关系,自觉维护行政长官的权威,全力支持行政长官的工作,行政、立法、司法机关恪守定位、各司其职、各负其责,实施良好管治,共同推动澳门各项事业向前发展。"[②]从回归以来的实践表明,澳门特区行政与立法比较平稳和良好的关系印证了上述观点。这并不意味着澳门特区行政与立法的关系达致行政主导制所期望的状态。由于立法会在行政长官面前的相对弱势,以及澳门特区并不成熟的议会政治,导致立法会对行政长官和特区的监督和制约作用比较有限,以至于行政主导制在实践中有了"行政威权"的特点。

(一)行政长官对立法会立法权的架空

行政长官通过制定行政法规的权力在一定程度上架空了立法会的立法权。《澳门基本法》第50条规定,行政长官得制定并执行行政法规。与殖民地时代澳门特区总督与立法会分享立法权的"双轨立法制"相比,[③]立法会获得比较完整之立法权,行政长官之立法权已经降阶为次一级的立法权。但基本法并未明确规定法律与行政法规之间的关系,在实践中曾产生争议。

在澳门特区《禁止非法工作章程》(第17/2004号行政法规)系列案、《地方公共总章程》(第28/2004号行政法规)案和《保安部队军事化人员通则》(第9/2004号行政法规修订)案中,澳门特区中级法院曾以未经法律授权为由,否定上述行政法规之效力,试图将行政立法权纳入立法会之立法权的框

---

① 参见朱世海:《论香港的政党演进与政治发展的关系》,载《中央社会主义学院学报》2010年第3期。

② 吴邦国:《在纪念中华人民共和国澳门特别行政区基本法实施十周年座谈会上的讲话》,载杨允中主编:《中华人民共和国澳门特别行政区宪政法律文献汇编》,澳门理工学院"一国两制"研究中心2010年版,第242页。

③ 参见何志辉:《从殖民宪制到高度自治——澳门二百年来宪制演进述评》,澳门理工学院"一国两制"研究中心2009年版,第137页。

架下,做实法律对行政法规的优位性。但这些判决都未获得澳门特区终审法院的支持。后者认为,行政长官可以在基本法规定的法律保留事项范围之外和不违反法律优先原则的情况下,仅以基本法为依据制定行政法规,包括没有任何法律(除基本法外)具体授权的独立行政法规。①

2007 年和 2008 年,立法会在特区政府的提议下,通过《关于法律与行政法规的规定》和《关于订定内部规范的法律制度》二法,用法律形式明确了立法会和行政长官的立法权限划分。此二法尽管明确了法律对于行政法规之优位性,但保留五个如“制定与执行政策”“管理各项公共事务的制度和办法”“公共部门的设立、调整和撤销”“行政违法行为和有关处罚”等范围极广的事项,允许行政长官“作出独立规定”,从而使行政长官可以凭借行政立法权在一定程度上架空立法会的立法权。

(二)立法会监督权能的空转

除立法权外,立法机关传统的重大决策、预算监督、质询等制约行政权的手段,在澳门特区立法会也未充分发挥作用。曾担任澳门特区立法会主席的曹其真曾言:“政府在很多重大事项的决策上并没有与立法会进行充分的沟通与协商,在某些方面甚至连事先的知会和通报都没有做到,很多重大政策的制定和出台,只是到政府向传媒和社会公开后,立法会才了解内情和政府的动向”。② 此种行政对立法的不尊重,以及立法在监督重大决策上的无力,在世界范围内都是罕见的。

在预算监督方面,澳门特区仍沿用制定于殖民地时期的《财政预算纲要法》,殖民地时期有利于总督操纵预算的制度,如政府在预算执行过程中可不经立法会许可直接修正预算等继续有效。因此,政府预算虽需由立法会审议通过,但政府却可通过修正预算之方式绕开立法会的监督,导致预算监督这一制约政府最为直接和有效的手段沦于空转,立法会在某种程度上无力对政府财政的运用进行有效的监督制约。③ 由于追加预算中的监督缺失,

---

① 参见常浒:《澳门特别行政区行政法规制定权限争议及其解决》,载《一国两制研究》(澳门)第 6 期。

② 曹其真:《立法会主席十年工作情况的总结报告》,第 13 页,载澳门特别行政区立法会网:http://www.al.gov.mo/download/Balanco-c.pdf,最后访问日期:2013 年 3 月 24 日。

③ 参见曹其真:《立法会主席十年工作情况的总结报告》,第 16 页,载澳门特别行政区立法会网:http://www.al.gov.mo/download/Balanco-c.pdf,最后访问日期:2013 年 3 月 24 日。

导致2006年欧文龙贪腐案,严重影响了澳门特区政府的形象和公信力。[①]此外,立法会对特区政府的质询也未获得重视。特区政府对立法会的质询,常常采取消极应对的态度,导致出现拖延推诿、避重就轻的现象,有些议员的质询得不到回复,有些回复采取形式主义的态度。[②]

(三)委任议员对行政长官的扈从

澳门特区立法会的产生采取直接选举、间接选举和行政长官委任相结合的方式。第四届立法会三种方式分别产生12名、10名和7名议员。可见,立法会中间接选举和行政长官委任的议员总数多于直接选举的议员数,因而导致立法会所代表的直接民意并不充足,对于行政长官的监督与制约也显得难堪其任。行政长官可以凭借间接选举和委任的议员,对立法会施加影响。

如在2008年有关公共汽车服务加价的争论中,由关翠杏和吴国昌两位议员提出的质疑政府加价过高辩论和提请政府应不予批准加价辩论两项动议,均因与特区政府政策有所冲突而遭立法会否决,其中委任议员全部投反对票,而直选议员则全部投赞成票或弃权票。[③] 由于委任议员与特区政府的意见保持高度一致,导致立法会对特区政府的监督经常无法奏效。一些立法会议员对此现象也表达过遗憾,并对立法会未能有效监督政府以满足澳门市民的诉求提出批评意见。[④]

(四)澳门特区社团对行政长官的普遍支持

澳门特区并未形成成熟的政党政治,各类社团充当着民众向政府表达民情的角色。新中国成立伊始,澳门特区就存在一批受进步思想影响的社团,这些社团以"支持新中国""抵御外侮""互助团结"为共同目标,在澳门社会有较大的影响力。[⑤] 1966年发生的"一二·三事件",是澳门社团发展的一个重要节点。自此以后,澳门的"亲台"社团被逐出澳门,受内地影响较

---

① 参见宋小庄、何曼盈:《"一国两制"澳门模式下的行政立法关系》,载《一国两制研究》(澳门)第7期。

② 曹其真:《立法会主席十年工作情况的总结报告》,第17页,载澳门特别行政区立法会网:http://www.al.gov.mo/download/Balanco-c.pdf,最后访问日期:2013年3月24日。

③ 《澳门特别行政区立法会会刊》第III-109期,第19~20页。

④ 同上书,第20页。

⑤ 参见伍成昌:《澳门的政党政治和民主发展的局限》,载余振、林媛主编:《澳门人文社会科学研究文选》(政治卷),社会科学文献出版社2010年版,第98页。

大的社团成为华人社团的主流,澳门的华人社团也从此开始稳定地接受内地的影响。1999 年澳门回归后,澳门特区社团基本保持了原有的格局,并未出现大的变动。澳门特区首届立法会的 7 名委任议员全部来自社团,[①]一方面体现出澳门特区社团对澳门特区政治的巨大影响,另一方面也体现出澳门特区社团与行政长官的密切合作关系。

由于爱国爱澳社团占据澳门特区社团的主流,因而澳门特区社团对行政主导制和行政长官施政亦呈现出普遍性支持的态度。在澳门宪制史上,澳门华人社团对澳门行政当局有着较大的支持力度,而澳门土生葡人社团基于民主诉求,常常站在行政当局的对立面上。1984 年,土生葡人社团试图挑战澳门总督的立法权,导致澳督在澳门华人社团支持下提请解散立法会的极端事件发生。[②] 回归后,澳门华人社团逐渐成为澳门特区社团政治的核心,普遍性支持行政当局的宪制传统亦转移至对行政长官和特区政府的支持上来。因此,即便是澳门特区直接选举产生的立法会议员,也大多与特区政府持支持和合作的态度,较少出现类似于香港特区立法会较多反对行政长官和特区政府的现象。尽管澳门也有声称"坚定的反对党"的社团,但未获得澳门民众的普遍认同。[③] 由于澳门特区社团政治的特点,导致了澳门特区难以出现类似香港特区的行政长官与立法会的双元政治格局,行政长官在社团的普遍支持下,得以累积和保持单一的权威性,并未出现"双权力中心"的现象。

在澳门特区政治实践中,行政长官和立法会因权力失衡而导致立法会监督不力的现象,并非是行政主导制的设计者所期望的后果。行政主导制所表明的行政对立法的优位性,也绝非排斥立法对行政的监督和制约。正如曹其真曾提出的那样,"行政主导决不意味着行政独大甚至是行政专断,决不意味着行政机关可以不要立法机关的监督制约,恰恰相反,越是实行行政主导,越是要强化立法机关的监督制约力度","否则必将导致权力运行上

---

① 参见庄金锋:《从澳门社团的特殊性看"一国两制"的澳门模式》,载《一国两制研究》(澳门)第 6 期。

② 参见何志辉:《从殖民宪制到高度自治——澳门二百年来宪制演进述评》,澳门理工学院"一国两制"研究中心 2009 年版,第 142 页。

③ 参见娄胜华:《竞争与均衡:第四届立法会直选活动及其结果透析》,载《一国两制研究》(澳门)第 2 期。

的失衡和无序”。[①] 实践表明,澳门特区的行政主导制已经表现出与香港特区行政主导制迥异的“行政威权”特征。

四、结语

总结起来,澳门特区的行政主导制在文本上表现出类似于“单首长制”特点,而在政治实践中,又体现出“行政威权”的特点。如果前一特点因立基于澳门特区基本法而得出,在港澳特区基本法文本未有太大出入的情况下尚且为香港特区行政主导制兼具,那么后一植根于澳门特区政治实践的特点则为澳门特区所独有。澳门特区的行政主导制从根本上符合澳门社会的特点和澳门经济适度多元化发展的需要,同时也有利于中央对澳门特区的管治,是澳门特区政治的独特优势。然而,澳门特区行政主导制又的确呈现出对行政长官及政府监督不力、民主化有所欠缺的弊病。因此,如何在行政主导制之下强化立法会对行政权的监督与制约,是未来澳门特区体制改革的重要议题。

① 曹其真:《立法会主席十年工作情况的总结报告》,第 15 页,载澳门特别行政区立法会网:http://www.al.gov.mo/download/Balanco-c.pdf,最后访问日期:2013 年 3 月 24 日。

澳门特别行政区公共行政改革：方向与路径

蒋朝阳*

2015年年初，澳门特别行政区（以下简称澳门特区）行政长官崔世安在施政报告中提出，将精兵简政作为特区政府施政的重点，对整个公共行政架构进行职能重组和转移合并，改善跨部门合作机制，提升公共行政效率。同时，研究设立非政权性的市政机构。根据行政长官的施政报告，澳门特区从2015年开始了新的一轮公共行政改革。

本文就澳门公共行政的历史、现状及未来改革的方向和路径进行分析，并就澳门公共行政改革需要关注的问题提出几点思考。

一、澳门公共行政的历史回顾

在历史上，澳门公共行政沿用葡萄牙的理论和制度，在组织和架构上，公共行政是以等级排列或者协调的机关及其行为而组成的体系，推行和实现满足社会集体利益的活动，以满足整体的需要。在实质意义上，公共行政是公共管理的行政活动。

（一）澳门公共行政的产生与发展

澳门的公共行政历史可以溯及16世纪的澳门议

* 澳门大学法学院副教授，法学博士。

事会。议事会是由在澳葡萄牙人于 1583 年成立的市政组织,[①]1596 年 4 月 18 日,获得葡萄牙国王颁令承认。议事会对居澳葡人进行政治、行政和司法内部管理,处理葡人社区事务,负责向葡萄牙船只征税,管理市政卫生、市容,以及葡人社群的治安。[②] 在相当长一段时期内,承担中央行政与地方行政的职能。[③] 1783 年 4 月,葡萄牙女王颁布《皇室制诰》,要求议事会做任何决定前要咨询总督意见,总督对议事会的决定有否决权。[④] 1835 年 2 月 22 日,议事会被解散并重新进行选举,议事会从此沦为一个现代意义上的市政厅。[⑤] 中央集权加强,地方行政范围缩小,仅负责道路维修、市政卫生、市场、屠场和坟场管理、街道门牌和名称、车辆牌照和驾驶执照的发放等。

1822 ~ 1976 年,澳门作为葡萄牙的"海外省"进行管理,行政系统基本上遵循葡萄牙《海外组织法》和《海外公务员章程》的原则和规定。[⑥] 1974 年葡萄牙"4 · 25"革命以后,澳门当时的总督李安道率先于葡萄牙新宪法的制定而开始了《澳门组织章程》的起草,并获得葡萄牙的通过,于 1976 年 2 月 17 日颁布生效,并在 1976 年 4 月 25 日生效的葡萄牙宪法中获得确认。该宪法第一次承认澳门为葡萄牙管理下的中国领土。根据 1976 年《澳门组织章程》,从 1981 年起,澳葡政府开始了对澳门公共行政组织的调整。1984 年,澳葡政府颁布了《澳门公共行政组织结构大纲》(第 85/84/M 号法令)、《公共职务之任用规则》(第 86/84/M 号法令)、《澳门公共行政人员一般职程总制度》(第 87/84/M 号法令)以及《主管及领导层人员制度》(第 88/84/M 号法令)。1988 年,澳葡政府颁布第 35/88/M 号法令,废止了葡萄牙《海外公务员章程》在澳门的效力;颁布第 36/88/M 号法令,对公共行政部门的工作时间、年资计算等作出规定;并通过第 37/88/M 号法令,核准公务员纪律章程及澳门公共行政人员章程。这一系列法令的颁布,迈出了建立适合澳门本身需要的自治的公共行政制度的关键性一步。[⑦]

---

① 参见吴志良:《澳门政制》,澳门基金会 1995 年版,第 12 页。
② 同上。
③ 同上书,第 133 页。
④ 同上书,第 16 ~ 17 页。
⑤ 同上书,第 34 页。
⑥ 同上书,第 75 页。
⑦ 同上书,第 76 页。

随着澳门进入过渡期,1989 年,澳葡政府颁布了《订定外聘人员在澳门政府机关担任职务章程》(第 53/89/M 号法令)、《澳门公共行政机关之领导及主管人员通则》(第 85/89/M 号法令)、《澳门公职一般及特别职程制度》(第 86/89/M 号法令)和《澳门公共行政工作人员通则》(第 87/89/M 号法令)。与此同时,澳葡政府全面移植葡萄牙 1991 年颁布的《行政程序法典》,1994 年颁布了澳门《行政程序法典》(第 35/94/M 号法令)。上述法令在澳门回归前也曾进行过多次修订,这样,在澳门回归前,初步具有现代意义上的公共行政制度建立起来。

(二)澳门回归前公共行政之架构

1. 行政体制

回归前澳门公共行政体制可以分为中央行政与地方行政,其中中央行政可分为直接行政和间接行政,地方行政即澳门市政区和海岛市政区,为地方公法人,属于自治行政。

从组织架构上来看,直接行政是从等级上隶属总督的行政机关,包括简单机关、行政自治机关、行政财政自治机关;间接行政是自治且具有公法法律人格的组织,包括有法律人格的公共组织、公共基金会、公共设施、公共社团等。

2. 机构设置

回归前澳门公共行政架构设置为六级:司(一级司)、司署(二级司)、厅、处、组、办事处和科。[①] 在 1989 年颁布了第 85/89/M 号法令后,取消了二级司和办事处主管。另外,为实施临时性计划,总督可以通过批示成立项目组。

司级机关是直属总督的组织单位,厅、处、组是下属组织单位,科为行政性下属单位。澳门回归前,在澳门总督之下的公共行政机构设置为:7 个政务司(经济暨财政政务司、工务暨运输政务司、司法事务政务司、卫生暨社会事务政务司、行政、教育暨青年事务政务司、保安事务政务司、宣传、旅游暨文化事务政务司)、28 个司、13 个司级或总督顾问级办公室、2 个基金(退休基金会和社会保障基金)、2 个市政厅、6 个行政财政和财产独立的机构(澳门货币暨汇兑监理署、澳门贸易投资促进局、民航局、澳门基金会、澳门大

① 澳门第 8/87/M 号法令第 1 条。

学、澳门理工学院)。[①] 局级部门多达52个。[②]

政务司是总督的助手，本身没有权力，通过总督的授权来辅助其推行执行性事务，政务司由总督提名、葡萄牙总统任命，官阶相当于葡萄牙政府的副部长。总督和政务司设有直接辅助机构。[③] 总督主持与运作的还有咨询会，另外，还设有大量的专业咨询组织。

3. 主要特点

依法设立。公共行政的一般纲要由法律规定，公共行政的架构和运作的法规由总督批准。总督有权设立/重组或撤销公共机构，确立其法律性质/职责和运作规则，修订人员编制。总督可根据自己的意愿和实际情况调整行政架构。[④]

政府主导或者执行权主导。总督是整个行政体系的首脑，政务司没有权力，只是执行总督所授予的权力；[⑤]政务司既是总督的助理，又是每一部门的行政主导；[⑥]公共行政机构只是总督的办事机构，完全依赖总督的授权才能执行任务。[⑦]《澳门组织章程》没有设定政府，中央行政为执行行政，具有部门行政的特色。[⑧]

公共行政采取行政分权和地方自治，由地方或半官方机构承担社会管理职能，有利于调动各方面的积极性，吸收各个层面的人士参与管理。[⑨]

主要问题：每届总督上任时，对公共行政组织和人员带来较大的“震动”，政府部门的名称/权限/范围及数目随着总督的更替而不断变动；[⑩]高级

---

① 参见吴志良：《澳门政制》，澳门基金会1995年版，第79页。

② 参见赵向阳：《澳门特区公共行政的若干观察》，载杨允中主编：《公共行政建设与法制完善》，澳门大学澳门研究中心2007年版，第114页。

③ 参见吴志良：《澳门政制》，澳门基金会1995年版，第80~81页。

④ 参见蓝天主编：《一国两制法律问题研究》(澳门卷)，法律出版社1997年版，第674页。

⑤ 参见余振、卢兆兴：《从澳门政治体制传统看特区的政治改革》，载余振、李丙康、邱曼玲：《澳门公共行政的改革问题与对策》，澳门公共行政管理学会2000年版，第143页。

⑥ 参见曹日新：《为澳门高级公务员的政治角色定位》，载余振、李丙康、邱曼玲：《澳门公共行政的改革问题与对策》，澳门公共行政管理学会2000年版，第290页。

⑦ 参见吴志良：《澳门政制》，澳门基金会1995年版，第182页。

⑧ 参见赵向阳：《澳门特区公共行政的若干观察》，载杨允中主编：《公共行政建设与法制完善》，澳门大学澳门研究中心2007年版，第111页。

⑨ 参见蓝天主编：《一国两制法律问题研究》(澳门卷)，法律出版社1997年版，第674页。

⑩ 同上。

公务人员由葡萄牙派来,对管理开发"殖民地"没有使命感和归属感,没有培训华人做高级行政人员;[①]政府机构臃肿、庞大、效率低和透明度不高,任人唯亲。司级机构叠床架屋,数目众多,至1999年3月,人口40余万人,面积20多平方公里,公务人员数量达到17,128人,民官比例为24∶1。[②] 程序十分复杂。程序环节并无必要或可以简化,许多工作方式也较为陈旧(如需有两次挂号邮件通知),耗时失事,对于市民办事和业者营商均多有不便,遇事相互扯皮、推卸责任、多文件往来,面对突发事件更缺乏紧急处理的统筹能力。[③] 需要理顺各机关的职能、权限和关系,缩减决策层次,缩短指令流动过程,简化行政法规和行政手续,加强官民沟通,改善服务态度和质量。[④]

二、澳门特区公共行政之现状

(一)澳门特区第一届政府确立了特区公共行政基本架构

澳门特区第一届政府、立法会、司法机关由全国人大澳门特区筹委会筹备成立。对于特区第一届政府的架构,《澳门特别行政区基本法》(以下简称《澳门基本法》)规定,特别行政区政府是特别行政区的行政机关,政府设置为司、局、厅、处,[⑤]取消了原政务司架构,行政架构从原来的六级改为四级,但是并没有规定特区政府设多少个司、设哪些司。对此,在澳门回归前,在澳门曾有设4司、7司的争论。[⑥] 筹委会认为,特区政府的司是一级政府机构,与澳葡政府时期的政务司作为总督的助手是不同的,特别行政区所设的是司级机构,司长的职能、职位是明确而稳定的,此外,澳葡当局设多个警察部门,各自行使职能,缺乏统筹指挥和协调,特区政府应组建统一的警察机构。筹委会认为,从澳门特区实际情况出发,并兼顾到澳门特区各界对完善

---

① 参见曹日新:《为澳门高级公务员的政治角色定位》,载余振、李丙康、邱曼玲:《澳门公共行政的改革问题与对策》,澳门公共行政管理学会2000年版,第288页。

② 参见余振、卢兆兴:《从澳门政治体制传统看特区的政治改革》,载余振、李丙康、邱曼玲:《澳门公共行政的改革问题与对策》,澳门公共行政管理学会2000年版,第144页。

③ 参见吴志良:《澳门政制》,澳门基金会1995年版,第182页。

④ 参见赵向阳:《澳门特区公共行政的若干观察》,载杨允中主编:《公共行政建设与法制完善》,澳门大学澳门研究中心2007年版,第114页。

⑤ 参见《澳门特别行政区基本法》第61条、第62条。

⑥ 参见曹日新:《为澳门高级公务员的政治角色定位》,载余振、李丙康、邱曼玲:《澳门公共行政的改革问题与对策》,澳门公共行政管理学会2000年版,第291页。

澳门特区现行行政架构、提高行政效率的要求,就澳门特区政府第一届政府有关机构和主要官员设置提出了意见。[①] 筹委会的意见是:“一、澳门特别行政区第一届政府设5个司,即行政法务司、经济财政司、保安司、社会文化司、运输工务司。二、澳门特别行政区政府在组建统一的警察部门之前,澳门原有各警察机构统归澳门特别行政区政府保安司管辖,保安司司长兼任基本法所规定的‘警察部门主要负责人’。”[②]根据《澳门基本法》的规定,廉政公署、审计署也设立起来;在澳门特区成立后,非政权性市政机构设立以前(2001年12月31日前),[③]原澳门两个市政机构改为临时市政机构,不再具有政权性。这样,从澳门特区公共行政体制来看,已不存在所谓中央行政与地方行政的划分了,同时出现了行政长官领导的独立行政,即廉政公署和审计署。

(二)特区公共行政基本延续原有制度

根据《澳门基本法》第5条“澳门特别行政区保持原有的资本主义制度和生活方式,五十年不变”,第8条“澳门原有法律保留”,以及第16条“澳门特别行政区享有行政管理权,依照本法有关规定自行处理澳门特别行政区的行政事务”等规定,《澳门回归法》(第1/1999号法律)作出了特区公共行政基本延续原有制度的有关规定。

第一是公共行政延续原有关系。《澳门回归法》第5条规定:“一九九九年十二月二十日前公务员及服务人员依原有法规确定的与公共行政当局的职务联系,以及各公共部门、公务法人、项目组、其他公共实体或其机关、公务员或服务人员获授予的权力及承担的责任,得予保留,但不影响根据《澳门特别行政区基本法》、本法或其他可适用法规作出变更。”

第二是原有行政行为继续有效。《澳门回归法》第6条规定:“一九九九年十二月二十日前依原有法规作出的全部行政行为,在不抵触《澳门特别行政区基本法》、本法或其他可适用法规的前提下,在该日后继续有效及产生效力,并视为澳门特别行政区相应人员或实体作出的行政行为。”

---

① 参见钱其琛:《全国人民代表大会澳门特别行政区筹备委员会工作情况的报告》(1999年12月17日在第九届全国人大常委会第十三次会议上)。

② 全国人民代表大会澳门特别行政区筹备委员会《关于澳门特别行政区第一届政府有关机构和主要官员职位设置的意见》(1999年3月2日全国人民代表大会澳门特别行政区筹备委员会第六次全体会议通过)。

③ 《澳门回归法》(第1/1999号法律)第15条。

第三是原有行政授权继续有效。《澳门回归法》第 7 条规定:"一九九九年十二月二十日前依原有法规对公共部门、公务法人、项目组及其他公共实体领导人的转授权,视为澳门特别行政区相应官员所为,但不影响对该等转授权的收回、变更或以法规另行订定。"

第四是专营合同继续有效。《澳门回归法》第 12 条规定:"政府对公共服务的被特许人或公益实体的权力,由行政长官指定的司长按照特许合同的条款或可适用的法律或其他法规的规定行使。"

根据上述规定,原自治行政、项目组、公法人、公务法人、行政公益法人制度继续存在。

(三)澳门特区公共行政架构现状

截至 2015 年 8 月,澳门特区公共行政架构中有 81 个局级部门(不计廉政公署、审计署)。①

行政长官直属机关和从属的实体有 15 个,分别是行政长官办公室、政府总部辅助部门、政府发言人办公室、新闻局、个人资料保护办公室、礼宾公关外事办公室、澳门特区驻北京办事处、澳门驻世界贸易组织经济贸易办事处、澳门驻里斯本经济贸易办事处、在台湾澳门经济文化办事处、澳门基金会、科学技术发展基金、科技委员会、公共行政改革咨询委员会、人才发展委员会。

行政法务司司长隶属、从属的部门和实体有 9 个,分别是行政法务司司长办公室、行政公职局、法务局、身份证明局、印务局、法律改革及国际法事务局、民政总署、法律及司法培训中心 、退休基金会。

经济财政司司长隶属、从属的部门和实体有 12 个,分别是经济财政司司长办公室、经济局、财政局、统计暨普查局、劳工事务局、博彩监察协调局、消费者委员会、澳门贸易投资促进局、澳门金融管理局、人力资源办公室、金融情报办公室、社会协调常设委员会。

保安司司长隶属、从属的部门和实体有 12 个,分别是保安司司长办公室、警察总局、保安部队事务局、治安警察局 、司法警察局、澳门监狱、海关、消防局、保安部队高等学校、保安协调办公室、阻吓贩卖人口措施关注委员

---

① 参见澳门特区政府入口网:http://portal.gov.mo/web/guest/org-chart,最后访问日期:2015 年 9 月 15 日。

会、保安部队及保安部门纪律监察委员会。

社会文化司司长隶属、从属的部门和实体有18个，分别是社会文化司司长办公室、卫生局、教育暨青年局、文化局、旅游局、社会工作局、体育发展局、高等教育辅助办公室、澳门格兰披治大赛车委员会、旅游危机处理办公室、旅游发展委员会、社会保障基金、文化产业基金、文化产业委员会、妇女事务委员会、澳门大学、澳门理工学院、旅游学院。

运输工务司司长隶属、从属的部门和实体有15个，分别是土地工务运输局、地图绘制暨地籍局、海事及水务局、澳门邮政局、地球物理暨气象局、房屋局、电信管理局、环境保护局、民航局、能源业发展办公室、燃料安全委员会、建设发展办公室、运输基建办公室、交通事务局、城市规划委员会。

截至2014年12月，特区政府人数为34,438人，[①]到2015年年底预计约为35,000人。

三、澳门特区公共行政改革的思路

（一）回归以来公共行政存在的主要问题

从特区第一届政府开始，面对回归前夕澳门社会治安恶化、经济不景气、对公共行政，以及公务人员整体评价不高，就开始考虑公共行政改革的问题。但是，基于当时首要问题是尽快恢复治安、提振经济，加之回归初期中高级公务人员经验不足，对公共行政如何改革、何时改革并不清楚，[②]涉及公共行政的法律法规数量繁多且相互交错，修法则费时费力且无适当人力，所以，公共行政改革首先从确立"以民为本"的新行政文化着手。[③] 其主要做法有改善服务态度、提高服务效率、加强投诉处理、推出服务承诺，以及推出多项电子服务，引入"质量管理认证"。同时，取消两个临时市政机构，设立民政总署，建立多个服务站和一站式市民服务中心；进行公职法律制度改革，取消公职人员职业税免税制度，建立新的退休保障制度，完善评核制度，

---

① 参见澳门立法会第二常设委员会第1/V/2013号意见书，载澳门特别行政区立法会网：http://www.al.gov.mo/lei/leis/2013/2013-13/parecer_cn.pdf，最后访问日期：2015年9月15日。另一数据是32,791人，参见2014年12月29日麦瑞权议员在立法会上的质询。

② 参见赵向阳：《澳门特区公共行政的若干观察》，载《公共行政建设与法制完善》，澳门大学澳门研究中心2007年版，第113页。

③ 同上书，第115页。

修订职程制度、领导与主管人员通则,建立问责制度;完善公共政策咨询制度。到第三届特区政府,公共行政的改革围绕建立新的行政文化、加强服务行政、完善公职法律制度取得了一定的成效。

但是,长期以来积累的公共行政深层次的问题则较少触及。为此,在澳门特区第四任行政长官竞选时,参选人在其政纲中对现有公共行政存在的问题进行了深刻的分析,认为存在的主要问题是四个方面:架床叠屋、职能重叠、程序繁杂、绩效不高。

一是行政架构架床叠屋。机构臃肿、官民比例较高确实是澳门特区当前行政改革面临的最大问题。回归至今,澳门特区公务人员数量由 18,000 人增加到当前的 3 万人,增加的幅度近 2/3。同时,新成立的咨询机构和项目组的数量增长过多,成为社会诟病政府公共行政的最大问题。[①] 在文化方面,存在文化产业基金、文化产业委员会及文化局的"三体制"。

二是行政部门职能重叠。部门的职能归属设置不合理、职能重叠、政出多门,是澳门特区公共行政面临的主要难题,尤其是工务部门的职能重叠、民政总署与其他部门职能重叠的问题,显得尤为突出。[②] 包括民政总署在文化方面与文化局、康乐方面与体育发展局、环境方面与环保局和海事及水务局、卫生方面与卫生局、市政设施方面与工务局等,职能重叠严重。此外,有人认为,由澳葡政府沿袭到特区政府都存在"山头主义"弊端,跨司之间协调难,即使同一个司辖下部门间协调也都有难度。

三是程序烦琐。一直以来,澳门特区政府普遍信奉按章办事、程序导向,"多做多错、少做少错、不做不错"的行政文化和观念盛行,公务人员不需要做出很多成绩,只要遵纪守法,就可以有很稳定的职业和优厚的报酬,由此相当部分公务人员缺乏积极贡献能力的主观能动性。由于行政程序过于繁杂,政府花在程序上的时间过多,有舆论认为是两岸四地中行政效率最低的地区。[③]

四是绩效不高。执行力不强,问责、评核未落到实处。某些官员质素不高,政府弱势,难以面对特区发展所出现更多社会矛盾和市民不断增长的不

① 参见鄞益奋:《政府善治与精兵简政》,载《澳门日报》,2014 年 8 月 27 日,F04 版。
② 同上。
③ 同上。

同要求的新形势的挑战,影响管治能力。最近出现的特区赔偿有线电视澳门币2亿元的事件,一方面,体现特区政府信守合约的精神;另一方面,也是有关部门长期疏于专营权监管的结果。

(二)公共行政改革方向

面对上述问题,澳门特区的公共行政如何改革? 2014年12月20日,国家主席习近平在庆祝澳门回归祖国15周年大会暨澳门特区第四届政府就职典礼上,发表了重要讲话,并提出四点希望。其中,第一点希望是,不断提高特别行政区依法治理能力和水平。要求特别行政区要善于运用法治思维和法治方式进行治理;要努力打造勤政、廉洁、高效、公正的法治政府;要加强公职人员队伍建设和管理。第二点希望是,"继续统筹谋划,积极推动澳门走经济适度多元可持续发展道路",涉及特区政府公共政策的研究、规划和制定能力的提升。习近平主席的重要讲话,为澳门特区公共行政改革指明了方向,这就是提升依法治理能力和水平。

为此,在2015年施政报告中,澳门特区行政长官以"提升政府治理水平,实现社会善治"为目标,提出"精兵简政"的施政理念,其主要思路为:(1)架构职能重组。包括转移合并,改善跨部门合作机制,提升公共行政效率,设立非政权性的市政机构。整合和精简咨询组织及其辅助单位,规范所有咨询组织每届任期为2~3年,社会人士成员可连任2~3届,但最长不超过6年,最多可同时出任3个咨询组织。(2)提升行政效率,优化政府内部管理行政程序,减少不必要环节,提升管理运作绩效,并在此基础上,成立跨部门电子政务发展的统筹与合作机制,推动电子政务。(3)优化公职制度及人员管理,全面检讨中央招聘制度,研究公务员晋升制度,全面检讨职程制度,研究薪酬制度的级别划分,咨询"公务人员投诉及调解中央管理"机制。(4)提升公务人员依法施政能力,落实行政责任制。加强各级人员培训,尤其法律方面,基本法研讨课程将扩展至中层人员,并检讨"澳门特区公共管理硕士专业学位"课程的设计及相应配套工作。落实建立各级政府部门的责任制,增强各级官员的责任意识,明确其施政责任,确保政策协调落实。完善领导官员绩效评审制度,实现官员问责制度与领导官员绩效评审制度的结合,形成"绩效导向"和"权责相当"的行政文化。

通过精兵简政,达到政府治理水平的提升,从而实现"善治",体现澳门特区公共行政改革的总体思路。"善治"理论是从治理理论发展而来,是对新公共管理理论的斧正。发源于20世纪七八十年代以英美为代表的新公共管理运动,主要强调政府管理和公共服务的私(民)营化和市场化,但也带来了市场失灵的问题,为此,治理理论应然而生。对公共物品和公共事务的处理,它强调政府、私人和第三部门合作治理,以政府管理为主,强调共同参与、协同治理,为此,需改革传统的管制型的政府管理方式。从这个意义上,早前提出的"政府/社会伙伴关系"、服务型政府等理念,实质上是治理理论中的一个侧面。但是,治理理论的局限在于,"它既不能代替政府而合法的使用政治强制力,也不能代替市场而有效的自主配置资源",[①]也就是说,在治理理论中,有可能出现公权力弱化、政府治理能力下降的可能。因此,在实现"善治"的过程中,必须以提升政府治理能力为中心,而要提升政府的治理能力,也必须对公共行政存在的深层次问题进行改革,实行精兵简政。

(三)公共行政改革具体路径

根据2015年施政报告附录三《行政法务范畴2015年施政主要工作时间表(公共行政领域)重点与措施》,精兵简政的主要措施为四个方面。

1. 推动行政架构调整

进行全面机构设置的检讨,分析部门之间的职能重叠或相近情况,提出有利于提高政策范畴的统筹力度及明确权责的重整建议。

理顺民政总署的职能,全面落实民政总署与文化局、体育发展局相关职能、工作项目、设施、设备的转移计划,进一步理顺民政总署与其他部门之间的职能重叠问题。

重整及优化法务局与法律改革及国际法事务局组织架构。从法律政策的内在相关性及政策订定过程进行分析,评估法务局与法律改革及国际法事务局的法务职能,并进行组织架构的重整及优化研究,以完善特区法律政策的管理体系。

对设立非政权性市政机构展开研究工作,向社会各界咨询,在凝聚共识的前提下,以法律的形式确立市政机构的职权和组成。

从咨询组织的性质及特点、层次定位、职能复杂性等方面进行评估,分析现时政策咨询组织成员的任期及兼任情况。参考外地的相关经验,规范

---

① 娄胜华:《从政府改革到合作治理:探索澳门"善治"的制度基础》,载杨允中主编:《公共行政建设与法制完善》,澳门大学澳门研究中心2007年版,第152页。

咨询组织成员的任期及兼任。检视经济发展委员会辅助单位的设置,提升运作效能。建立多层次沟通渠道和对话机制,逐步建立更有利吸纳公众意见的多元沟通途径。

2. 提升行政效率

制定《2015～2019 年澳门特区电子政务整体规划》、成立澳门特区电子政务发展的统筹与合作机制、构建政府数据交换体系,公布并推广应用“信息保安基准规范”。同时,建立信息事故通报机制,以强化特区政府的信息安全及危机处理能力。建立登记及公证网上便民系统,推出网上申领书面报告电子支付服务、开发办理结婚登记申请系统、登记公证服务预约系统、登记公证服务轮候情况查询系统及登记公证服务申请情况查询系统。推出以自助服务机办理《特区旅行证》及《往港旅游证》的申请、简化《个人资料证明书》的申请及处理程序。

开展政府内部管理的行政程序研究,尤其对公务人员管理的流程进行研究,减少不必要的环节,提升管理效率。改善身份证明业务范畴核心工作流程。改善办证服务大堂的运作及设施、优化申请社团证明书的工作、优化办证服务前台及后台的沟通模式、提升前台人员的接待技巧。

构建优质公共服务系统,将政府综合服务大楼提供代办的 23 项退休抚恤制度及公积金制度服务,扩展至各区市民服务中心等。增加各服务中心服务项目,提高“一站式”服务的效能。在自助服务机加入新项目,探讨公积金项目转换申请电子化。推出《澳门特别行政区公报》电子认证版,研究和选择适当的技术方案、研究和解决可能涉及的法律问题以及准备新的发布、订阅和派发《公报》的流程、修改相关系统以及推广工作。

3. 优化公职制度

全面检讨中央招聘制度,扩大双向选择空间,缩短入职时间;全面检讨《公务人员职程制度》,优先分析特别职程,针对入职条件不同的情况下,相应薪酬的合理性。启动公务人员晋升制度的研究,拓展公务人员职业生涯的发展,提升公务人员的工作积极性。推出其他稳健的投放供款项目,让《公务人员公积金制度》供款人有更多合适的退休投资选择。

强化关怀支持机制。就薪酬制度的级别划分进行研究,发挥“公务人员薪酬评议会”的作用,定期检讨公务人员的薪酬调整事宜,制订未来薪酬制度的发展方向;为需负担 3 岁以下年幼子女的生活开支、子女中小学补习费用及尊亲属入住院舍费用等的基层公务人员提供补助。

4. 提升依法施政的能力

完善各类培训。继续为领导及主管级人员举办澳门特区基本法研讨课程,并将课程的培训对象扩展至中层公务人员。开办各类型的培训课程及为晋级而设置的课程,深化现有的为各级公务人员举办的国情培训课程的内容,使特区政府的工作能更好地配合国家的整体发展策略。全面检视入职及晋级培训课程,加强有关法例认知、责任意识、公务人员的权利及义务等内容。按照各级公务人员的职务特性,重新规划整体法律知识培训框架和内容。为行政当局中的法律人员开办具针对性的培训项目,如"法律草拟""公共行政法律强化及实务""法律范畴葡语进修""国际公法""纪律惩处法""行政诉讼"及"行政合同法律制度"等课程。开办有助于提升公务人员业务水平的法律范畴持续培训活动,其中,亦将重点增加为基层公务人员提供以下培训,如基本法、公职法律制度、行政程序、取得财货及提供劳务制度、公共工程承揽法律制度及公共财政管理制度等课程。检讨"澳门特别行政区公共管理硕士(MPA)专业学位"课程。实施《中葡文翻译及传译学习计划》及各项葡语会话,以及书写及公众接待课程,加强公务人员的葡语能力。

完善绩效评审制度。建立公众对公共服务素质的评价机制。在整合现行服务评审制度的基础上,开展公共服务评估方法的研究,引入中立机构评价元素,建立公众对公共服务素质的评价机制。设立与公共服务相关的讯息发布机制,通过"澳门特别行政区优化公共服务专题网页"及设立恒常讯息发布机制,适时、主动地公布与公共服务相关的统计资料及结果。开展"第三届政府服务优质奖"的评奖工作。设立"公务人员投诉及调解中央管理"机制。

四、澳门特区公共行政改革需要关注的几个问题

从上述四个方面的具体措施来看,需要按轻重缓急、分步实施。一般来说,机构重组、职能理顺之后,就要做好人力资源配备,强化培训,然后优化行政程序,提高行政效率。与此同时,通过优化公职法律制度和绩效评审制度,为打造勤政、廉洁、高效、公正的公务人员队伍提供保障。这就涉及精兵简政的理念问题。

一般认为,精兵简政从字义上说,是精简机构和人员的意思,当然,精兵也包含打造一支高效能的公务人员队伍的意涵。那么,精兵简政是不是既要精简机构,又要大量减少公务人员呢?这种观点是不全面的。在现代公共选择理论中,政府规模的扩张有政治、经济、社会三个方面的客观需要。[①]在政治方面,域内、域外政治因素影响公共开支加大,政府从传统的管制行政发展到社会福利行政,基础产业投资和公共工程投资不断加大,发展社会福利,增加社会救济和补助,也使政府规模不断扩大,导致政府机构和人员数量加大。在经济方面,经济发展水平越高,对社会公共事务的需求也越大,如城市化程度越高,对公用设施的需求量增大,带来了机构和人员的增加。同时,经济发展水平高,直接投入机构、人员的公共开支也就必然增大。从价格方面来看,当持续通货膨胀,政府为稳定居民生活,必须增加社会救济、社会补助、物价补贴等转移支付,从而导致公共行政开支加大。此外,从社会因素来看,人口规模和增长速度也直接影响政府的规模。例如,原有人口和外来人口的增长,必然加大政府在行政、经济、社会管理方面的工作量,而原有人口不同年龄组别规模的变化,对不同类型的社会公共事务需求也相应发生变化。学龄人口的变化,必然对教育公共服务产生影响,人口老龄化不仅加大养老金和社会福利的支出,也使给付型行政组织和人员规模增大。因此,从现代公共服务的提供和公共事务管理的规律来看,政府机构的扩大和人员的增加,是不可避免的。因此,不能简单地说,现有 81 个局级部门要砍掉多少,现有 3 万多公务人员要裁掉多少,才能称为精兵简政。特区政府提出的精兵简政,不是简单的“杀局”、裁人,不是为精简而精简,而是强调机构重组、理顺职能,提高效能,打造一支勤政、廉洁、高效、公正的公务人员队伍。因此,在公共行政改革过程中,要适应澳门特区政治、经济、社会发展的实际需要,机构有减有增,人员有少有加。

2015 年施政报告发布后,特区政府有效地开展了公共行政改革工作。行政长官崔世安 2015 年 8 月 12 日在立法会回答议员提问时指出,2015 年上半年已撤销城市规划委员会、医疗系统建设跟进委员会、经济发展委员会、科技委员会的秘书处,并完成民署的文化、体育职能转移,下半年将有 7 项机构整合工作,包括法务局与法改局合并、社工局重组并接收法务局少年

---

① 参见许云霄编著:《公共选择理论》,北京大学出版社 2006 年版,第 244 ~ 248 页。

重返的职能、监狱重组并接收法务局少年感化院的职能、撤销燃料安全委员会并入消防局、人资办并回劳工局、邮政局与电信管理局合并为邮电局、撤销格兰披治大赛车委员会并由体育发展局承担其职能及工作。[①] 就政府提出的机构整合方案,特区政府持开放的态度,表示条件成熟一个,就完成一个。[②]

上述改革涉及机构精简、部门重组、职能调整,其重点涉及咨询组织辅助部门的调整、一般行政部门重组和职能理顺、项目组撤并,也初步回应了社会对精兵简政的诉求。但是,改革的空间还是很大的。例如,有人提出,将所有支持发展性质的基金,归属于其相关委员会或部门,取代现有的独立运作模式;又或政府将所有属支持发展性质的基金进行大合并,以一个大的发展基金下,设有不同领域的项目。这样,科技委员会与科学技术发展基金能否合并,即在科委会下设相关发展基金,以及文化产业基金与文化产业委员会及文化局如何调整,就值得进一步研究。至于项目组,是为特别计划设立的临时机构,需要考虑其任务是否完成、是否存在继续保留需要。有议员提出,项目组具有局级部门的职权,且存续期不断延续,与新设局级部门无异,且某些项目组的职能与其他部门相近或重叠,不仅无法方便行政,反而权责不清,政出多门,影响行政效率。如建设办、基建办、能源办与工务局、交通局、环保局等部门,似乎就有上述问题,建议撤并。[③] 有人也进一步提出,在运输工务范畴,重组土地工务局,因为该局的运输职能不再具备,并应将工作相同或有直接关系的其他两个局,即建设发展办公室和地图绘制暨地籍局,都合并在工务局;从整个交通的整治及配备和公交发展等因素考虑,交通事务局与运输基建办公室在未来也应合并。至于旅游危机处理办公室与旅游局、保安协调办公室与保安司司长办公室、金融情报办公室与金融管理局、个人资料保护办公室与身份证明局的关系,亦可研究是否合并。

---

① 参见永逸:《从行政板块整合谈到摒弃单纯业务观点》,载华澳人语:http://www.waou.com.mo/news_a/shownews.php? lang = cn&id = 3263,最后访问日期:2015年8月17日。

② 参见梁庆庭:《咨询组织去留需顾大局》,载《澳门日报》2015年2月27日,A07版。

③ 参见《精兵简政罗司部署杀部》,载《澳门日报》2015年4月18日,B01版。

能力视角下澳门特别行政区政府行政架构改革分析

娄胜华*

在社会治理过程中,虽然政府、社会组织及公民都是治理主体,但是政府组织却始终处于核心地位,唯其可以运用公共权力与公共资源管治公共事务与提供公共服务。因此,即使是保守主义盛行时代西方新公共管理主导下的政府改革,也并非以否定政府治理地位为内容,而是更关注政府职能范畴的合理性。正因政府治理地位的特殊性,讨论社会治理革新就无法回避与政府自身改革相关的职能范畴、组织架构等一系列问题。但是即使是政府改革自身,对于如何确定改革目标及其与改革内容之间的关系仍然需要探讨。无疑,澳门特别行政区(以下简称澳门特区)的行政改革面临同样的问题。

一、提升特区政府能力是政府架构改革的目标

众所周知,澳门特区现行政府架构脱胎于澳葡政府时代,在特区成立及后的施政过程中,政府架构历经调整。尤其是回归时,依照《澳门特别行政区基本法》(以下简称《澳门基本法》)对特区政府进行架构

* 澳门理工学院教授,博士。

安排,在澳葡政府架构基础上作出较大幅度的调整与规划,主要涉及:(1)在架构等级上,行政长官之下设司、局、厅、处四个层级,改政务司为司,原司署(二级司)改称局,取消科、组层级。(2)在司级方面,将原来的七司合并重组为五司。原行政与法务两个政务司合并,成立行政法务司;原卫生与文化两个政务司合并,成立社会文化司;相应地调整了各司辖部门。(3)在保安领域。新成立警察总局,辖司法警察局与治安警察局;设立海关,由保安司统辖。(4)在行政监察机构方面,在原反贪污暨反行政违法性高级专员公署基础上,成立廉政公署;重组原审计法院,成立审计署。正是通过对原澳葡政府架构的调整、合并、重组及新成立一些政府机构,从而建立了特区政府架构。可以说,在澳门特区行政史上,从澳葡政府架构到特区政府架构,是一次幅度大、范围广的政府架构变动。

回归之后,政府架构在保持整体稳定基础上,因应政府职能的变化继续进行调整,主要变化表现在:(1)延续执行《澳门基本法》相关规定,将回归时已更名的两个市政机构——澳门特区临时市政局(原澳门特区市政厅)与海岛临时市政局(原海岛市政厅)合并成立民政总署。由此,澳门特区不但将原澳葡时代在澳门地区设置"中央"与"地方"(市政机关)两级政府,变成一级政府(特区政府),而且取消了市政机构。新设的民政总署与特区政府提供公共服务的部门并无实质性区别。(2)适应政府职能不断扩大的需要,持续以专业化原则而增设新机构加以应付。例如,为保护环境而成立的环保局;为筹建轻轨而成立的运建办;为法律改革而成立的法改局;为保护个人隐私而成立的个人资料保护办公室;为制定重大政策而成立的政策研究室……还有一些属拆分或重组而形成的,如电信局(从邮政局拆分)、交通局(从民署等部门拆分重组)、公关外事礼宾办(从特首办拆分)等,以及一些扩大职能重组的,如行政公职局、房屋局等。

回顾与分析特区成立及回归以来政府组织架构的变化,就其目标而言,主要包括两个方面:一是落实《澳门基本法》对澳门特区政府架构的法律安排;二是满足特区政府职能不断增加的需要而增设机构。也就是说,自回归以来,政府架构的变动并非以提升政府能力作为目标。不可否认,尽管落实《澳门基本法》要求与适应政府职能扩张需求,都与政府能力存在某种联系,却并非直接关系,而是间接关系。

实际上,回归以来,包括政府架构调整在内的行政改革一直是特区政府施政的重要议题之一。除了上述行政组织架构变动外，在其他行政改革方面，特区政府引入了“一站式”服务、社会服务承诺制（市民满意度计划）、ISO认证等。至于公职制度方面的改革范围与程度更是前所未有，连同近期正在立法会审议中的《公共部门劳动合同制度法案》，回归后以来，几乎所有的公职法律制度都被修订或者更新。此外，还制定了与官员问责相关的制度。

然而，对于市民来说，尽管政府架构及其他行政改革多年来持续推行，与此同时，与市民日常生活息息相关的交通问题、住房问题、通货膨胀问题、环保问题似乎并没有得到缓解，甚至较以前更加严重了。因此，社会疑惑——政府架构调整与行政改革的成果为何未能转化为社会问题的解决？究竟是为什么而改？因此，确实有需要思考政府组织架构改革的目标或方向问题。

应该说，政府架构改革离不开两个议题：一是改革的目标是什么？二是从何处入手推进改革？围绕上述两个问题，社会上出现各种各样的看法，但是，讨论焦点往往集中于第二个议题。例如，社会热议的“精兵简政”，就是主张减少政府机构与公务人员数量。也有人主张检讨咨询机构，撤销咨询委员会秘书处；还有主张局级机构合并或裁撤的……或许都有一定的道理，然而，追根溯源，政府架构改革不是“为改革而改革”，也不能“头痛医头，脚痛医脚”。实际上，讨论政府架构改革，不能离开目标谈内容。也就是说，政府架构改革首先应该明确改革目标，然后，才研究从何处着手，即如何改的问题。那么，政府架构改革的目标是什么？显然，不是政府组织架构自身，而是要通过政府架构改革实现提升政府能力并最终达致解决社会问题与增强居民福祉的目标。

二、政府能力构成及其获得

一般说来，政府能力是指获得治理合法性的公共权威运用公共权力履行自身职能的能力。具体表现在通过政策工具，动员与组织社会资源，解决社会问题，处理社会事务，有效维护公共秩序与提供公共物品（服务），促进社会治理与社群福祉的实现。

对于政府能力，可以从范围、程度、类型与构成等多元视角进行研究分析。在政府能力范围上，有大小之分；在程度上，有强弱之分。而从类型或结构上分析政府能力，则政府能力往往表现为由各种单项性能力综合而成的能力群。这些单项性能力可以从政府作用客体或目标加以细分,主要有资源汲取能力、利益协调能力、社会调控与强制能力、公共服务能力等;也可以从与政府达成目标运用的政策工具之间关系来划分,主要包括政策问题预测与确定能力、政策规划与制定能力、政策执行能力、政策评价与监督能力、政策反馈与回应能力等。

进一步分析上述两种政府能力类型划分,在以政府目标(客体)的能力构成分类中,政府核心能力可以概括为两类,即社会管治能力与公共服务能力。而无论是社会管治,还是公共服务,都必须通过政策工具的运用来实现。非此,任何社会管治与公共服务的目标都无法落实。因此,政府能力的提升要求政府在公共政策的规划、制定、执行、协调、监督等方面的能力得到切实体现。

那么,政府能力是如何获得的?从途径上看,可以借由增加资源、建立行政机构、招募与培训人员、公民参与等途径获取,也可以通过调整政府职能、引入电子政务等方式加以强化。而政府能力正是通过政府组织结构的安排与人员、资源配备来获得的,其中,政府组织架构是政府能力获取的基础。而组织结构产生组织功能,什么样的组织结构就会产生相应的功能。因此,在通常情况下,政府组织架构的设置及资源配置必须与政府能力类型配备方向是一致的,否则,就会出现错位,从而限制政府整体性能力发展进而影响到政府目标的实现。政府架构改革必须按照政府能力提升方向进行规划,这也是政府组织架构科学化与合理化的必然要求。

三、能力视角下特区政府行政架构之问题分析

如前所述,由于特区成立以来的政府架构调整是在未有切实检讨政府职能及厘定政府能力提升方向的前提下进行的,只是一味满足政府职能持续扩张的需要,因此,主要通过不断成立新的机构来应付新增职能,结果导致政府架构越来越臃肿,政府变得越来越大而不是越来越强,即政府能力并未得到根本提升,反而,因为机构的增加而导致政府之间的协调问题越来越突出。所以,应该以提高政府能力为目标重新审视政府架构改革。具体地说,以能力衡量政府现行架构,其主要问题表现在下列四个方面。

（一）核心职能与非核心职能未作适当区分，政府不断成立新机构应对非核心性职能的扩大，导致组织日益膨胀，机构重叠

回归以来，受多种因素的影响，如居民身份转变、社会经济发展及政府收入暴增、福利主义思潮影响等，为回应居民需求，特区政府扩大了公共物品与公共服务的供给范围与强度，甚至出现与民间组织提供同类服务及相互争夺资源与服务对象的现象，由此，导致政府承担的社会服务职能日益增加。政府职能的膨胀需要相应增设或扩充政府机构，从而推动公共部门规模与数量的持续攀升。

在政府机构不断膨胀的同时，对过往澳葡时代遗留的政府职能与组织架构不匹配与不完整的局限未能作出全面检讨，尤其是配合政府职能调整的架构改革未有切实推行，只是作局部性修补。例如，扩大行政公职局等机构的职能与内部组织，又或设立一些具临时性质的项目组。

可以说，政府组织架构与政府职能配备存在的落差现象没有得到根本改善，例如，社会的复杂化要求政府增强其政策预测与规划能力以及社会管治能力，而政府却大幅扩大其服务性职能。实际上，即使是公共服务方面，社会在交通服务与居住服务方面的需求急剧攀升，而政府却未能同步提升其交通服务与居住服务的供给能力，两者之间形成巨大落差，导致社会不满。

因此，调整与改革政府架构，必须首先厘清政府的职能，尤其是核心职能与非核心职能，强化与核心职能相关的机构配备，弱化或外移其非核心职能，尤其是社会组织有能力承担的服务性职能，相应地缩减、合并或裁撤原本承担非核心职能的机构。否则，只能维持一个“大而弱”而非“强而小”的政府。

（二）过分强调政府机构的专业化配置，导致政府整体性与协调性不足，形成政府结构的碎片化而非网络化，影响了跨部门事务的有效应对

自澳葡时代以来，政府组织架构的设置始终遵循专业化原则，甚至以“一事务一机构”的方式进行机构配置。应当说，专业化分工原本是政府组织现代化的标志之一，所谓理性官僚制或科层制，[①]其特征之一就是专业化。

---

① 参见［德］马克斯·韦伯：《经济与社会》（上卷），林荣远译，商务印书馆 1997 年版，第 247 ~ 293 页。M. Weber, “Bureaucracy”, in J. M. Shafritz & A. C. Hyde (eds.), *Classics of Public Administration*, Orlando, FL: Harcourt Brace & Company, 1997, pp. 51 – 56.

专业化正是政府效率的基本组织保障。然而需要指出的是,过度的专业化未必带来政府整体效率的提升,反而在跨部门事务处理时,因为需要更高层级的协调而拉长行政程序进而影响行政效率。

在澳门特区现实行政运作中,由于司级部门之间有严格的分工,其固然有利于组织机构的专业化,然而,各司之间因专业分工而导致协调困难,当涉跨司事务时会因统筹及协调不足而发生问题。可以说,五司之间的协调及统筹是特区行政运作中长期存在并为社会所诟病的问题之一。例如,2010年的中央储蓄制度名单事件,[①]肇因经济财政司之社会保障基金与保安司之出入境管理部门缺乏深入沟通。非法旅馆问题之所以屡禁不止,打击成效不彰,是因为涉及多个司的范畴,包括社会文化司、保安司、经济财政司等。

(三)政府组织与政策功能关系不明确,公共政策的制定、执行以及监督功能的行使未有适当的组织分工,影响了政策功能的有效发挥

众所周知,政府施政的主要工具是政策,因此,政府组织架构的设置必须顾及与政策之间的关系,尽可能地做到政策制定、执行与监督适当分开,分别由不同政府机构去行使。然而,现行特区政府架构设置并未遵循上述原则,特别是局级机构往往承担着政策制定、执行与监督的多重功能。因此,在职责未有清楚界定的情况下,即使是有瑕疵或错误的政策,也难以被及时发现与纠正。反之,正确的政策却可能因为缺乏监督而执行不力。

至于司级机构,同样存在政策定位及机构配备问题。虽然《澳门基本法》规定了特区政府的行政层级为司、局、厅、处,然而,作为特区政府施政决策与监督的重要部门,司级机构的功能与结构并不完善,严格地讲,司并未成为一级政府机构,而仅仅是司长及其为司长提供辅助服务的工作班子。该运作模式沿袭自澳葡时代的政务司功能,按照《澳门组织章程》规定,[②]政务司仅是总督的助手或秘书,其权力来源于总督,真正决策权集中在总督手中。因此,政务司配置的人员较少。然而,《澳门基本法》却将司作为一级政

① 参见《无出境记录竟不算居澳中央储蓄名单坊间哗然官本位害人》,载《澳门日报》2010年4月24日,A01版。

② 参见澳门2月17日第1/76号法律《澳门组织章程》第6条(政府公报第9期,副刊,1976年3月1日)。

府机构,要求司级机构发挥其应有的决策及监督职能,而不仅是由司长去行使对其管辖部门的协调与监督职能。

可见,政府架构的设置与调整需要界定司、局级机构的政策职能分工。

(四)咨询组织类型层次单一,成员比例失衡,运作模式简单,导致咨询机构成效不彰

特区政府成立以来,在原有咨询机构基础上,新增设了不少咨询机构,尤其是专门增设了北区、中区与离岛三个社区服务咨询委员会,以方便民众投诉或收集其意见,从而达到改善施政的目的。

然而从实际效果来看,咨询机构的作用有限,民众多有批评。具体地说,咨询组织在设置、成员、运作等方面确实存在不尽如人意的地方,主要表现在:

第一,类型与层次较为单一。现有咨询机构都是关注单一领域或某个专门问题而设的,缺乏关注战略性事务的综合性咨询机构;现有咨询机构都属于政府体制之内的,缺少具独立性质的民间咨询机构;现有咨询组织的性质多数属于政策咨询型,缺乏研究型或智库型咨询机构。

第二,成员比例失衡,民意代表性弱。在现有咨询机构的成员中,来自政府的官员占有较高比例,不但任何咨询机构都有政府官员,几乎所有咨询机构的主席职务毫无例外地由官员出任,导致咨询机构具有浓厚的行政色彩,几乎成为政府部门的附属机构。个别咨询机构(如博彩委员会、总档案委员会)甚至由清一色的各政府部门官员组成,从人员构成上已经很难反映其咨询机构的属性,准确地讲,应属于政府部门间的协调机构。此外,在现有咨询机构人员中,社团代表与社会人士重复兼职现象严重,产生方式也有待完善,应采取更为公开与民主的竞争性方式产生,提高参与者的代表性。同时,对咨询委员会成员的任期应作出适当限制。

第三,运作模式简单,功能局限。现有咨询机构的运作是在政府主导下以会议形式进行,会议的召开与议题的确立均由政府具体操作,因此,大多数咨询机构仅是被动地提供政策咨询意见,少有主动地进行政策创议或推动政策议程的建立。被动型的运作方式往往使咨询机构成为政府政策出台或公开前的一个程序或步骤,而不能实质性地发挥咨询机构的政策预测、方案拟订、监督反馈等多重功能,甚至使咨询机构沦为“走过场”的政策论证工具。同时,闭门会议的方式降低了咨询机构的公开性与透明度,导致市民无从了解其运作情况而怀疑其是否能真正发挥作用。

四、以提升能力为导向调整政府组织架构

讨论政府机构的调整与改革,首先,需要确立改革的基本原则;其次,按照确立的原则,针对现行政府架构存在问题提出具体调整与改革意见。

(一)政府架构调整与改革的基本原则

一般说来,政府架构的改革涉及管理层级、管理幅度以及部门之间的沟通、协作与整合机制安排等几个方面。简单地说,就是上述几个方面的合理化与系统化。在明确以提升政府能力为目标导向的基础上,具体原则还包括:(1)与政府施政方向相一致的原则。既然政府架构是政府施政的组织载体与工具,那么,政府架构的调整与改革就必须配合政府的施政安排,落实政府的施政目标,围绕特区政府施政重点展开。(2)完善与合理职能与组织配置相当的原则。一方面,需要清楚界定政府自身职能,理顺政府与市场、政府与社会组织之间的职能关系,培育与促进民间组织参与公共服务供给,增强社会自我管理能力;另一方面,需要区分政府职能的重点与非重点、核心与非核心,依政府职能安排适当配置政府组织架构。(3)专业化与整体化相结合的机构设置原则。专业化分工是政府组织设置的基本原则,理应得到遵循,但过度专业化可能导致政府碎片化,需要以专业化与整体化相结合的原则配置政府机构。对于因应社会发展而需要新增的职能,在机构配备时,应优先整合到现有政府机构中,避免简单地以新设机构来应付。更为重要的是建立跨部门事务的协调机制,对必须由多个部门合作承担的职责和处理的事务,须明确各部门的主次关系和权责。(4)政策制定、执行、评估及监督适度分离的原则。为了实现政策目标与提升政策效力,不同政府部门在公共政策中的角色应有所区分,尤其是负责政策制定与执行落实政策的政府部门应适度分立,以避免政策执行偏差。

(二)强化政策制定机构的配备,以政策制定与执行适度分离原则重塑司、局级机构关系

能否制定出好政策并确保得到落实,是政府核心能力的体现,也是政府组织架构调整的优先考虑方向。分析目前澳门社会出现的一些问题,不难看出,是与政府预测及规划能力不强有关。比如,游客增长过快与社会承载力、基础设施配套建设落后之间的矛盾,车辆增长与道路交通之矛盾,以及

博彩业供给与需求发展之间出现的落差等。因此,在行政机构改革方面,应重点加强与政策规划及制定相关的部门。不但要建立特区层面的政府研究机构及政策统筹机制,还应强化各施政领域的政策规划能力,配置与政策规划相关的机构。

按照《澳门基本法》对特区政府行政层级的规定,司应作为特区政府的一级机构,而非现在的"司长 + 辅助人员"之构成。作为政府机构的一个层级,无论是功能还是组织结构都应具有完整性。因此,有必要完整司级机构的设置。在职能上,司级机构除了管理与监督职能外,更应被赋予决策职能。① 相应地,在机构配备上,按照其职能定位,需要增设内部机构。在维持司长办公室设置的前提下,需要在办公室内设置政策研究与制定机构,并成立督查政策是否得到切实执行的机构,借此强化司级机构的决策和督查功能,解决目前以管理为主、决策与监督被弱化的问题,协助司长更好地就其分管施政领域内涉及长远与重大发展的政策进行谋划与思考。

与司级机构不同,在特区政府的四个行政层级中,局级机构虽然处于承上启下的中间层级,但是,由于特区政府仅有一级政府,而厅、处两级多属于局的内设层级,由此,局级机构往往需要直接面对居民提供公共服务与管理社会事务,所以,作为司级机构的下级,局级机构在职能分工方面,应明确与负责决策、监督的司级机构有所区别,其职能主要是政策执行。然而,现行局级机构既承担着政策执行,又负责政策制定。故此,应按照政策制定、执行、评估与监督适当分离的原则,调整局级机构的职能,将其承担的政策制定职能上移至司级机构,而局级及其以下层级机构主要负责政策执行,并接受司级机构对政策执行情况的评估与监督。而在政策制定过程中,局级机构应向司级机构提供相关政策信息与技术支持,发挥辅助决策的功能。

(三)以专业化原则合并职能重叠及相近职能部门,以整体化原则增设跨部门协调机制

在行政机构设置上,既要尊重专业化原则,又要体现整体化原则。忽视专业化必然会影响行政效率,而过度专业化则难免损害政府的整体化运作与协调。因此,政府架构重整与改革必须遵从专业化与整体化相结合的原则。

---

① 参见娄胜华:《司设督办机构管决策监督》,载《澳门日报》2009 年 6 月 8 日,A07 版。

分析政府管理中出现的诸多跨部门事务处理困境,不难发现,过度强调行政机构专业化设置甚至不断拆分原本职能相同的部门,进而形成职能重叠或职能相近部门的出现是重要原因,因此,必须对现有政府部门进行职能梳理,将职能重叠交叉或相近的部门加以合并与重组,避免因一味细分机构而导致内部协调问题。具体地说,可以推进以下几项工作:(1)重设非政权性市政机构,使现由民政总署负责的文化、体育、康乐等公共服务职能向社区层面配置,从而形成与特区政府层级的文化局、体发局等部门职能的纵向错位配置,避免相互之间的横向重叠;(2)撤销名目繁多的基金与咨询组织之独立行政技术辅助部门,改由相对应的政府职能部门提供行政技术辅助;(3)检讨各司辖范畴内的局级机构职能,凡职能重叠或相近的机构加以合并或重组。例如,行政长官直辖的行政长官办公室、政府发言人办公室与礼宾公关外事办公室,澳门基金会与科学技术发展基金;行政法务司辖的法务局、法律改革及国际法事务局与法律暨司法培训中心;经济财政司辖的劳工事务局与人力资源办公室,金融管理局与金融情报办公室;保安司辖的治安警察局与司法警察局;社会文化司辖的旅游局与旅游危机处理办公室,文化局与文化产业基金,高教办与教育暨青年局;运输工务司辖的土地工务运输局、建设发展办与运输建设办公室,邮政局与电信管理局,交通事务局与民航局。

与此同时,根据政府施政重点与未来发展需要,检讨项目组性质机构及成立新机构负责相关事务,例如,政策研究室可转为职能机构,成立国际及区域合作局负责处理对外及区域合作事务。

在跨部门事务协调方面,需要考虑建立不同机制。一是全局性事务的协调,可以发挥行政会的协调功能,将司长全部纳入行政会之中,考虑行政会的“准内阁化”,通过行政会协调跨司事务。鉴于目前情况,即行政会仅有一名司长参加而不具备协调政府跨司事务,因此,需要考虑从法律上创设政务会议之类的议事机构协调跨部门事务。二是专门性事务的协调,可成立不同的非常设性委员会性质组织协调专门性跨部门事务,例如,食品安全委员会,容纳与食品安全相关的政府机构,并指定与授权某司长主责与领导。

至于司级机构的拆分或调整问题,在跨部门事务协调问题没有得到根本解决之前,则不宜推进,而应维护现行的五司体制。[①] 反而,社会上强烈呼吁的加快法律改革问题,因其涉及跨司协调,必须加以正视。建议将现有的法务部门重新整合,其中,负责法律改革事务的部门,从行政法务司独立出来,成为行政长官的直辖部门,统筹法律改革事务。如果维持现有体制,则需要赋予法律改革委员会具协调各司法律改革事务的权力。

(四)以网络化建设为目标,从咨询组织的设置、成员、运作几个方面推进咨询组织的革新

从现有咨询机构存在的问题来看,咨询机构的革新目标是要充分发挥咨询机构的整体功能,以推动咨询组织的网络化为发展方向,通过不同层次、不同范畴、不同类型的政策咨询组织,收集政策意见,配合政策执行组织的互动,推进政策的社会化。当然,咨询组织网络化功能的发挥有赖于形成网络的单一咨询组织的完善。鉴于此,可以从咨询组织的设置、成员、运作几个方面进行革新。[②]

1. 以网络化建设为目标,调整完善现有咨询机构

针对现有咨询机构类型与层次结构单一问题,可以考虑在现有咨询机构的基础上,设立一些新的咨询机构,使之与原有咨询机构相互配套形成咨询网络。在特区政府层面,除现有不同施政领域的咨询机构外,可增设直辖行政长官的综合性咨询机构。具体形式可选择顾问委员会式(如国务院或省级政府的参事室)或发展策略委员会式(如香港特区策略发展委员会)。综合性咨询机构承担澳门特区中长期发展规划与重大政策的研究、咨询和论证。在社区层面,除了现有的三个分区社区服务咨询委员会外,还可设立更多采用社区议事会形式的直接关注社区民生事务的咨询组织。

在咨询机构的类型上,针对目前咨询机构同质同类的问题,可考虑研究型咨询机构(智库)与民意型咨询机构并重,官方、半官方与民间咨询机构共存,通过结构类型的完善实现相互之间的功能互补,弥补目前咨询机构的单一政策咨询型之不足。

---

① 参见娄胜华:《拆司非对症下药》,载《澳门日报》2014 年 8 月 10 日,A07 版。

② 参见娄胜华:《令民意表达更加畅通——参与式民主与澳门政府咨询机制建设构想》,载《澳门研究》2006 年总第 32 期。

2. 参与人员的代表性、专业性与多样性

咨询机构既非民意机关,亦非行政部门,其人员构成当然有别于其他公共机构。虽然它的基本构成应包括政府官员、社团代表、专业人士与市民代表,但是,不同性质与类型的咨询机构组成人员各有所别的原则应该得到尊重与体现。总体上,应降低现任政府官员在咨询机构人员中的比例,增加非官方的社团代表、专业人士与市民代表的比例。特区政府"中央"层面的综合型咨询组织,其成员应以广泛性为基础,兼顾代表性与专业性。区域性和社区层面的咨询组织成员应侧重民意性而非专业性。至于咨询机构成员的年龄结构与知识结构也应予以适当考虑。

在产生方式上,改变现行的全部委员以委任方式加入的情况。不同性质的咨询机构,其人员产生方式也可以不同。政府体制内咨询机构可沿用委任制方式,但是,其中的社团代表或社区代表应先分别经界别内社团协商或选举与社区内选举方式(社区咨询机构的负责人可以考虑成为当然代表)产生后报请行政长官委任。专业人员与社会人士的选择,可考虑在行政长官办公室设立专门档案库储备各政府部门推荐的本领域社会精英人士名单供行政长官从中挑选。政府体制外的咨询机构,若是区域性或社区性咨询组织,其成员组成可采用以选举为主、委任为辅的方式产生,至于其他纯民间咨询组织的人员则完全由其自主产生。

3. 改革运作原则与模式

在基本运作原则上,咨询机构遵循平等协商的民主制原则而非命令——服从的等级制原则。因此,具体模式应不同一般行政机构。(1)在成员任期制与兼任限制方面,推选任期制,规定连任不得超过二届或三届,以促使成员的流动,改变目前社会上反映强烈的咨询机构成员"来来去去一般人"(重叠率较高)的现象。同时,有必要引入"兼任限制"的原则,具体可规定非官方成员不得兼任超过 3 ~4 个咨询组织的职责。(2)在会议制度与议决原则方面,一般咨询机构应规定双月会制或季会制,少数咨询组织可采取月会制或年会制。在一般情况下,会议的召集与主持由咨询委员会主席负责,特殊情况也可试行委员轮流主持方式。(3)按照公开透明原则,建立定期报告制度。鉴于过往咨询机构的闭门会议与"黑箱"作业引起社会诸多猜疑,因此,有必要引入定期报告制度,编制年度报告,向公众与媒体公开,接受社会监督。

五、结语

总之,特区政府组织架构的科学化与合理化,要求政府架构改革必须以提升政府的社会管控与公共服务能力为目标导向,在厘清政府职能,尤其是适当区分政府核心职能与非核心职能的基础上,按照政府机构配置的基本原则,改革因过分强调政府机构专业化配置而造成的政府整体性与协调性不足,以及政府组织与政策功能关系不明确、咨询组织网络化程度有待提高等问题,注重强化政府内部的政策制定机构的配备,重塑司、局级机构的职能关系,合并职能重叠部门,以公共服务重心向社区下移为构想,重新设置非政权性市政机构,以整体化原则增设跨部门协调机制,以网络化建设为目标推进咨询组织革新。上述措施必须分阶段有计划地切实加以推进,否则,任何“为改革而改革”,又或改革程序先后倒置的做法,都将事倍功半,甚至功败垂成。

港澳是城非邦论:同质性原则下的特区高度自治边界研究

张　强*

一、引言

特别行政区在我国的地位究竟为何,一直是讨论的热门话题。由于港澳独特的历史原因,中央政府根据《宪法》的规定于两地设立了特别行政区,并创设了迥异于内地的管制制度。在世界历史上,“一国两制”成为一项伟大的创新。然而,却有人因此提出港澳是城邦的观点,一方面承认基本法是港澳自治的法理基础;另一方面则认为港澳是中央政府的法外之地,基本法甚至可以成为港澳临时独立的宪制准备,在港澳与内地的关系上,主张区隔开来,互不侵犯,强调港澳“城邦”与中央是共生的缔约关系。[①] 那么,到底什么是城邦?“一国两制”下的港澳特别行政区是否能够概括其性质与地位?换言之,港澳到底是否是城邦?在社会主义与资本主义,大陆法系、普通法系与社会主义法系都存在的情况下,是否会存在矛盾?如果存在,又当如何从法治的角度予以看待和解决?本文试图从历史研究、法理研究等多角度出发,勾勒出特别

---

* 澳门大学法学院博士研究生。

① 详情参见陈云:《香港城邦论》,香港天窗出版社有限公司2012年版;陈云:《香港遗民论》,香港次文化有限公司2013年版。

行政区的地位。

二、城邦与特区：不同历史条件下的产物

（一）城邦的历史之辨

城邦是人类早期的社会单位。当迈进文明时，社会性极强的人类便形成了或以阶级，或以地域，或以血缘，或以政治为基础的组织，并在长时间内完成了从城邦到帝国等多种不同的国家形态。① "城邦"一词在英语中为"city-state"，乃城市国家之意，其中"城"更侧重其地域意义，与中国古代的"域"相似，而"邦"则政治意义浓厚，与"国"戚戚相关。而追本溯源，"城邦"一词其最早为古希腊语，有学者指出，在古希腊语中"城邦"一词意味着三重含义，即"作为工商业和贸易中心的城市，每一个希腊城市都是主权国家，凡得参加司法事务和治权机构的人们组成的公民社会"。②

从词源本意来讲，"城邦"一词本身就指出了其产生的原因是由于商业贸易促使人群聚集，形成一定的社会组织，在实践中城邦也必然带有防止外敌威胁的作用。同时，"城邦"的第二层含义指出了其最主要的特征乃完全的独立性，无论是在名义上还是实质上都可以做出对内、对外有利于自我的决定。最后该词本身也包含着人类对民主最初的追求，反映出古代希腊民主与其城邦体制最微妙的关系。从历史形成来看，古代希腊城邦的形成是以市民权的理念作为基础，具有自治的共同体特性，即自律性。他们的首长是由直接民主产生的，城邦就是市民自治的场所。就相互关系而言，古代希腊城邦数量众多，小国寡民是这个时代的写照。一般以城市为中心，包括周围一些村庄，他们之间的地位上是平等的，强调的是自给自足，而某种程度上形成所谓的城邦联盟也是其自给自足理想被破坏，不得已而为之。换句话说，古代希腊城邦缺乏统一的观念，各自为政。亚里士多德亦说过，城邦是许多家庭与村落共同体为了营求完全自给自足的生活而形成的结合体。③最后，古希腊城邦之所以走向衰亡，也是其缺乏统一观念、各自独立、无法抗

---

① 参见日知主编：《古代城邦史研究》，人民出版社1989年版，第1页。

② 蒋重跃：《关于周代的封国与希腊城邦之异同》，载《河北学刊》2006年第3期。

③ 参见黄俊杰：《古代希腊城邦与民主政治》，台北，学生书局1981年版，第2页。

拒外敌的结果。①

而至于中国古代是否存在"城邦"则具有争议,不过对于两周时期诸侯林立的局面,史学家也客观对待。但是,与古希腊等西方城邦相比,两周时期的中国封国存在明显差异。比如,在原因上,中国古代封国城市多是由政治、军事原因而形成;在地位上,中国古代都需要形式上遵从周天子,他们之间是有一个共同的大宗的。同时,在中国古代传统观念中,大一统一直是盛行的君王之道,完全独立并不是历史的主流趋势。日本学者今井弘道认为,"东方城市由政治统治者及其官僚进行统治和管理,从城市与市民的视角来看,系他首的、他律的。也即由处于城市与市民之外的首长而规制的。城市市民并非城市政策的客体,城市并非作为市民而活动之场所"。② 所以,东西方在城邦形成原因及其管治的方式存在明显差别,这对于后世也存在不同的影响。

因此,在古代城邦中,无论是东方还是西方,强调的是政治意义上的共同体,具有相对独立的特征,并在历史中形成了小国寡民的现象,是国家形态的体现。当然,东西方城邦由于历史文化背景的不同,其发展前景也就存在很大差别。西方城邦奉行"城邦本位主义",即有一定规模的土地、有限的人口数量和实行公民团体的集体治权的小国,尊重他邦的独立和自治是一条不成文的邦际法则。③ 即使历史上出现城邦冲突和战争,但是他们的目的不在于统一,最终也被外部压力所征服。而东方则正好相反。

(二)现代城邦的兴起与发展

古代城邦逐渐消失在历史的长河中,而近些年来,不少学者提出了现代城邦的概念,并认为当下现代城邦成为世界发展的中流砥柱。一种对于现代城邦的理解依然建基于古代城邦的概念,认为独立的主权国家是城邦的必要载体,其代表为新加坡。④ 但是在实践中,这种意义的城邦是极少存在的,有学者将现代城邦的产生区别于古代城邦,并不是由商业贸易或军事目的而形成的政治意义的共同体,而是因为全球化、信息化、及时化等科学技术因素而形成的具有对周围腹地有极大影响力的大都市区。这种现代城邦

---

① 参见蒋重跃:《关于周代的封国与希腊城邦之异同》,载《河北学刊》2006年第3期。

② [日]今井弘道:《誓约的城邦形成论与社会契约论》,毕莹译,载《浙江社会科学》2014年第9期。

③ 参见王大庆:《古希腊城邦:向帝国时代转型的困境与趋势》,载《河北学刊》2010年第4期。

④ 参见周少来:《国家治理:中国能从新加坡学习什么?》,载《青海社会科学》2014年第6期。

之所以产生,是因为传统国家在军事战争等方面具有极其强大的功效,但是其宏观经济在当代社会无法有效地发挥作用。因此,这种核心的主要城市成为现代世界经济发展的策略。例如,阿姆斯特丹希望成为连接欧洲和世界的枢纽航空港和电讯港,在企业总部方面获得优势;纽约则建立“电子港”,成为电子讯息的枢纽。[①] 虽然现在许多国家都将部分权力进行下放,如意大利国会就将土地使用和交通运输的规划权、环境和文化资源的监控权、能源和水利系统的规划权等下放予包括都灵、米兰、威尼斯、热那亚、佛罗伦萨、那不勒斯等城市,[②]但是,现代城邦的兴起,并不意味着传统上级政府的不重要,因为上级政府拥有更大的权力,拥有根本的立法权,对于现代城邦具有极强的管治权。他们二者并不是一种对抗的关系。

尼尔·R.皮尔斯在分析了西雅图、巴尔的摩、欧文斯伯勒、达拉斯、圣保罗等美国的几大城市后,对于现代城邦的特征进行了总结和概括,[③]主要包括以下几点:一是认识城邦的不可分性。这是在表明人口密集地区是作为一个高度统一的有机体,在其腹地范围内,所有社区是相互影响的,没有谁能够脱离,城市与郊区,郊区与城市都有显著的依赖关系,不可避免地产生交集。因此,也只有不断的合作才能够继续向前发展,牢固树立现代城邦的地位和作用。二是规划地区经济。现代城邦成功的关键就在于其精心的规划,擅长利用自己的优势,如将公司总部设于纽约,将创新中心设于奥斯汀,将生产基地设于巴尔的摩,将退休生活中心设于图森,据此帮助现代城邦的良性竞争。三是强调现代城邦的中心作用,强调中心城市的吸引力,这样才可以维持整个地区的发展。

因此,现代城邦多从经济意义上着手,强调大都会区内的经济引领作用,使传统国家宏观经济无法施展手脚的地方能够得到良好的发展。并在此过程中,国家对于城市可以进行进一步的权力下放,从而更好地服务于经济发展,但是其本身并不是放弃对于该城市的管治,而是一种灵活的处理方式。这与古代城邦的概念有明显的区别,不能够将二者混同。

---

① 参见[美]尼尔·R.皮尔斯:《现代城邦:美国城市如何在世界竞争中崛起》,陈福军等译,大连出版社2008年版,第3页。

② 同上书,第7页。

③ 同上书,第320~340页。

(三)特别行政区与两种城邦

这里需要回到问题本身,即特别行政区是什么?是否等同于上述的古代城邦或现代城邦?而特区又是否能够完整描述香港特区和澳门特区的现状?从特别行政区的短语本身而言,其包含两个词:一是特别,二是行政区。这构成一个偏正短语,其中“行政区”是中心语,是事务的本质,而“特别”是修饰语,其意在对此“行政区”和普通“行政区”加以区别,但并不改变中心语。那么什么是行政区?行政区就是指有权限的国家机关按照一定的原则把国家的领土划分为等级不同的区域,建立相应的国家机关,实现国家的管理。[①] 世界上绝大多数国家,无论是单一制还是联邦制,都对其国土进行了行政区域的划分。单一制国家划分行政区域的目的是便于管理,兼顾地理条件、历史传统、风俗习惯、经济基础、民族分布等因素;[②]而联邦制国家行政区域的形成则是由于多个政治实体的结合。

我国亦对国土进行了行政区域的划分。我国《宪法》第 30 条规定,中华人民共和国的行政区域划分包含三个层次,第一级是省、自治区、直辖市;第二级是自治州、县、自治县、市;第三级是乡、民族乡、镇。此外,对直辖市和较大的市又分为区、县,自治州分为县、自治县、市的规定。其中,省、县、市、乡、镇等是我国普通行政区域。而自治区、自治州、自治县等民族自治地方,是以民族聚居地区为基础而划定的特殊行政区,其意在尊重民族平等,保障少数民族能够当家作主,采取更为灵活的措施以有利于该地方的发展。而直辖市的设立,则是将某些在全国政治、经济和文化上具有重要地位的城市直辖于中央人民政府,而不在他们之间设立省,其本身具有省一级的地位。我国《宪法》第 31 条则规定国家在必要时得设立特别行政区,这说明特别行政区也是我国行政区域的一种形式,不过是在特殊的条件下设立的,并非是主流的形式。香港、澳门之所以用特别行政区的形式,是因为香港、澳门自古以来是中国领土的一部分。但是近代以来,西方列强通过军事战争、武力威胁等手段,以不平等条约的形式强行瓜分,建立殖民统治,使港澳两地的

---

① 参见骆伟建:《澳门特别行政区基本法新论》,社会科学文献出版社 2012 年版,第 62 ~ 63 页。

② 参见叶正国:《我国国家结构形式的反思与重构——基于特别行政区制度的思考》,载《太原理工大学学报》(社会科学版)2014 年第 4 期。

社会制度与内地大相径庭,中央人民政府按照具体的实际情况设立了这种行政区域。这便是对"一国两制"思想的制度化。而在《香港特别行政区基本法》与《澳门特别行政区基本法》中,进一步规定了香港特区、澳门特区直辖于中央人民政府,因此,明确了特别行政区的行政地位与省、自治区、直辖市相同,都是中华人民共和国最高一级的地方行政区域。

而之所以说特别行政区"特别",也是相对省、自治区、直辖市而言的。我国地方行政区的所有权力来自于中央政府的授予、委托,地方行政区的机关是国家机关的代理,属于"地方国家机关"。其单一制突出体现在国家重大决策的单一制、人事举荐制度的单一制以及法纪监督的单一制上。[①] 而香港特区、澳门特区被授予的权力上明显多于省、自治区、直辖市。比如,《香港特别行政区基本法》第 16 条规定的香港特别行政区享有行政管理权,依照本法的有关规定自行处理香港特别行政区的行政事务;第 17 条则规定的香港特别行政区享有立法权,即除了国防、外交等属于中央政府职权范围内的法律不能自行制定外,香港可以制定民事、刑事、诉讼程序等适用于本行政区域内的法律;第 19 条则规定了香港特别行政区享有独立的司法权和终审权,特别行政区法院独立进行审判,不受任何干涉。此外,还授予了不同于省、自治区、直辖市的其他诸多权力,如使用中英、中葡正式语文,悬挂使用区旗、区徽,自行处理有关的对外事务。所以,特别行政区之所以是"特别"行政区,是因为中央政府授予了极大的权力,是省、自治区、直辖市所没有的。

但是归根结底,中央授予特别行政区再多的权力,也不代表特别行政区具有独立性。从逻辑角度来看,也依然是先有中央,再有特区,先有宪法关于特别行政区设立的规定,才有基本法对特别行政区具体制度的规范。特别行政区本身并不能决定自身的设立和发展,最终的决定权一定属于中央政府。因此,特别行政区一方面表明的是其行政地位,是中华人民共和国的地方行政区域,与省、自治区、直辖市同级;另一方面表明的是其与省、自治区、直辖市不相同的地方,具体体现在中央授予特区的权力远远高于授予省、自治区、直辖市的权力。换句话说,特别行政区是中央人民政府辖下、被授予广泛权力的一级地方行政区。

---

① 参见周刚志:《"过度分权"与"过度集权":中国国家结构形式的"制度悖论"及其宪法释义》,载《交大法学》2014 年第 4 期。

在分析了特别行政区的含义后,需要将其与前文已述的古代城邦和现代城邦进行比较,从而得出相应结论。与古代城邦相比,首先,特别行政区并不具有完整的独立性,即特别行政区不具有主权,它的存在和发展都是由中央政府决定的,这与古代城邦有明显不同;其次,特别行政区本身并不是国家形态的一种,其本质是地方行政区,其权力完全来自中央的授予,必须服从于中央政府;最后,特别行政区与省、自治区、直辖市以及特别行政区之间并不是互相尊重独立的关系,他们的前提都是统辖于中央人民政府的不同区域,应当是互相促进、共同发展的关系。因此,特别行政区并不是古代城邦。但是古代城邦中某些精髓的思想依然可以由特别行政区学习,如权力的制衡、完善的监督体系。[①]

同时,香港特区、澳门特区也不能与新加坡等城市国家相提并论。新加坡本身是马来西亚联邦的成员,独立后是一个完整的主权国家,港澳是中华人民共和国的特别行政区,是依据特殊的历史因素而设立的地方行政区域。中华人民共和国并不像联邦国家由成员邦组合而成,权力直接来源于人民。当从经济意义上去衡量现代城邦时,香港特区、澳门特区在其区域腹地内无疑享有中心城市的地位,能够推动附近地区,乃至全国经济的发展。我们需要承认港澳特区长期以来,对祖国经济发展做出的巨大贡献,而且从这个意义去看,香港特区、澳门特区起到了经济引领的作用。不过,香港、澳门作为特别行政区,不仅是区域经济的引擎,而且对周边甚至全国产生了巨大的经济推动作用。此外,特别行政区在国家治理方面,能够提供更多的创新,这也是其在法治体系下不同于内地多个中心城市的地方。比如,对于公民权利的保障、对于民主选举的实践。因此,特别行政区的地位和意义与现代城邦并不吻合,不等于现代城邦。

综上所述,特别行政区作为我国的地方行政区域,权力来源于中央,本身并无决定自身存在和发展的权力,没有国家主权,因此并不是古代意义上的城邦。而现代城邦主要考虑的经济效益不能够完全涵盖特别行政区的地位和意义,其“特别”之处不局限于经济发展的“领头羊”作用,因此也不简单的是现代意义上的城邦。反而,特别行政区是在我国单一制国家下创设的

---

① 参见胡骏:《古希腊民主城邦制与西方民主宪政思想的萌芽》,载《华东政法大学学报》2008年第5期。

一种地方制度,具有极强的创新性。而我国《宪法》第31条之所以规定特别行政区制度,便是有针对性地解决香港特区、澳门特区、我国台湾地区这些特殊历史条件下形成的问题,以便使“一国两制”能够制度化、法制化。所以,香港、澳门以特别行政区形式设立,完全符合我国《宪法》的立法原意,也符合香港特区、澳门特区的历史状况。因此,港澳从法治意义上讲,是中华人民共和国的“城”,而非有独立意义的“邦”。

三、同质性原则的释义

(一)二律背反关系的出现

香港特区、澳门特区不等同于古代意义或者现代意义上的城邦,它们是中央政府下辖的地方行政区,因此是中央与地方之间的关系。但是,由于中央授予特区高度自治权,使中央对特区行使管治权的方式看上去明显不同于其他省、自治区、直辖市,甚至让人误会特别行政区成为了“城邦”。因此,在比较了特别行政区的高度自治与两种城邦的区别外,还需要进一步的从理论上探究为什么如此,以及如何看待它们之间的关系。

现在存在于中央与特区之间的问题主要体现于二者之间关系的维系。在联邦制国家中,各成员邦都具有广泛的权力,但却依然能够和联邦政府维持良好的互动关系,因此从改善中央与地方关系的目的出发,不妨从联邦制国家中的理论体系和法治实践中吸取相关的经验。

卡尔·施密特指出,联邦制国家中联邦在法律和政治上存在二律背反,存在某种冲突和矛盾,具体体现为三个方面:一是联邦的宗旨是自我保存,但联邦成员邦身份却又减少了这种独立性,放弃了自救权;二是成员邦依靠联邦维护其政治独立性,但是联邦为了自身的安全,又不能置各成员邦的内部事务于不顾,一切联邦都会导致干涉,一切真正的联邦强制手段都是干涉;三是每个联邦本身都具有总体意志和政治存在,使其有别于联盟。因此只要存在联邦,总体和个别就必须同时存在,政治存在的二元性是联邦的本质,否则要么联邦解体,要么唯有单一的国家。[①]

那么通过反思,也可以发现特别行政区的存在也充满着二律背反,存在

① 参见[德]卡尔·施密特:《宪法学说》,刘锋译,台北,联经出版事业股份有限公司2004年版,第490~495页。

冲突和矛盾。比如,从为什么设立特别行政区的角度出发,设立特别行政区的宗旨是为了和平地解决历史遗留问题,使中华人民共和国恢复行使主权,回归到一个国家中来。但是授予港澳特别行政区高度自治权,特别是立法权、独立的司法权和终审权、从事相关对外事务的权力,以及发放特区护照的权力,使其维持原有的生活方式和社会制度却对"回归"造成了制度上和心理上落差。

从谁设立特区的角度出发,特别行政区之所以能够"特别"的存在,是因为中央政府对特区的"特别"授权,保证特区能够实现高度自治,但是特区"特别"的存在,其法律制度、生活理念等方面的不同使利益角度产生巨大差别。虽然特别行政区同省、自治区、直辖市一样直接受辖于中央政府,但是如果角度的不同,就可能造成特区与中央的冲突,中央与特区的关系出现困境。

(二)同质性原则的边界

卡尔·施密特对联邦制国家成员邦与联邦之间存在的诸多问题进行研究,提出了解决上述问题的根本前提就是全部成员邦必须具有同质性,即各成员邦具有实质的同类性,从而确立了各成员邦具体的、基于存在的一致性,使极端的冲突清醒不至于发生在联邦内部。并且,他对同质性进行了进一步的解释,即今天同质性的实质是人口民族的同类性以及政治原则的同类性。[①] 如果同质性受到威胁,那么就会出现巨大的问题。

特别行政区不是我国的一个成员邦,目前在我国特区存在的主要问题并不是特区与其他省、自治区、直辖市之间的矛盾,但是卡尔·施密特关于解决联邦制国家成员邦问题的思路值得借鉴。也就是说,中央与特区必须具有同质性,也就是具有实质的同类性。在"一国两制"的语境下,存在不同的法律体系和生活方式,其确实是存在矛盾和冲突的。如果没有同质性,就会对国家的统一造成威胁。

正如卡尔·施密特指出,同质性主要是指民族的同类性和政治原则的同类性。因此,无论是民族的同类性还是政治原则的同类性都需要从一个共同点上去追溯。这个共同点就是我国《宪法》。《宪法》是我国的根本大

---

① 参见[德]卡尔·施密特:《宪法学说》,刘锋译,台北,联经出版事业股份有限公司2004年版,第495~500页。

法,是确立民族共同体和政治共同体的最高准则。这不仅在我国得到认可和实践,也是世界多个国家宪法的焦点所在。① 两个同类性的要求和方法都在《宪法》中得到规定和体现。在民族同类性方面,我国《宪法》在序言中就开门见山地指出宪法是"以法律的形式确认了中国各族人民奋斗的成果",强调中华人民共和国是中华民族的共同家园,并明确一切权力属于人民。我国《宪法》第二章中又明确规定了我国公民的基本权利和义务,这些都是关于维护民族同类性的具体要求。公民概念的引入,就是在促成法律信仰与民族国家基于批判性立场的不可解析性。而在特别行政区中,两部基本法都是以居民作为权利和义务的规范主体的,并没有公民的概念存在,如果抛弃《宪法》而空谈基本法,就是本末倒置,是无源之水。因此,要保证民族同类性的实现,必须强调《宪法》中公民基本权利和义务的实现。两部基本法只是规定了居民的权利和义务,在没有特别规范的前提下,港澳居民中的中国公民必然受到我国《宪法》的约束,也只有这样才能够实现民族的同类性。

从另一个角度考虑,当我们问"我们有一个祖国吗?",这个问题的判断一定需要从宪法层面出发。因为同属一个国家,就需要认同和遵守这个国家的宪法。换句话说,法律信仰的政治本质是一种以宪法爱国主义为核心的法律爱国主义,因为宪法是一部充分凝聚和表征公民共识的法律。② 当不同社会制度和生活方式下的港澳居民回归祖国后,也许文化上会有些许不同,但是回归的共同基础就是我国《宪法》,必须以此作为民族同类的黏合剂。

首先,在政治原则同类性方面,我国《宪法》在第1条中就指出我国是社会主义国家,社会主义制度是根本制度,这就表明了在政治原则上这一条是不可动摇的,具有最高的效力。因此,无论"一国两制"如何实现,授予特别行政区多大的自治权,都不能危及我国的社会主义制度。换句话说,《宪法》第1条开门见山地表达了政治原则同类性的要求,指出国家制度只有一个,必须是社会主义制度,"一国两制"不代表国家制度有变化,"两制"只是社会制度、生活方式等有区别,都只能是国家制度的下位概念。

---

① 参见[德]卡尔·施密特:《宪法学说》,刘锋译,台北,联经出版事业股份有限公司2004年版,第496页。

② 参见高鸿钧等:《法治:理念与制度》,中国政法大学出版社2002年版,第134~139页。

其次,我国《宪法》第 2 条指出了一切权力属于人民的规定,并在后文中指出了民主集中制是我国国家机构的活动原则。从这个角度出发去思考特别行政区,特别是行政长官的地位和作用,更加容易理解。一切权力属于人民,意味着特别行政区的设立和发展都取决于全国人民,而不只是香港居民或澳门居民。全国人民行使权力的途径是通过全国人民代表大会,因此,若香港居民和澳门居民需要参与到国家治理的重大决策事项中,其途径必须是通过全国人大,不能另觅其他方式,特别是违法的暴力方式。而且,行政长官也是一个地方国家机关的领导,必然需要受到民主集中制原则的影响,必须听取并执行上级机关的命令。行政长官人选是由特区选举的,但是其任命依然是由中央决定的,因此中央对行政长官的任命与指示,都是政治同类性原则的要求。

最后,回归到本文最初的问题上来看,特别行政区之所以不是城邦,就是因为城邦的定位与我国《宪法》同质性的原则,特别是政治同类性的要求根本不符。我国《宪法》规定了我国行政区划的几种类型,都是在中央人民政府下的地方区域,都统辖于一个机构,因此不能将特别行政区区别开来,造成对政治同类性的破坏。这是我国《宪法》不能认可的,是对法治秩序的巨大破坏。因此,特别行政区高度自治的前提就是政治原则同类性,其具体指引就是以我国《宪法》作为最根本的判断标准。

因此,对于中央与特区之间面临的关系维系的问题,从法治的角度出发,需要坚持同质性原则,包括民族的同类性和政治原则的同类性。特别行政区是由于历史等多方面因素设立的,赋予其高度自治权是具体问题具体分析的结果。但是,对于高度自治权的授予需要把握的一个关键点就是同质性原则,即同质性原则是高度自治权的一个边界。任何有悖于同质性原则的行为或要求,都是超越了高度自治权的范围,理应得到制止。本文认为,对于将港澳特区定位为城邦的做法打破了同质性原则的要求,是违背我国《宪法》的,不应得到支持与肯定。

(三)二律背反关系的释然

在得出同质性原则是特别行政区高度自治的边界后,可以反过来再看上文提出的二律背反关系,即为什么设立特别行政区以及由谁来设立的问题。特别行政区是中华人民共和国使用和平与特殊化处理的方法,恢复对香港特区、澳门特区行使主权。无论中央政府授予特别行政区多么大的自治权,其根本都是在同质性的原则下规定,也必须严格按照这个原则去实施。民族的同类性要求香港、澳门居民中的中国公民必须以《宪法》作为最高行为准则,非中国公民也必须尊重我国《宪法》。而基本法或其他全国人大的决定授予其特殊的权利,不能抹杀民族同类性,港澳居民和内地居民都属于中华民族,都是《宪法》的规范对象。

政治原则的同类性明确要求特别行政区必须是中央政府下的一个行政区域,特别行政区制度也是一个地方制度,并不能成为与中华人民共和国国家制度相并列、相抗衡的制度。换句话说,在"一国两制"的条件下,特别行政区是特殊化处理的地方行政区域,管治特别行政区的制度虽然不同于省、自治区、直辖市,不同于民族区域自治制度,但归根结底在性质上与民族区域自治制度相同,都是一种因地制宜的地方政治制度。有学者指出,美国宪法是一部有原则的妥协史,并不是脱离历史时空的抽象存在,而是美国政治经济学的反映,是特定历史背景下不同的美国价值观博弈的结果。① 从这里亦可以看出,特别行政区制度与基本法是特殊的中国历史背景下的客观存在,不是脱离历史时空的抽象结论,需要认真对待。它是不同社会制度与生活方式的妥协,但是也必定是"有原则的妥协",妥协在于不同社会制度与生活方式的并存,原则在于同质性,要求一个国家的民族和政治原则的同类性。

四、结语

综上所述,从历史研究的角度出发,城邦在古代意义和现代意义上具有不同的含义。前者强调政治意义,注重个体的独立性,但终究被历史所淘汰;后者强调经济意义,注重对周边地区的经济引领作用。香港、澳门两个特别行政区从宪制规定和政治实践中看,他们的地位既不是独立的个体,也不仅是引领经济的中心城市,而是享有高度自治权的地方行政区域。因此,其既不属于古代意义的城邦,也不属于现代意义上的城邦,具有法治意义和经济意义上的双重属性和创新,两种层面上是相互促进的关系。

此外,从法理研究的角度出发,两个特别行政区之所以不是城邦,也是我国《宪法》同质性原则的要求。在中央与特区出现二律背反的情况下,只

① 参见王希:《原则与妥协:美国宪法的精神与实践》,北京大学出版社2005年版,第2~3页。

有把握好同质性原则,将民族的同类性与政治原则的同类性作为特区高度自治的边界,才可以维系好中央与特区之间的关系。特别行政区作为一个"特别"的行政区,其本质依然是行政区,是中央政府下的一个地方行政区域,而其特点是自治权的高度,因此在论述特别行政区的高度自治时,应当时刻注意其本质,不应舍本逐末,过度强调高度自治的特殊性。

书　评

刘兆佳《一国两制在香港的实践》①书评

何建宗*

一、前言

曾经有中央驻港领导人形容："香港是一本难懂的书"；②也有前中央领导人在回归前指出："香港特色就像紫砂茶壶里的茶垢，冲洗掉茶壶就不值钱"。③20世纪80年代，香港特别行政区（以下简称香港特区）作为"香港问题"呈现在国际、中国和香港人面前。30多年来，"香港问题"以不同形式出现，其中包含国际势力、中央政府和香港人的互动博弈。"香港问题"的内涵也不断转变：从中英就香港前途谈判、两国在过渡期就香港特区回归的各项议题较量，到回归以后中央和香港特区之间尖锐的政改争议，再到近期少数人挑战"一国两制"底线、关于"本土"和"独立"

---

① 刘兆佳：《一国两制在香港的实践》，香港，商务印书馆2015年版。

* 深圳大学基本法研究中心兼职研究员，全国港澳研究会理事。

② 曾任外交部副部长的中联办主任姜恩柱所言。

③ 1995年原全国政协主席李瑞环在"两会"期间的发言。他用了一个小故事指出，回归以后应该保留香港特区的特色："有位穷老太太去市场卖祖传的一把宜兴紫砂小茶壶，起码有200年历史，以后就算不加茶叶，水中也会有茶香，是件好东西。有人愿意以三两银子的高价购买。岂料老太太觉得茶壶太旧，不好意思要这么多的钱，就用水反复清洗了。买主回来一看，里面的茶垢全洗干净了，便说，就是5钱银子也不值了。"

的纷争。值此形势严峻、新老问题不断涌现之际,刘兆佳教授的新书《一国两制在香港的实践》,为"一国两制"从提出至今30多年的实践作出了继往开来的总结。

刘兆佳现任全国港澳研究会副会长,为香港中文大学社会学系荣休教授。他是香港特区政治社会学的奠基者,也是亲身参与回归前后香港特区政治的学者。过去20多年香港特区的政治制度发展,无论是行政主导概念的提出、功能组别的设立、特区筹委会预备委员会的设置,还是临时立法会和比例代表制的实行,都包含刘教授的建言和智慧。① 2002年,他离开任教20多年的香港中文大学,转任特区政府智囊——中央政策组的首席顾问,工作至2012年。这本书是刘教授离开政府以后的第四本著作。

二、写作的背景

《一国两制在香港的实践》一书于2015年10月出版,而其名字难免令人联想到2014年6月国务院新闻办公室出版的《"一国两制"在香港特别行政区的实践》白皮书。该白皮书全面阐述了中央政府对"一国两制"的重要立场,包括中央对香港特区有"全面管治权"、"一国"和"两制"的关系、宪法和基本法的关系、"爱国者"治港的含义、完善与基本法实施相关的制度与机制等内容。该白皮书发布以后,引起香港社会很大的争议,包括香港特区法律界对法官应该"爱国"这个普通法没有的概念表示异议。

作者在序言指出,写作该书的目的"是对基本法颁布25年和一国两制实施18年以来取得的经验和教训进行分析;对一国两制的执行情况进行初步梳理和总结……为如何在50年不变剩余的岁月中更好的落实一国两制、实践基本法、促进香港繁荣、稳定、发展、有效管治和中央与特区良好关系寻找线索和出路"。② 然而,该书出版之时,正值"一国两制"实践面临严峻考验的时刻,即风起云涌的"占领运动"刚刚过去一年,本土分离主义开始泛起,三个重要选举(2015年11月区议会、2016年9月立法会和2017年3月行政长官)即将举行。认真总结"一国两制"的实践,可谓刻不容缓。

---

① 参见刘兆佳:《思考香港政治需从香港的独特性出发》,载《港澳研究》2013年第1期。

② 刘兆佳:《一国两制在香港的实践》,香港,商务印书馆2015年版,第3页。

三、"一国两制"提出时的国内外形势

多年以来,论述"一国两制"的书籍汗牛充栋,但把"一国两制"放在当年中国和国际形势的脉络中分析却十分鲜见。作者在第一章指出,"一国两制"的提出正值英美面对内忧外患,中国在"文化大革命"后百废待举,策略上与西方国家友好,以促进改革开放的时期。其中,美国在20世纪70年代末期,经济方面受到能源危机和持续通胀影响;外交上则出现连番挫折,包括越战失败和伊朗人质事件,进入外交和军事的"收缩期"(retrenchment)。相反,同期苏联却在外交和军事上大肆扩张,对中东和非洲施加影响,包括出兵阿富汗和安哥拉、在也门、莫桑比克、埃塞俄比亚等地扶植亲苏政权等事件。①

1979年年初,时任副总理的邓小平历史性访问美国,其后中美建交,两国关系进入全新的阶段。当时,中国经历了10年"文化大革命",摒弃阶级斗争、以经济建设为中心是首要任务。无论是改革开放,还是发展市场经济,中国都需要大量西方的资金、技术和管理经验。美国则由于内政外交遭遇挫折,苏联势力扩张;中美合作抗衡共同的对手苏联成为两国最重要的利益交集点。②

作者花了一章去讨论当年的国际、我国内地和香港形势,是要论证任何重大决策或国策都不能光看政策本身,而是需要结合当时领导人面对的国际和国内环境,以及领导人据此作出的判断。不少香港人,包括经历了过渡期和回归那段历史的,都倾向从自身利益出发,认为"一国两制"方针的目的是保障香港人的自由和繁荣稳定,以保住香港特区这只"会生金蛋的鹅",为中国经济做出贡献。但该书却有力地证明了"一国两制"的目的和前提,首先是要符合国家长远利益。当然,香港资本主义的经验、知识、人才和资金对内地改革开放做出的巨大贡献,无可否认地让当年香港的"叫价能力"提高。

---

① 参见刘兆佳:《一国两制在香港的实践》,香港,商务印书馆2015年版,第1~11页。

② 同上。

四、"一国两制"的"妥协性"和基本法的"保守性"

"一国两制"和基本法,在上述历史背景之下,不可避免地带有"妥协性"。"一国两制"必须协调的利益很多,包括中国、英国、其他西方国家、中国香港各个阶层尤其是工商界的利益等方面。这意味着,每一方在得到部分利益的同时,也必须作出让步。作者指出,就中国政府而言,对英国和西方国家做出的让步包括维护他们在香港的利益、尽量起用殖民当局的精英、公务员全体过渡到特区政府、意识形态上不搞"非殖民化"等内容。对于香港的工商界方面,主要让步是维持原有资本主义、低税率、低福利的体制,并给予他们在殖民时期没有的政治权力。即其无论是在立法会的功能组别,还是选举委员会的组成、工商界的影响力都有举足轻重的作用,因此,其对行政长官的选举也有较其他社会群体更大的权力。①

基本法的"保守性"则明显体现在其核心要求,即保持香港原有资本主义和生活方式 50 年不变[《香港特别行政区基本法》(以下简称《香港基本法》)第 5 条]。此外,《香港基本法》第 159 条第 4 款作为限制条款("本法的任何修改,均不得同中华人民共和国对香港既定方针政策相抵触"),也明确规定了《香港基本法》修改的界限。《香港基本法》第五章、第六章、第七章(第105 ~ 157 条)详细列出回归前各项政策和对外事务,其主要原则是在回归后维持香港金融中心的地位、在各个政策范围的自主性、在中央授权下延续原有各种非政治性组织的参加资格。在这 50 多条条文中,出现最多的关键词为"保持""自行制定""继续实行"和"授权",可见为稳定香港人和国际社会的信心,基本法试图把方方面面在 1990 年的现状"冻结"下来。然而,当年草拟者预料不到的是,这些巨细无遗的条款为特区政府日后要进行社会性改革添置障碍,众多条文被司法复核,导致政策改变举步维艰。例如,综援制度、公务员减薪、居港权争议。

五、"一国两制"的六大矛盾

由于"一国两制"本身的妥协性和保守性,在过去 10 多年的实践过程中,产生了作者归纳出的六大矛盾。这里结合近年香港特区的发展趋势,对

---

① 参见刘兆佳:《一国两制在香港的实践》,香港,商务印书馆 2015 年版,第 77 ~ 81 页。

这六大矛盾进行评析。

（一）香港特区与内地"经济融合"与"政治分离"的矛盾

"经济融合"与"政治分离"的矛盾可以说是香港特区与内地矛盾最根本的一点。"一国两制"在构想时，香港首先呈现的是经济价值，邓小平曾多次提到，在内地要"多造几个香港"。这体现的肯定是一个经济意义的、代表先进生产力的香港，而不只是纯资本主义的香港。笔者认为，当年领导人是基于一种朴素的辩证唯物主义的分析，即政治制度属于上层建筑，当内地经济在21世纪发展成为一个中等发达国家、生产力接近香港时，两地的差异包括政治上的差异会收窄甚至趋同。因此，邓小平才强调，"五十年后不会变，也不需要变"。

然而事实证明，内地经济的快速发展和内地与香港的融合速度，是20世纪80年代的领导人始料不及的。这主要表现在两个方面：首先，内地在香港的经济利益越来越重要，如今香港特区的中资企业达到3300家，在港雇佣人员6万多人，其中，资产规模超过1000亿元的有27家。其次，在香港交易所，来自内地的企业分别在上市集资额、总市值和每天成交量三大方面排行第一，分别占总数的59%、62%和73%。[①] 内地的企业从过去为香港特区提供各种商品，到以香港特区为上市集资中心，再到近年作为香港特区市场参与者抢占各行各业的市场，其深度的参与香港特区经济自然引发对香港特区政府政策上的高度关注。

此外，香港特区自2009年开始积极参与国家的"五年规划"，与内地在经济方面的融合进一步加快。一方面，中央政府对香港特区的经济政策有要求，希望香港做到"国家所长、香港所需"，"提升香港在国家经济发展和对外开放中的地位和功能"（"十三五规划"港澳专章）；另一方面，香港也努力向中央争取有利于香港的政策，这方面跟其他省市区别不大。在这个参与规划的过程中，内地与香港政治上已不可分离，关键的问题在于香港特区政府应该如何在保持"两制"的前提下善于参与内地的规划。

（二）"维持现状"或"改变现状"的矛盾

《香港基本法》以宪制性文件的形式规定香港维持原有资本主义制度与

---

① 参见中央驻港联络办公室：《香港中资企业概况》，载中央政府驻港联络办网：http://big5.locpg.hk/gate/big5/www.locpg.hk/2014-08/26/c_126918322.htm，最后访问日期：2015年10月19日。

生活方式,50 年不变。从某种意义来说,是把 20 世纪 80 年代后期香港情况"冻结"下来。对此,被"冻结"的不只是资本主义制度,还有各种经济社会政策,并涵盖《香港基本法》160 条中的近 1/3。作者指出,世界上很少国家的宪法会详细列出大量社会和经济政策的条文,即便有也是代表国家奋斗的目标,并不具有可诉性。但香港终审法院却具有(或自我赋予)对《香港基本法》的"违宪审查权",当政府为了适应新的社会变化而改变个别政策时,常常会遇到司法复核的挑战,包括就政策是否违反《香港基本法》作出司法复核。①

大量司法复核诉讼也跟香港社会各种社会矛盾日益尖锐、共识难以建立有关。无论是政党、压力团体还是个人,都对现有的决策机制(包括特区政府的民主程度、立法会的组成、城市规划的制度)越来越不满,当强烈的求变声音遇上缺乏弹性的《香港基本法》条文时,诉诸法庭成为很多香港人的选择。而由此产生的后果是众多政策和大型基建项目被拖延,后者更导致工程费用大幅飙升。

(三)"保存原有的资本主义"和"循序渐进发展民主"的矛盾

什么是香港原有的资本主义？这个问题关乎"一国两制"的核心,但似乎没有太多深入的研究。首先,"原有"是指什么时候？这可以是指《香港基本法》颁布的 1990 年,也可以是《香港基本法》实施的 1997 年。但港英当局在这 7 年中,对香港的政治、经济和社会政策作了较大幅度的转变,包括提高立法局选举的民主成分、增加社会福利的开支、加强立法局和其他法定机构对政府的监察等内容。这些转变无论是正面或负面,都对特区成立后的管治有深远影响。

作者指出,香港原有资本主义体制和香港特色的殖民统治是十分罕见的组合。香港的传统资本主义特征包括"小政府"、简单低税制、有限福利、政府和资本家联手压抑民粹诉求等内容,理论上其一般存在于威权政府。然而,港英当局却愿意尊重市场竞争、奉行审慎理财政策,并在一定程度上维护个人自由和权利,其实行的"怀柔管治模式"构成了香港特色的资本主义。②

然而,民主选举的引入会对原有的资本主义产生冲击。一方面,殖民地

---

① 参见刘兆佳:《一国两制在香港的实践》,香港,商务印书馆 2015 年版,第 88 ~ 89 页。

② 同上书,第 92 ~ 93 页。

时期的港督由英国人直接委任,回归后的行政长官则由以工商专业界占多数的选举委员会选举产生,产生的客观后果是政府的施政更偏向资产阶级,导致贫富差距扩大,民怨有增无减。此外,工商界还可以直接到中央游说,间接向特区政府施压。另一方面,更开放民主的选举方式使民粹政治抬头,政府对市民提供各种福利和纾困措施也越来越多。这两种倾向使政府施政摇摆不定,缺乏威信,难以带领香港特区面对未来种种挑战,走出困境。

(四)"小政府"和香港特区与内地经济融合的矛盾

如上所述,在香港特色资本主义下,香港的小政府政策不鼓励政府介入经济事务。但随着中国的经济起飞,香港特区要对未来经济发展作一定程度的规划,但香港特区与内地的体制和思维模式差异大,导致很多合作项目进度缓慢。这和香港特区公务员多年来的惯性思维也有很大关系。首先,香港特区政府奉行审慎理财原则,对于没有确定回报的大规模投资普遍存在抗拒态度,而对于经常性开支的增加更是异常审慎。如果投资或开支涉及香港特区以外,公务员既担心对境外项目难以监察,也忧虑难以向立法会交代,因此"不做不错"的倾向明显。

然而,香港特区发展最大的制约是土地不足。澳门土地面积比香港小得多,但却能够租借珠海横琴的土地兴建澳门大学校区,并在区内使用澳门特区法律,有效解决发展空间不足的问题。反观香港特区,与深圳共同开发接壤的落马洲河套区进度缓慢,而不少有识之士提出的南沙发展计划更是遥遥无期,归根结底都与香港特区政府的保守思维有关。

(五)"行政主导"和立法、司法制衡的矛盾

殖民统治时期,香港的行政主导政体是建筑在行政权力在政治体制内几乎不受制衡的基础之上的。当年,港督身兼立法局主席,非官守议员大部分由政府委任。司法机关的法官以英国籍为主,对于行政机关少有挑战。

回归以后,香港特区政治制度采用:行政和立法机关分别由选举产生,立法会积极监察甚至阻挠政府施政。立法会议员和行政长官并非同属一个"政治命运共同体"。而且,香港特区的政党不能执政,行政长官按规定不能拥有政党身份,因此他在立法会缺乏稳定及可靠的大多数议员支持。

在司法方面,作者指出,殖民统治时期的司法机构虽然号称"司法独立",但一般十分尊重当局的政策和决定,比较愿意"自我约束";即便有司法复核的诉讼,也倾向谨慎处理,避免被认为"司法越权"。这种做法继承英国的司法传统。但回归后,法院倾向"司法积极主义",认为自己是"保障香港高度自治、维护人权、阻止行政机关滥权的重要力量",在多宗针对《香港基本法》条文司法复核的案子都在平衡人权与社会或公众利益方面倾向前者。①

(六)中央"干预"与"不干预"的两难

这个矛盾也是指向"一国两制"矛盾的核心,即到底"高度自治"的边界在哪里?中央的权力应该何时和如何使用?回归后接近 20 年,很多香港特区与内地的争议都与此有关。

回归后中央对港政策大致可分为三个阶段。

第一阶段为 1997~2003 年,政策基本以宽松和不干预为主。第一任特首董建华,获得充分信任;很多内地研究香港的机构纷纷裁撤,反映当年虽然香港特区面临经济问题,但中央对香港特区政治上还是比较乐观。2003 年"非典"肆虐,《香港基本法》第 23 条立法失败,导致多名问责官员相继下台,中央开始改变思路,并把"保持香港、澳门长期繁荣稳定作为执政党在新形势下治国理政面临的重大课题"看待。一些港澳研究智库重新建立,国务院港澳办等中央港澳工作机构开始加强。

第二个阶段为 2003~2012 年,在此期间香港特区经历了两次政改争议和多次人大常委释法。一方面,中央加强以《香港基本法》包括释法作为治理香港特区的手段,处理重大政治争议;另一方面,中央也在 2007 年年末确立香港特区普选时间表和路线图,并于 2010 年与泛民主派妥协,促成 2012 年特首和立法会选举向前迈进一步。

第三个阶段为 2013 年至今。党的十八大以后,中央反复强调要"全面准确"认识和落实基本法。2012 年 11 月,时任港澳办副主任的张晓明于党的十八大会议后发表题为"丰富一国两制实践"的文章,强调"一国两制"的核心要求和基本目标是"维护国家主权、安全和发展利益;保持香港长期繁荣稳定"。此外,党的十八大报告强调"全面准确贯彻'一国两制'、'港人治港'、'澳人治澳'、高度自治的方针,必须把坚持一国原则和尊重两制差异、维护中央权力和保障特别行政区高度自治权、发挥祖国内地坚强后盾作用和提高港澳自身竞争力有机结合起来,任何时候都不能偏废"。

① 参见刘兆佳:《一国两制在香港的实践》,香港,商务印书馆 2015 年版,第 98~99 页。

《“一国两制”在香港特别行政区的实践》白皮书的出版使中央是否和应否“干预”香港特区事务的讨论白热化，在某种意义上，也使长久以来香港特区与内地对《香港基本法》以至“一国两制”理解的差异表面化和扩大化。从香港人的角度来看，基本法最重要的目的是能够维持原有制度的各种优点，包括保障他们的自由、基本权利、法治，并带来实现普选的盼望。由于中央一再强调“港人治港，高度自治”，不少香港人倾向认为，《香港基本法》是一部“分权”的法律，把哪些是中央的，哪些是香港特区自治范围内的权力区分开来。

这个理解跟中央对“一国两制”的理解大相径庭，白皮书中有关中央权力的部分，表明中央对港拥有“全面管治权”，包括中央直接行使的权力、也包括授权香港特区依法实行高度自治。对于香港特区的高度自治权，中央有监督权力。香港特区的高度自治权不是固有的，其唯一来源是中央授权；特区高度自治权的限度在于中央授予多少权力，香港特区就有多少权力，不存在“剩余权力”。这些论述严格意义上都不是新的说法，但在香港特区与内地关系日趋紧张的情况下提出，能否缩窄两地对“一国两制”理解的差异，实在难以确定。

六、总结

回归近 20 年，不知道是否还有中央领导人觉得这本书“难懂”？但笔者作为土生土长的香港人，看到近年香港年轻人走向“本土分离主义”，少数人甚至鼓吹“港独”，确实觉得香港已经变得陌生，变得跟原来的价值观和文化越走越远。

这本书让读者走过“一国两制”提出至今的 30 多年历史，走过一段前人难以想象的历史。正如该书作者所言，“一国两制”本身就是妥协性的，充满矛盾的：“五十年不变”已经过了 1/3，也许我们都应该从承认矛盾开始，通过更大的努力，创造沟通平台和空间，共同探索“一国两制”的未来。

评《十论香港基本法在实施中》

蒋晓伟*

有幸在付梓前读到庄金锋教授的大作《十论香港基本法在实施中》(以下简称《十论基本法》),深为庄教授献身"一国两制"学术事业的精神所感动,也为庄教授锲而不舍地追求基本法在香港特别行政区(以下简称香港特区)实践真谛的执著品格所折服。《十论基本法》于2015年在中国评论学术出版社正式出版发行。

庄教授作为20世纪50年代法学专业的毕业生,长期从事法学研究,同时有1997年香港特区回归前在香港工作的经历,是我国最早、最直接研究"一国两制"特别行政区制度且学术造诣颇深的学者,其《十论基本法》一书有显著的三个学术特点。

第一,《十论基本法》是香港特区回归祖国大业的历史见证。正如庄教授在自序里所说,《十论基本法》是自己1992年从上海移居香港特区后,以及退休后所积累起来的"学术成果",共计论文70余篇。《十论基本法》的时间跨度从1992年至2014年,整整22年时间,也是邓小平提出"一国两制"构想时至今日的时间段。其内容从"评港督彭定康的首份施政报告"到

---

* 同济大学法学院教授、博士研究生导师,上海港澳台法研究会副会长。

“占领中环的十大祸害”，几乎囊括了香港回归祖国前后发生的所有重大事件和曲折历程，全面而深刻地阐述了“一国两制”特别行政区制度的原则和精神，并且旗帜鲜明地支持国家在香港特区恢复行使主权，并实行“一国两制”、“港人治港”、高度自治。《十论基本法》是香港回归祖国大业的历史见证，对我们认识香港社会、研究香港“一国两制”特别行政区制度具有重要的参考和借鉴价值。

第二，《十论基本法》是“一国两制”特别行政区制度理论和实践的有机结合。“一国两制”特别行政区制度在我国是第一次实施，在世界历史上也是第一次，其中有许多理论问题需要研究，有许多实践问题需要探讨。由于庄教授的特殊经历，其对“一国两制”特别行政区制度在香港特区的理论和实践有许多独到的、深刻的理解和见解。这些独到的、深刻的理解和见解围绕我国现行宪法和特别行政区基本法进行演绎推理，既有对基本法理论的阐释说明，如“港澳基本法与当代法理学”“一国两制方针科学内涵的深化”，也有对推进基本法贯彻实施的具体意见建议，如“特别行政区行政与立法关系再探讨”“为什么香港普选行政长官必须依法进行”。《十论基本法》体现了作为学者的庄教授对“一国两制”特别行政区制度理论孜孜不倦的探究成果，也体现了在特别行政区第一线工作的工作者勇于探索、敢于实践的研究成果。因此，《十论基本法》是“一国两制”特别行政区制度理论和实践的有机结合，这种理论和实践结合的研究成果，一扫学究式的研究和刻板的说教，具有一定的证明力和较强说服力，这正是“一国两制”特别行政区制度研究中所缺乏的。

第三，《十论基本法》有助于推进“一国两制”特别行政区制度的发展。《十论基本法》不仅见证了香港特区回归祖国的历史，而且从理论和实践两方面对“一国两制”特别行政区制度作了深刻阐释。其中，包含作者对“一国两制”特别行政区制度发展规律的探讨和研究，如“试论特别行政区制度实现的条件”“对香港公民党若干问题的思考”；也包括作者对特别行政区基本法基本精神和原则的阐述和宣介，如“基本法权威必须维护”。正是基于作者对历史事件的正确把握、对“一国两制”特别行政区制度理论和实践问题的深入研究，该书将有助于推进“一国两制”特别行政区制度的发展。这不仅是《十论基本法》的理论价值和其应用价值，也是其生命力所在。

80 岁在现代社会也许不算老，但 80 岁还出版专著的人并不算多。庄教授 80 多岁,出版了他的第 3 部关于“一国两制”的著述,这是基于他对生活、祖国、“一国两制”特别行政区制度的爱。让我们在接受、学习《十论基本法》的同时,学习和发扬庄教授“爱”的精神,以我们的绵薄之力推进我国“一国两制”特别行政区制度不断地健全和完善。

一部厚重全面、持论中道的香港特别行政区基本法研究之体系化力作

——评《香港基本法实践问题研究》一书

汪江连*

一、引言

2015年6月18日，香港特别行政区（以下简称香港特区）立法会对2017年普选行政长官的“政改方案”予以表决，最终因极为复杂的政治原因而未获通过。从此，香港特区进入“后政改时代”。回溯历史，该轮政改从2013年年底经由香港特区政府启动到2015年年中告败，经过了18个月的热烈关注，理论界和实务界都聚焦了极大的热情、投注了美好的期待。如今，算是暂时转入政改停滞期，从内地到香港特区，大家正在把目光转而聚焦到香港特区的民生、社会议题上。然而，当我们冷静的复盘，回望这两三年如火如荼的“香港热”，在仔细拣选过往的论著和思想时，有一本书是无法绕过的，那就是由深圳大学港澳研究中心邹平学教授领衔编著的《香港基本法实践问题研究》一书。①

该书系邹教授主持的教育部人文社科重点研究

---

* 中国计量大学法学院副教授，法学博士。

① 参见邹平学等：《香港基本法实践问题研究》，社会科学文献出版社2014年版。

基地重大项目之结题成果,体量巨大、内容丰富,计 900 多页、近百万字,内容涉及香港特区基本法实施近乎所有的论题,可谓近 20 年来,该论题研究的集大成者、扛鼎之作。作为一个香港特区基本法的研究者,自然不可绕过此书,笔者在撰写博士学位论文时,即将其置于案头、随时翻阅,借以从中寻找思想的灵感和写作的质料。为此,本文将从三个方面对该书做一个简要的评述,以求教于方家。

二、总体印象:一部厚重全面、持论中道的体系化力作

检视香港特区基本法的研究,大体热潮出现在三个时期,即 1990 年香港特区基本法制定前后时期、1997 年香港特区回归前后,以及 2013 ~ 2015 年香港"普选政改"实践前后。前两个时期主要聚焦政治与立法、基本法的解释和规范体系,可谓基本法的立法与解释学阶段,最后一个时期则全面步入理论与实践的"香港基本法学"阶段。经过近 30 年的学术积淀(1984 ~ 2014 年),晚近,在内地南北各形成两大港澳基本法研究重镇,即北京和广东。北京重镇自不待言,有政治中心之优势;广东则有地缘人文之优势。以邹平学教授为主的深圳方阵,近几年可谓异军突起。该方阵以深圳大学港澳基本法研究中心为轴心和平台,与广州的中山大学港澳珠三角洲研究中心密切合作,依托深圳大学、紧邻港澳,通过连续出版物、[①]课题项目、支持出版计划,以及青年人才培养等方式,已然形成了有团体、有平台、有著述、有人才、有影响的专业学术共同体。《香港基本法实践问题研究》则是该共同体的标志性阶段成果之一,值得关注。通读是书,笔者有如下几个总体的印象值得分享。

(一)内容厚重、主题全面,基本涵盖香港特区基本法实施的所有重大话题

在该书的封底介绍中言及:"本书是一本系统全面研究香港基本法实践问题的学术专著。"的确,以 900 多页、90 多万字的体量来系统研究香港特区基本法实施实践这一话题,在近十几年的香港特区基本法问题著述中,本书

① 2009 年 7 月,深圳大学成立港澳基本法研究中心。该中心 2014 年推出了《港澳基本法实施评论》这一以书代刊的连续出版物作为呈现基本法研究学术成果之平台,已经在学界产生了一定影响。

是“页码最多、字数最多”的一本专著，[①]可谓该问题研究的集大成者。该书共有 15 章，采取专题性集成的方式，并强调系统性和逻辑性，基本上每个专题都按照博士论文的架构撰写，借以体现其理论品味。在某种程度上，我们甚至可以说，它阶段性地总结了至此之前所有涉及香港特区基本法实施的重大话题，是难得的一本有宏大构造的最新成果。

该书基本上涵盖了基本法实施的所有重大话题，此类话题大体上可以分类为三大类：

第一类，与香港特区基本法实施的关联理论话题。比如，宪法在香港特区的地位、效力和适用问题；香港特区基本法作为授权法涉及的授权理论以及“剩余权力”之争议问题；普通法在香港特区的法律地位；香港特区基本法的解释机制问题、监督机制等。

第二类，香港特区政制发展实践中的焦点与争议问题。比如，香港特区的行政主导制问题、香港特区的“普选”之含义问题、香港特区第 23 条立法实施问题、香港特区的“政党”之法律规制问题、香港特区立法会与行政长官选举问题、国际人权公约在香港特区的适用问题，以及香港特区法院的司法审判和司法审查权等问题。前述问题直接涉及香港特区基本法的实践，也易于引发政争，甚至有不少问题较为复杂敏感。

第三类，香港特区基本法实践的相关问题。比如，香港特区的经济制度、文化制度，甚至区际司法协助、香港特区的国际法地位等内容都有触及。该类问题往往不太为法学界重视，该书难得有这样的章节设定，为关联的研究提供了很好的基础。

（二）持论中道、论说规范，围绕香港特区现实问题之理论与实践并重的学术立场

体量巨大的作品，最忌体系散乱、缺乏理论格调，该书力图避免陷入此窠臼。一部好的论著，要突出三性：第一，思想性；第二，学术性；第三，可读性。与此同时，其格调高低往往端看其立论的持守。当前内地的基本法研

---

① 附带一提的是，我们要排除带有文献编纂性质的图书，如强世功教授编著的《香港政制发展资料汇编：1997～2015 的政制发展（一、二）》[三联书店（香港）有限公司 2015 年版]，以及李浩然主编的《香港基本法起草过程概览》[三联书店（香港）有限公司 2012 年版]等书虽然都超过了千页，但皆属资料整理与汇编性质的作品，虽有重要功能，但不属于论著性质，故其智力贡献不具有可比性。

究,最易陷入两种极端:一种是不接地气的空偏怪论,貌似坚守学术与政治的距离,实则沦为"理论空想家";另一种则是纯为政策背书,沦为仅具对策性咨询价值的研究报告。笔者遍读该书,认为它避免或力图避免了上述两种困境,体现了学术的独立性、思想性,也凸显了持论的中道性和规范性,且语言平实、读来轻松,这是颇为难得的。

所谓持论中道,即不偏激、不偏不倚但也不骑墙,是指与港澳之基本法研究所形成的理论界和实践界之流俗观点保持一定距离,既不妄下批评,也避免盲目为政策辩白。内地的学者,如果能持守着相对超脱、又有学术担当的立场,对香港特区保持"同情性宽容"、对中央保持"理解性诤言",则其论述就立得住、也经得起岁月的淘洗。

该书中不乏"持论中道"之见,试举几例。比如,关于香港回归后功能界别制度问题,香港特区多持批评甚至废止论,内地部分学者和政界则为其辩护,甚至是不容质评之词。而作者则认为,我们要在改良该制度上有主动出击的胆略和眼光,这样才可避免内地与香港特区争拗不断。[①] 笔者认为,此即老成谋国之论。

关于香港特区行政主导制的演进脉络,此书的梳理也较为符合基本法发展的逻辑。它指出,基本法的规范文本和参与立法者早期的确鲜有"行政主导"的论述,晚近才有所突出,其中的确有政治因素,也符合基本法的体系解释之解释规则,甚至对行政主导与政党制度的关系,也直言不讳地提出了独立主张,诚属难得。[②]

关于香港特区政治问题的社会动因、对待香港特区普通法的正确取态、"双普选"面临的政治冲突之隐患等问题,对该书的不同专题,作者都提出了具有建设性、也保持学术独立品格的主张,甚至不乏从香港人的历史与现实实际状况角度的客观允当之论断,值得内地的决策层善加借鉴。

(三)多学科、多角度、多学缘团队合作的体系化作品

《香港基本法实践问题研究》是一个"集体"合作的作品,是具有一定逻辑体系的专题集成,每个专题的撰写基本上都按照博士学位论文的标准来架构,包括问题意识、文献梳理、核心观点、全面论证和对策建议等内容,避

① 参见邹平学等:《香港基本法实践问题研究》,社会科学文献出版社 2014 年版,第 235 页。

② 同上书,第四章。

免其沦为教科书的知识丛书。

专题研究的好处是，每个专题的作者都可以展其所长。该书的作者来自多学科、不同年龄层，有着不同的学术风格，通过专题设定的方式，使其保持一定的独立性，读者也可以选取感兴趣的专题选择性地阅读。而且，该书试图按照香港特区基本法规范体系，以基础理论问题牵引、逐步推进到实践性的话题，也保持了尽管不太明显却依然具有系统化特征的体系性。因此，保持了其学术品位。

尤其值得一提的是，该书是内地与香港特区学术合作的结晶和范例，它不局限于深圳大学的香港基本法研究者，还有广州和香港特区的基本法研究者；不仅有来自法学专业还有来自政治学等相关专业的学者，有的学者还有海外留学经历或境外访学经验，他们在基本法的研究上浸淫多年。此外，其作者团队兼顾老中青结合，借此可知邹教授的学术旨趣和学术理想，即不仅要打造一本香港特区基本法研究的阶段性总结之作，还要为基本法的研究团队与学术传承积蓄力量。质言之，该书的写作团队可视为内地香港特区基本法研究的“梦之队”也。

三、主要贡献：核心观点及其学术价值

（一）重大理论问题的学术主张与贡献

香港特区基本法在实施时涉及多个重大的理论问题，值得学界持续关注。本书对如下的几个问题提出了具有一定独创性的学术主张，极具学术启发性：

第一，中国宪法在香港特区的效力和适用问题。该书对《宪法》第 31 条的制宪意图以及它在总纲的法理地位做了新视角的论证，并主张宪法作为整体在香港特区当然有法律效力，但并非每个条文都适用，并指出“相互的认同与尊重”，也是内地与香港特区的宪法义务。①

第二，关于作为授权法的香港特区基本法之性质。该书相关专题的作者认为，香港特区的授权是主权回归后的地方行政区域的自治权，当然不拥有剩余权力。中央对香港特区的授权有综合性授权，也有具体授权；有一次授权，也有多次授权。但香港特区的自治权既然是经由授权而得，则它具有

---

① 参见邹平学等：《香港基本法实践问题研究》，社会科学文献出版社 2014 年版，第 115 页。

派生性、从属性和受监督性。换句话说,从授权理论上看,授权者依然享有该权力,也可以收回或自行使用该权力,它要与分权严格区分,也和行政委托不可类比。当然,该专题作者也指出,既然授权的内容是载于基本法,那么任何形式的"收回"都必须经过人大层面的修法才行,授权者包括全国人大常委会在维持授权者地位时也应该有法律上的界限,不能恣意。这既维持了法制的统一性,也保持了香港特区的高度自治权。此外,根据授权理论,该专题作者也态度明确地提出,香港特区法院无权审查人大常委会的立法。换句话说,它无权对中央层面的立法行使所谓"违反基本法审查权",这为香港特区法院的司法审查权之研究提供了新的思考角度。当然,也有学者从普通法理论的角度认为,香港特区法院当然拥有司法审查权,甚至包括违反基本法审查权,只是鉴于人大及其常委会立法的高阶性,加上《香港特别行政区基本法》第 158 条规定的限制,它无法实现对国家层面立法的审查权而已。①

第三,关于"普选"的含义问题。该书第七章用了一节的篇幅从理论上对"普选"含义的诸多争议进行了全方位的辨析,这对"双普选"的政改安排有理论指导价值。作者从词源学上分析了普选不等于直选,而可容纳间接选举的理据,并认为普及和平等的选举,也有合理的限制;普选的核心奥义与主要指向是选举权主体范围的普遍性而非选举权的平等性,且主要是投票权的平等,而非被选举权及其所包括的提名权的平等;普遍选举保障每个人都有选举权,而平等选举则是指"一人一票、同票同权"。作者同时结合了欧美的实践与国际条约的规定,认为单纯数目字意义上的平等实际上未必能真正实现民主,每个国家与地区都应该根据本地实际情况,采取适应性的普选方式来处理选举议题。应当说,这一论断是贴切的。

第四,关于香港特区基本法的普通法问题。晚近,香港特区出现了基本法的"普通法化"的现象,该书在不同的章节也涉及香港特区回归后的普通法地位、普通法与基本法关系、普通法在香港特区政制发展中的功能等话题。与此同时,也从理论上对香港特区的普通法所涉及的理论与规范命题予以关照、提出了不少富有价值的学术观点。比如,该书认为,香港特区原有法律,包括普通法不是当然效力延续到回归后,而是经基本法的确认与接

① 参见邹平学等:《香港基本法实践问题研究》,社会科学文献出版社 2014 年版,第 339 页。

纳才得以保留，即基本法赋予了它新的生命和身份。这一观点的洞见在于，回归后保留的普通法恰恰有了上位的法规范依据，即基本法。也就是说："普通法是依据基本法被赋予法律效力的。"①这就解决了主次问题、本源问题。从英国普通法的议会至上原则以及"普通法不能违反制定法的普通法原则"来看，该书论证了香港特区司法机关无法行使违反基本法的审查权，这也算从独辟蹊径的视角认为当然可以审查香港特区的"附属立法"。当然，该书提出了一个大陆法与普通法应该互相借鉴的学术主张，以及普通法应该本土化、大陆法也应该尊重普通法的共生理念。从法律文化和思维方式上，该书选取了中道的立场，这是比较务实的。

（二）重大实践话题的学术主张与贡献

香港特区基本法实践的核心有两个：一个是香港特区司法机关实施基本法的问题；另一个是香港特区的政制发展所产生的实践问题。该书对上述两大实践问题所涉及的核心问题都有所论及，也提出了富有创见的学术主张，试列举如下。

第一，香港特区法院的法律解释权力和司法审判权问题。这个方面涉及三个关联的香港特区基本法实施问题：一是香港特区司法机构的基本法解释权问题；二是香港特区司法机构如何行使司法审查权问题（也有学者从狭义的角度将其界定为违反基本法的审查权）；三是香港特区司法机构如何行使司法裁判权问题。关于这三个问题，前两个较复杂、争议很大，该书的有几个学术主张值得引起重视。

（1）《香港特别行政区基本法》第 158 条的规范结构分析。《香港特别行政区基本法》第 158 条被学者认为是中国法与普通法法律解释体系的混合体。该部分作者主张，香港特区法院所拥有的基本法解释权与全国人大常委会的基本法解释权不在一个层面，个别学者的双轨制②主张不甚妥当，较妥当的表述应该是"一元两极主从解释模式"，后者的解释权是完整的、最终的且效力更高的。③ 当然，作者也提出该条立法存在漏洞，对香港特区法院

① 邹平学等：《香港基本法实践问题研究》，社会科学文献出版社 2014 年版，第 169 页。

② 参见程洁：《论双轨政治下的香港司法权：宪政维度下的再思考》，载《中国法学》2006 年第 5 期。

③ 参见邹平学等：《香港基本法实践问题研究》，社会科学文献出版社 2014 年版，第 368 ~ 376 页。

不提请解释的情形未作规定,值得未来修法时完善。

(2)关于司法审查权问题。该书中由朱国斌教授撰写的第六章对此予以系统阐述,他的核心主张包括:香港特区法院事实上行使了司法审查权力,这种权力是司法机构的合法性裁决权力,这才能实现“独立的司法权和终审权”。但是,对于特区立法会,香港特区法院拥有的司法管辖权是全面的,而对于全国人大及其常委会它是缺乏任何实质性的审查权的,哪怕是“查证”的权力都底气不足。当然,我们应该承认香港特区法院依据普通法传统和思维模式,实际存在司法审查权,即只有司法机关才能解释法律,并可依据最高地位的法律进行司法审查。[①] 这可能是基本法框架下的普通法机制之必要条件。

第二,香港特区普选行政长官所涉及的重大实践难题。该书主张,香港特区普选行政长官的焦点问题就是提名委员会的提名机制问题。的确,事实证明该判断是准确的,为此,该书第七章用了 5 节(第 4 ~ 8 节)的篇幅阐述该问题。其主要观点为:(1)提名委员会的提名机制其价值功能是对“一人一票”的纠偏和补正,具有存在的正当性和合理性;(2)提名委员会的广泛代表性是一种群体、社会阶层意义上而非个体意义上的代表性,主要保障均衡参与;(3)香港特区行政长官普选必须回归到基本法和人大决定的轨道上,不可超越了法治的边界;(4)普选时采取“计分制”的投计票方式更有利于解决香港特首选举的困境。[②]

第三,香港特区政制发展中的政党法律规制问题。政党法制化是香港特区近些年政制发展的核心议题之一,该书涉及该问题富有学术价值的论述包括:(1)香港特区行政主导制运行乏力的一个核心原因是香港特区没有执政功能的政党、行政长官缺乏执政联盟,在立法会无法发挥有效影响力。[③](2)普选行政长官时,香港特区面临政党政治发展的两难抉择,参选人是否有政党背景各有利弊。(3)从长远的角度来看,香港特区应该立法规范政党活动,其核心价值是平衡国家安全和自由民主的关系。香港特区应制定政

① 参见邹平学等:《香港基本法实践问题研究》,社会科学文献出版社 2014 年版,第 425 ~ 450 页。

② 参见赵心树:《选举的困境:民选制度及其宪政改革批判》,四川人民出版社 2008 年版。

③ 参见邹平学等:《香港基本法实践问题研究》,社会科学文献出版社 2014 年版,第四章第五节相关论述。

党法但却要考虑两个因素:一是普通法传统下的司法规制政党模式;二是香港的政党前身皆成立于港英时期,即先于基本法实施之前,时序上的倒置极易引发对基本法价值秩序的认同缺失问题。此外,不得不承认香港特区的政党与国际势力有所勾连,因此,在普选前是政党法制化的良机。[①]

(三)主要相关论题的学术主张与贡献

此处主要相关论题是指与重大理论问题和香港特区基本法实施的政制发展相呼应的论题,而非基本法实施问题之外的话题,该书在如下几个论题上有较为突出的深入阐述。

第一,《香港特别行政区基本法》第23条立法实施的问题。第23条的立法实施一直是香港特区政争的敏感问题,董建华试图推进立法也以失败告终,以至于促使中央调整了对港工作的思路。为此,该书直面这一争议性强的话题,实属难得。关于第23条立法问题,本书的主要观点为:(1)根据《香港特别行政区基本法》第23条的规定,香港特区应自行立法保障和维护国家安全,这是一种较为特殊的立法授权,实质上赋予香港特区对国家安全承担宪制义务和责任。(2)香港特区面临着复杂的环境,急需第23条的立法落地,这是基于如下复杂的环境:香港社会政治上有参与无共识;文化上缺乏国民身份认同;外部有国际势力干预。(3)为了围绕基本法形成公民认同,并实践爱国者治港、并保障未来普选的政制发展,必须调整思路,即要改变"重中央管治权、轻公民参与权"的管治思路;要以"国家—公民"的框架代替"中央—特区"的思路。(4)完善政党法制,规范政党行为,并建立实效的政党取缔机制。

第二,香港特区的国民教育问题。该书主张,国民教育的实质就是培养国家认同,核心就是树立国民的国家意识。然而,2012年以来香港特区政府所推行的"德育及国民教育科"计划遭到抵制,香港特区的"去殖民化"是国民教育的核心,在"一国两制"的大包容理念下,要延续"中华之根",以避免

① 参见邹平学等:《香港基本法实践问题研究》,社会科学文献出版社2014年版,第九章:香港"政党"(政治性团体和组织)的法律规制相关论述。该章由香港政党问题研究的专家叶海波教授撰写,此外学者朱世海、黎沛文也主张要对香港的政党予以直接法律规制,而非采取如今的间接规制方式。

所谓的香港民族论、香港本土化认同。[①]

第三,该书几个具有特色的专题研究。本书不同于其他的香港特区基本法实施著述,增加了为多数香港特区基本法研究者涉猎较少或不太关注的话题,而这些话题从“后政改时代”的角度来看,日渐成为核心的重要话题。这些话题包括了香港特区的经济、社会和文化制度问题;香港特区参与国际公约的权力问题,以及香港特区的区际司法协作问题。这些话题因与政制热点不直接相关,一度被研究者忽视,而该书却将其设置成了专题来予以论述,且提出了不少有价值的主张,是难能可贵的。

四、未尽之处:香港特区基本法实践的研究依然在路上

《香港基本法实践问题研究》作为一部厚重的学术论著,所涉及的理论问题和实践议题颇为繁复和前沿,尤其是该书出版于2014年11月,在香港特区2017年政改咨询的“中间关键时期”,无论作者如何紧贴现实,也依然无法对香港特区那段时期一日千里的政制变迁做百科全书式的呈现。尽管当我们翻阅作者的后记和书中的个别章节时,发现它在付印之际还对刚刚发生的香港特区“占中”事件有所评估,[②]但是总归有不少的遗憾需要“下一部”的作品来弥补。书评势必要有批判性的内容,为此,笔者也不揣浅薄,提出如下几点权作“鸡蛋中挑骨头”之论。

第一,香港特区基本法实施的重大理论问题,仍然有可资深挖的空间。对于一本因项目而成的著述,过高的理论性要求是不妥当的,然而,香港特区基本法实践中的重大理论问题实在是太过引人注目,也争议极大,任何从事香港基本法研究的学者或对基本法有兴趣的学人,都不免有“理论饥渴症”。笔者以为,该书在如下几个理论问题上,还依然有可深挖的空间,或有让人读来“略有不过瘾”的地方。比如,关于授权理论问题:授权的本质是一种政治代理理论,在何种框架下,授权者不得收回授权,该书提到了行政授

① 参见邹平学等:《香港基本法实践问题研究》,社会科学文献出版社2014年版,第745~749页。

② 比如,作者的后记与致谢补记于2014年10月15日,而书籍的出版是2014年11月,中间仅相差半月。此外,该书还专门对2014年的“8·31决定”进行了长篇的规范分析,甚至对9月28日的“占领中环”予以了简要的评述,足见其撰写时对时效性问题的及时关注。参见邹平学等:《香港基本法实践问题研究》,社会科学文献出版社2014年版,第556~563页。

权和行政委托的可类比性,却未深入,略有遗憾。关于功能界别选举模式,该书提出了主动改良的主张,然而,功能界别选举模式在香港特区政制存在的价值和功能,显然不仅因为其是“香港的独特民主路”(刘兆佳语),实质上体现了功能代表制是职业代表制的变型。该书似乎涉及了行会代表制,却未深入论及群体代表制与法团主义的勾连实质上是对人格代表主义的矫正机制。关于第23条立法实施问题,其实关涉国家统合的理论,此点该书未深入分析。

第二,对策性研究的对策与建议,仍然需要进一步细化或做可行性论证。该书既然是重大项目的结题成果,必然需要提出对策建议。然而,其中有不少对策建议略显简略、缺乏细化的可操作机制。比如,关于宪法在香港特区的效力和适用问题,最好能提出有针对性的实施机制;如何从机制上构建一个维护全国人大常委会对特区的违反基本法审查权问题,从而对香港特区事实上存在的司法机关违反基本法审查权有所消解;如何从政党法制化、改良功能界别选举模式以及理顺香港特区政治架构等方面提升香港特区行政主导制的运行实效,包括第23条立法如何落地的问题,都值得提出较为系统且细化的方案。

第三,该书在体系化和协调性上,依然需要加强。一本由众人合著的专题式大部头(其字数与《红楼梦》相当),想体系完整、逻辑严密、观点协调确实很难。这里提出两个需要改进的地方,供未来修订时关注。

关于香港特区司法机关的司法审查权问题,该书在第三章中涉及香港特区法院违反基本法审查权的问题处,作者的观点是持反对意见的;而第六章香港特区法院司法审查权的性质、内涵及其实践部门处,作者的观点似乎是认为香港特区法院拥有对特区立法机关立法的“司法审查权”,且认为这实属普通法传统的题中之意。第三章与第六章的主张确乎有所矛盾,易于引发歧义。

从系统论的角度来看,该书如下几个方面可再打磨:(1)在章节的设定上,第七章过于肥大,有180多页的篇幅,与其他章节不太协调,可以考虑将其分拆为若干章。(2)可以采取体系化分类方式来编排章节,如香港特区基本法实施的基础理论问题、香港特区基本法实施的重大政制问题、香港特区基本法实施的重要制度问题。(3)个人认为,第五章香港特区基本法解释机制应该放在第十五章香港特区基本法实施的监督机制之前,这样便符合香港特区基本法的规范文本脉络。

五、结语

读一本书并予以批评是极为容易的,而关注一个话题且架构一本如此宏大的著述却是极为艰难的。《香港基本法实践问题研究》一书也许有一些瑕疵,但是瑕不掩瑜。笔者认为,该书已经成为近年来香港基本法研究不可或缺、不可绕过,且不可不读的扛鼎之作。该书的理论格调、研究范式、写作规范,包括专题架构和文献分析方法,都值得我辈学人学习。与此同时,香港特区政改虽然出现短期的挫折,但香港特区的政治发展、基本法的法治变迁依然不会停止。鉴于此,我们不仅要深入研读该书,且应该以此书为出发点,继续为香港特区的政制发展、基本法的学术繁荣,贡献才智,并逐步形成港澳基本法学的规范研究之学术共同体。

2015 年基本法实施大事记

2015 年香港特别行政区基本法实施大事记①

1 月

1 日

资深大律师郑若骅、谭允芝、黄继明及陈静芬获委任为高等法院原讼法庭特委法官。

2 日

▲政制及内地事务局接受新一轮《香港特别行政区基本法》推广资助计划申请,2 月 13 日截止。

▲特区政府委任 4 名妇女事务委员会新成员,并再度委任刘靳丽娟为主席和 9 名现任成员,任命 1 月 15 日生效。

4 日

律政司司长袁国强在北京出席《中华人民共和国政府和常设仲裁法院关于在中华人民共和国香港特别行政区开展争端解决程序的东道国协议》及相关行政安排备忘录签署仪式。

6 日

特区政府政改咨询专责小组向国务院港澳办提交《近期香港社会及政治情况报告》,如实反映香港特区 2014 年 8 月 31 日至 12 月 15 日与政制发展相关的事件和社会各界表达的意见和诉求。

---

① 本大事记由黎沛文、朱湘黔负责整理。

7 日

特区政府发表《行政长官普选办法咨询文件》,正式开展为期两个月的行政长官普选办法公众咨询。

8 日

英国外交与联邦事务部国务大臣施维尔访问香港特区司法机构。

9 日

立法会财委会通过石鼓洲焚化炉拨款申请,象征着"三堆一炉"的拨款已全部获通过。

12 日

终审法院首席法官马道立宣布 2015 年法律年度开启。

13 日

行政长官梁振英周四出席电台联合烽烟节目,解答市民对 2015 年施政报告的提问。

14 日

行政长官梁振英在立法会席上发表 2015 年施政报告《重法治 掌机遇 作抉择 推进民主 发展经济改善民生》,阐述特区政府 2015 年工作方针。

15 日

特区政府接纳最低工资委员会建议,最低工资水平由时薪 30 元增至 32.5 元,增幅 8.3%。

16 日

行政长官再委任和新委任经济发展委员会和辖下 4 个工作小组的成员,1 月 17 日生效,任期 2 年。

20 日

对于港区人大代表吴秋北提议将《国家安全法》纳入《香港特别行政区基本法》附件三,行政长官梁振英表示,政府对此并无研究或准备,又重申未有计划为《香港特别行政区基本法》第 23 条立法。

22 日

▲政务司司长林郑月娥率领代表团前往福州,与福建省副省长郑晓松共同主持第一次闽港合作会议。双方签订协议,加强经贸和金融合作。

▲澳门特区终审法院院长岑浩辉访问香港特区司法机构。

25日

▲民政事务局局长曾德成巡视2015年街坊代表选举长洲墟镇投票站，表示今届乡郊代表选举总体参选和投票人数均较上届高。

▲香港大学学生会评议会通过启动校内公投，决定学生会是否退出学联。

27日

刑事检控专员杨家雄出席立法会司法及法律事务委员会举行的法律事宜政策简报会，首次公开证实，廉政公署已就前特首曾荫权接受富豪款待的案件完成调查。

28日

亚太经合组织商贸咨询理事会2015年首次会议在香港特区举行，行政长官梁振英设宴欢迎出席会议的成员。

29日

由中国国际商会投融委和香港明天更好基金共同发起，旨在凝聚内地与香港特区政商各界力量，带动两地间以及面向国际的投资与交流的香港国际投资总会正式成立。

30日

政务司司长林郑月娥与深圳市长许勤在深圳共同主持深港合作会议，双方总结过去一年的工作成果和展望来年合作方向，重点包括前海发展、金融服务、青年合作和医疗服务等。

2月

1日

香港特区政团民阵发起游行，要求落实所谓“真普选”，反对“袋住先”的政改方案。民阵表示有13,000人参加，警方指出最高峰时有8800人，游行人士抵达终点中环遮打道行人专区后随即举行集会，集会在晚上7时左右结束。特区政府发表声明回应民阵于本日发起的游行，呼吁社会各界抱平和、务实、包容、理性的态度提出意见，凝聚共识，让500万合资格选民可于2017年一人一票普选行政长官。

2日

▲行政长官梁振英向传媒表示，只能选择按照全国人大常委会“8·31

决定”的框架来落实行政长官普选,不能以承诺在 2020 年取消立法会功能组别来换取泛民议员支持政改方案。

▲特区政府去信立法会财委会主席,建议撤回渔业发展贷款基金项目申请,财委会余下的议程只会讨论成立创新及科技局的议案。

3 日

▲行政长官梁振英在行政会议前对传媒表示,有必要成立创新及科技局,统筹香港特区在这方面的发展,又指出有关建议已获立法会大会和相关委员会通过,呼吁议员尽快批准拨款申请。

▲政务司司长林郑月娥在政制发展咨询论坛表示,全国人大常委会的“8 · 31 决定”已为 2017 年普选行政长官提供明确的法律基础,但该框架下的具体细节仍待第二轮政改咨询探讨,拟订合适的具体方案,可让普选做到公平公正、具竞争性和透明度。

4 日

行政长官办公室发表声明指出,《苹果日报》报道立法会财务委员会审议成立创新及科技局时,引述行政长官的谈话内容严重失实,对有关错误报道表示遗憾。

6 日

香港特区保育人士何来及“土地正义联盟”成员谭棨禧入禀高等法院申请司法复核,要求撤销环保署署长 2014 年 11 月批准的环评报告以及准许机场第三条跑道兴建工程施工而发出的环境许可证。

8 日

▲行政长官办公室发表声明,回应大专师生教职员有关学术自由的联署声明,重申《香港特别行政区基本法》明确指出香港是中国领土一部分,香港是中华人民共和国的特别行政区。

▲香港特区政团热血公民、本土民主前线、学生前线及屯门人屯门事等激进民主派及本土派政治组织光复屯门游行,抗议香港境内水货客问题及争取取消港澳个人游一签多行。

10 日

政制及内地事务局局长谭志源在出席新界乡议局会议介绍《行政长官普选办法咨询文件》后向传媒表示,已向中央表达部分有心人士希望在适当时间、地点和场合与中央官员会面。

11 日

中央政策组回应传媒查询，没有就委任香港大学副校长作游说、干预或施压。连同全职顾问高静芝，该组没有主动接触港大校务委员会成员。

12 日

行政长官办公室发表声明，行政长官和特区政府没有干预香港大学遴选副校长的工作。

14 日

▲立法会财委会在部分泛民议员拉布下，未能完成审议拨款成立创新及科技局的工作，最终该议案无法在死线前表决。

▲行政长官梁振英会见传媒时表示，尊重学术自由，没有用电话或其他方式干预香港大学副校长的遴选工作。

▲香港大学学生会宣布，有关要求退出香港专上学联的议案以 2522 票赞成、2278 票反对、1293 票弃权获得通过。

15 日

香港特区本土派政治组织在香港新界沙田市中心发起所谓“捍卫沙田行动”，逾 200 人参加，抗议水货客影响市民生活。

25 日

财政司司长曾俊华在立法会发表 2015 ~ 2016 年年度财政预算案，预算案演说和相关资料会在网页同步发放。

26 日

特区政府回应英国外交及联邦事务部向英国国会提交的“香港半年报告书(2014 年 7 月至 12 月)”，即香港是国家的一个特别行政区，香港的政制发展全属中国内政和香港内部事务，希望外国政府尊重特区的立场。

28 日

行政长官梁振英向传媒表示，政府会继续向社会解释通过政改的重要性，以及须根据《香港特别行政区基本法》和全国人大常委会“8·31 决定”落实普选的必要性。对于有人坚持全国人大常委会须收回或修改“8·31 决定”，重启政改咨询，行政长官梁振英强调这些说法不符合香港特区宪制的规定，也不符合政治现实。

3 月

1 日

终审法院其他普通法适用地区非常任法官纪立信、廖柏嘉勋爵及华学佳勋爵的任期获延续 3 年。

2 日

行政长官梁振英公布,委任杨伟雄为行政长官创新及科技顾问及行政会议非官守议员。

6 日

特区政府回应英国下议院外交事务委员会关于香港的报告,即特区政府会坚决按照《香港特别行政区基本法》和全国人大常委会"8 · 31 决定",推动落实 2017 年普选行政长官。

7 日

政务司司长林郑月娥会见传媒时表示,第二轮政改咨询即将结束,现已收到逾 10 万份意见书,会争取在 4 月公布咨询结果,并向立法会提交有关行政长官产生办法的议案。

8 日

行政长官办公室发表声明,《苹果日报》有关行政长官梁振英"被揭阻挠港大聘任法律学院前院长陈文敏出任副校长"的报道,完全罔顾事实,对此深表遗憾。

11 日

政务司司长林郑月娥与广东省副省长招玉芳在广州共同主持粤港合作联席会议第 20 次工作会议,签署 2015 年粤港合作的具体工作计划。

19 日

政制及内地事务局发表声明,3 月 8 日全国人大常委会委员长向全国人大会议提交的工作报告内提及"8 · 31 决定",全国人大会议已通过该工作报告,所以现实上没有可能改变或撤回"8 · 31 决定"。

20 日

政府建议将离岸基金利得税豁免扩展到私募基金,有关的《2015 年税务(修订)条例草案》今日刊宪,下周提交立法会。

4月

1日

▲特区政府宣布成立创新及科技咨询委员会,委任30位咨询委员会成员,就加强香港特区的创新及科技水平向政府提供意见。

▲财经事务及库务局局长陈家强在香港特区与国家税务总局副局长张志勇签订《内地和香港特别行政区关于对所得避免双重征税和防止偷漏税的安排》第四议定书。

4日

行政长官梁振英出席《香港特别行政区基本法》颁布25周年研讨会后会见传媒时表示,回顾其起草过程中,就行政长官产生办法所列五个主要方案,征求香港各界意见。当中没有“公民投名”,也没有提到“国际标准”。

5日

行政长官梁振英发表声明,回应近日有言论指草拟《香港特别行政区基本法》时有人提出“公民提名”的概念,指出该等言论属于“凭字面猜度,钻文字空子”,违反基本法。

8日

梁振英在武汉会见传媒时表示,“港独”是个值得关注的问题,但特区政府现时没有任何立法禁止“港独”行为的计划。

13日

特区政府欢迎中央宣布即日起将深圳户籍居民来港“一签多行”改为“一周一行”,相信能打击水货活动,并减低访港旅客数字持续增长对香港部分地区的影响。

18日

由公民教育委员会和民政事务局主办的“有问有答《基本法》问答比赛”决赛暨颁奖礼举行。律政司司长袁国强出席活动并表示,《香港特别行政区基本法》以法律的形式落实“一国两制”、高度自治和“港人治港”等重要概念,为维护香港特区法治提供坚固基础。

21日

行政长官梁振英在南沙出席中国(广东)自由贸易试验区挂牌仪式。挂牌仪式由广东省主持,出席的广东省领导包括广东省委书记胡春华、广东省省长朱小丹、深圳市委书记马兴瑞等。商务及经济发展局局长苏锦梁及发展局局长陈茂波等特区政府官员亦陪同出席。

22日

特区政府发表《行政长官普选办法公众咨询报告及方案》。政务司司长林郑月娥在公布该方案时表示,行政长官已多次表示,全港500万合资格选民,可以在2017年历史性第一次以"一人一票"选出下一任行政长官,不仅是香港特区政制发展的重大跨越,也是国家的历史大事。

24日

主任家事法庭法官朱佩莹、区域法院法官陆启康、区域法院法官邱智立及区域法院法官黄崇厚获委任为高等法院原讼法庭法官。

26日

行政长官梁振英在马来西亚吉隆坡出席第十二届东南亚国家联盟领袖论坛,推介香港特区担当区域"超级联系人"的独特角色。

27日

第十届中国香港与欧洲联盟联合海关合作委员会会议在香港特区举行,双方签订行动计划,进一步加强在保障知识产权和执法方面的合作。

30日

资深大律师韦浩德获委任为高等法院原讼法庭特委法官。

5月

5日

区议会选举将于11月22日举行,选举管理委员会发布区议会选举活动建议指引,进行公众咨询,截止日期为6月3日。

9日

2015年选民登记运动展开,合资格而尚未登记为选民的市民可在7月2日或之前登记。

12日

▲行政长官会同行政会议批准无线提出的本地免费电视牌照续期申请,为期12年,即2015年12月1日至2027年11月30日,2021年进行中期检讨。

▲行政长官梁振英会见传媒时表示,在高铁口岸实施"一地两检"能提

供更大方便，特区政府会争取落实，也得到中央支持，但必须符合香港特区法律。

16日

为庆祝《香港特别行政区基本法》颁布25周年，香港知专设计学院学生从《香港特别行政区基本法》获得灵感启发，通过创新艺术手法为“发现《基本法》”展览创作25件作品。政务司司长林郑月娥出席展览开幕礼并致辞。

21日

▲选举管理委员会就2016年立法会选举地方选区分界和名称展开公众咨询，建议把一个席位由香港岛转移至九龙西选区，令两个选区各获六席。

▲律政司司长袁国强与运输及房屋局局长张炳良于深圳与国务院港澳事务办公室官员讨论广深港高速铁路香港段“一地两检”的安排和其他事宜。

23日

特区政府邀请全体立法会议员5月31日在深圳与中央官员就香港政改问题交流意见，现正与有关方面跟进会面安排。

28日

瑞士洛桑国际管理发展学院发表《2015年世界竞争力年报》，香港特区国际竞争力排名由2014年第四位升至第二位，仅次于美国。财政司司长曾俊华欢迎学院对本港的高度评价。

6月

1日

刘业强当选第34届乡议局主席，张学明、林伟强再度连任副主席。各人任期由即日起至2019年5月31日。

8日

行政长官梁振英正式展开对多伦多和芝加哥的访问，出席贸易发展局举办的“迈向亚洲 首选香港”大型推广活动，并与当地政治领袖、商界和教育界代表会面。

14 日

社民连立法会议员梁国雄承认虚构有人向他提供 1 亿港元,要求他投票支持政改。行政长官梁振英促请梁国雄应尽快交代事件,究竟是金额属虚构捏造,还是整件事均属虚构捏造。

16 日

行政长官梁振英出席行政会议前对传媒说,《中英联合声明》中没有提及香港特区要以普选产生行政长官,普选是在人大通过和颁布的《香港特别行政区基本法》中出现的,因此不应怀疑若通过政府提出的普选方案,便没有进一步的发展空间。

18 日

立法会以 8 票赞成、28 票反对,否决特区政府提出修改行政长官产生办法的议案。

22 日

地政总署根据《土地(杂项条文)条例》的规定,在添美道公众行人路及附近范围张贴法定通知,饬令有关集会人士周三前移除该处的帐幕、帐篷和对象。

23 日

特区政府《本届政府上任第三年施政汇报》上载网页,向社会详尽报告过去一年的工作重点、进度和成果,希望社会各界可继续提点政府工作,立法会能积极配合。

25 日

联合国贸易和发展会议发表《2015 年世界投资报告》,香港特区 2014 年外来直接投资金额首次名列全球第二位,仅次于中国内地。

26 日

特区政府发表声明,回应美国国务院 2014 年年度人权报告,指出政制发展属于国家包括特区的内部事务,外国政府应予尊重,不应干预。

30 日

梁振英出席行政会议前向传媒重申,本届政府余下两年不会重启政改,这是中央和特区政府的态度,也是广大市民的诉求。

7 月

1 日

▲民阵逾 48,000 人参与“七一大游行”,人数为 2008 年以来最低。

▲特区政府公布香港回归以来第 18 份授勋名单,共有 298 位来自香港社会各阶层的人士获得行政长官颁授勋衔及嘉奖,其中,曾钰成、郑耀棠、何世柱、李达三 4 位获颁大紫荆勋章。

3 日

人民力量议员陈志全在立法会内务委员会提出在下星期三大会向曾钰成提出不信任动议,要求后者辞职,但被内委会否决。

5 日

香港特区政府商务及经济发展局局长苏锦樑透露,内地赴港个人游旅客 6 月同比下跌一成,继 5 月同比下跌 5% 以后跌幅进一步扩大。

7 日

▲特区政府委任马时亨接任港铁公司主席。

▲广州首家粤港合伙联营律师事务所——国信信扬麦家荣(南沙)联营律师事务所已获批设立,该所可为企业提供一站式的涉及内地和香港法律服务。

9 日

特区立法会“三读”通过将 2015 年 9 月 3 日抗战胜利纪念 70 周年定为特别假期。

10 日

启晴邨住宅单位的自来水样本被验出含铅量超标,房屋署公布从启晴邨 79 个食水样本中发现四个水样含铅量超出世卫标准。

11 日

多个本土派团体在旺角西洋菜南街发起“反大妈”及“反 23 条”行动,狙击在场支持《香港特别行政区基本法》第 23 条立法的团体。

12 日

▲特区行政长官梁振英表示,香港特区经济发展需要中央支持。

▲特区财政司司长曾俊华发表网志指出,香港特区未来 30 年经济发展重心是国家“一带一路”建设。

13 日

特区高等法院正式批出许可,让公民党成员曾健超就警务处处长拒绝提供 2014 年 10 月在金钟添马公园被疑殴打曾健超的 7 名警员名单进行司法复核。

17 日

▲中共中央政治局常委、全国政协主席俞正声在北京会见了以港澳委员为主导的青年社团代表赴内地体验式学习考察团。

▲特首梁振英宣布委任调查委员会调查公屋食水含铅事件,检视公、私楼宇食水供应系统设计、维修等事宜,并正物色法官出任主席。

18 日

由于泛民议员拉布,特区立法会财委会未能在本届立法会会期表决创新及科技局的拨款申请,须留待 10 月立法会复会后再审议。

19 日

大埔区议会新富选区举行补选,工党秘书长郭永健以约 200 票之差击败两个建制派候选人。

21 日

▲中共中央政治局常委、全国人大常委会委员长张德江在北京人民大会堂会见以港区全国政协委员杨钊先生为团长的香港中华总商会访京团全体成员。

▲依照《香港特别行政区基本法》的有关规定,根据香港特区行政长官梁振英的提名和建议,国务院决定:任命刘江华为民政事务局局长、张云正为公务员事务局局长,免去曾德成的民政事务局局长职务、邓国威的公务员事务局局长职务。

24 日

中共中央政治局常委、全国人大常委会委员长张德江在北京人民大会堂会见以李慧琼主席为团长的香港民主建港协进联盟访京团。

28 日

香港大学激进学生暴力冲击校委会会议,围堵校委,并阻碍受伤的校委卢宠茂送院就医;另一名校委麦嘉轩也被围堵在停车场近一小时,因不适而送医。

29 日

香港大学校长马斐森以全体管理层名义谴责 28 日晚暴力冲击校委会会议,围堵校委,并阻碍受伤校委就医的闹事行为。

30 日

▲暂委裁判官陈碧桥裁定 2015 年 3 月参加“光复元朗”反水货客示威的一名女文员以胸口撞向总督察而袭警罪成立,判囚 3 个月,15 天后受到威吓。律政司发言人则表示不排除就此展开司法行动。

▲香港大学 10 名学院院长发表联合声明,表示对 28 日晚暴力冲击校委会会议,围堵校委,并阻碍受伤校委就医的闹事行为当深感不安,强调在任何情况下都不能容忍任何扰乱大学运作的不文明行径。

31 日

香港大学微生物学系主任袁国勇宣布辞任校务委员会委员。他指出过去百年社会有矛盾都可解决,但近 3 年的政治事件令香港大学每况愈下,无力带领港大走出困局,决定辞任。

8 月

3 日

特区行政长官梁振英发表网志表示,有土地才会有房屋,有土地才能在短中长期解决住房不足的问题,希望部分议员不再“拉布”阻挠土地供应。

6 日

香港大学 103 位校友在香港媒体发表联署声明,强烈谴责香港大学部分学生 7 月 28 日暴力冲击母校校务委员会会议的行为。

8 日

中共中央政治局委员、国家副主席李源潮在北京会见了“四海一家香港青年创新创业交流团”1700 多名香港青年学生。

9 日

特首梁振英接受新华社专访,表示本港发展经济必须放弃积极不干预的想法,适度有为引导和配合企业,又会研究成立专门机构,协助国家推动“一带一路”战略。

12 日

香港特区侨界纪念抗战胜利 70 周年大型晚会在香港展贸中心举行,全国政协副主席董建华、中央驻港联络办主任张晓明、中国侨联主席林军、香港侨界社团联会会长余国春等出席。

13 日

▲《香港特别行政区基本法》颁布 25 周年大型图片展在香港大会堂开幕,特区行政长官梁振英出席开幕式并致辞。

▲国家发改委秘书长李朴民在香港特区进行公开讲座时表示,促进国家"一带一路"倡议的实施为香港特区提供发展机遇和空间,希望香港特区加强与内地的合作,提高整体竞争力。

14 日

特首梁振英宣布委任高院原讼庭法官陈庆伟以及前申诉专员黎年出任独立调查委员会主席及成员,调查公屋食水含铅成因,检讨食水安全规管及监察制度,就食水安全向政府提建议。

19 日

特区政府商务及经济发展局局长苏锦樑在"海峡两岸暨港澳经贸论坛"欢迎晚宴上表示,香港特区正探讨跟澳门特区建立更紧密经贸关系的安排,这对两地的发展具有重大的战略意义。

24 日

▲香港特区行政长官梁振英,中央人民政府驻香港特区联络办主任张晓明、副主任仇鸿,香港特区律政司司长袁国强,外交部驻香港特区特派员公署副特派员胡建中,香港特区立法会主席曾钰成等作为主礼嘉宾出席香港菁英会第八届执委会就职典礼。

▲广东省委副书记、深圳市委书记马兴瑞率队访问香港,拜会香港特区行政长官梁振英,希望通过建立健全高层会商机制,开展不定期互访交流,扎实推进深港间务实高效合作,共同推动香港特区长期繁荣稳定和深圳现代化国际化创新型城市建设。

▲律政司因不满 2014 年违法"占中"期间冲击立法会大楼的示威者仅被判 150 小时社会服务令,以刑罚过轻为由要求裁判官复核判刑并获得接纳,其中 3 人改判入狱 3.5 个月,3 人获准保释等候上诉。

25 日

特区行政长官梁振英在多份报章以"适度有为"为题发表文章强调,如市场运行有违港人利益和社会整体利益时,政府必须有为。

27日

民主党主席刘慧卿承认曾经与国务院港澳办副主任冯巍会面,反映社会撕裂问题以及对特首梁振英施政不满。

9月

1日

▲警方2014年11月在旺角占领区清场,先后拘捕逾百人。律政司2015年3月获高等法院批准就首批17名被捕者控告刑事藐视法庭,但律政司却没按规定在14日内发出通知各被告上庭的"预约时间通知书"。律政司要求法庭容许延期发文件,但法官指无权批准,驳回申请,各被告获撤销控罪。

▲根据香港特区官方8月31日发布的数据,7月访港旅客人数同比减少8.4%,零售业总销货价值同比下降2.8%。特区行政长官梁振英在会见传媒时重申旅游业对香港特区的重要性,同时呼吁香港各方一定要维持香港作为一个好客城市的形象,"赶客容易请客难"。

6日

过百名本土派人士在新界上水地区再发起所谓"光复上水"反水货客示威。特区政府商务及经济发展局局长苏锦樑表示,这样的行动是非常不负责任的,将影响香港特区经济和旅游业的发展,甚至会影响香港特区"好客之都"的形象,并将付出代价,而代价则是由其他人来承担。

8日

特区行政长官梁振英表示,"一周一行"政策陆续见效,一度困扰香港某些地区的水货活动明显减少。现在不宜取消或放宽"限奶令"。

9日

特区行政长官梁振英与到访的广东省省长朱小丹共同出席粤港合作联席会议第十八次会议,双方就粤港青年工作、教育合作、香港对中国(广东)自由贸易试验自贸区的推进和互惠互利进行讨论,签署了5项合作协议,包括姊妹学校、食品安全、电子商贸、知识产权和搜救合作。

12日

为纪念基本法颁布25周年,香港基本法推介联席会在香港召开以"坚持一国、谨守两制"为主题的研讨会。香港特区行政长官梁振英、中央驻港联络办主任张晓明以及多位专家学者与会,共同探讨基本法对于香港各方面发展的重要意义。张晓明表示,香港特区的政治体制是在中央政府直辖之下,实行以行政长官为核心的行政主导体制,行政与立法既互相制衡又互相配合,以及实行司法独立;行政长官处于特区权力运行核心位置,在中央政府之下,特区三权之上,起着联结枢纽的作用。

15 日

▲中共中央政治局委员、中央统战部部长孙春兰在北京会见了香港各界妇女联合协进会访京团一行。

▲特区行政长官梁振英表示,司法独立是香港特区法治精神和法治传统的关键部分,他和特区政府会继续奉行司法独立,不干涉司法运作。

▲特区政府政务司司长林郑月娥访问澳大利亚时表示,香港特区在"一国两制"下地位独特,尽享商业及财经优势;《香港特别行政区基本法》保障香港特区的宪制地位,促使香港特区成为连接中国内地与世界其他地方的"超级联系人"。

17 日

▲国际足联向香港足总发信,表示会就本月 8 日香港主场对卡塔尔赛事发生的两宗事件展开纪律调查,包括有香港球迷于国歌奏起时发出嘘声和有球迷故意向比赛场区投掷纸包柠檬茶的纸盒。

▲《人民日报》海外版消息,加拿大菲沙研究所"世界经济自由度 2015 年度报告"将香港特区评为"全球最自由的经济体"。

▲中共中央政治局委员、广东省委书记胡春华在广州会见了以李慧琼主席为团长的香港民主建港协进联盟访问团。

18 日

特区政府公布,政制及内地事务局政治助理陈岳鹏升任该局副局长,填补前副局长刘江华升任民政局局长后的空缺,是历来最年轻副局长,也是首名由政助升职副局长的问责官员。

20 日

由全国港澳研究会等机构主办的"香港在国家发展战略中的地位和作用"论坛在香港举行。香港特区行政长官梁振英、全国港澳研究会会长陈佐洱出席论坛并致辞。

23 日

特区政府政制及内地事务局局长谭志源在香港会议展览中心举行的“十三五”深港澳共创新优势座谈会致辞时表示，特区政府会继续在“一国两制”的原则下，做好配合“十三五”规划的工作，以抓紧国家发展带来的机遇，巩固及提升香港特区竞争优势。

25 日

▲前身为立法会大楼的终审法院新大楼进行启用典礼。

▲由水务署领导的调查食水含铅量超标专责小组公布初步调查结果，指出启晴邨及葵联邨二期食水含铅量超标，主因是水管的锡焊接物含铅，有水管焊接位含铅量高达 41%。

29 日

香港大学校委会以 12 票反对、8 票赞成、1 票弃权，否决任命陈文敏出任副校长。出席会议的香港大学学生会会长冯敬恩违反保密协议，点名披露多名校委在会上的发言内容。

30 日

事隔 3 年，国庆夜南丫海难家属与律政司长袁国强会晤，获告知除了早前两名已遭检控的海事处人员外，将不会起诉其他涉事公职人员，政府外聘的独立大律师亦同意相关决定。

10 月

3 日

逾百市民在大围站大堂示威，抗议港铁禁止携带大型乐器及纵容水货客。

5 日

▲前行政长官曾荫权被廉署正式落案起诉两项公职人员行为失当罪，为历来被控的最高级官员。曾被指在任期间批出香港数码广播的牌照申请时，向行政会议隐瞒他向 DBC 股东租用深圳豪宅，并在考虑特区授勋提名时，隐瞒其中一名被提名人是豪宅单位的设计师。

▲国际足联就世界杯外围赛香港主场对卡塔尔赛事，球迷两种不当行为，包括有香港球迷嘘国歌及故意投掷杂物于球场内，判香港足总罚款约 4 万港元，并警告将来比赛绝对不能再犯相关行为。

9 日

▲中共中央政治局常委、全国人大常委会委员长张德江在人民大会堂会见香港特区保安局局长黎栋国率领的香港纪律部队文化交流团全体成员。

▲美国“国会—行政部门中国委员会”于当地时间 8 日发布 2015 年年度报告,妄称北京企图操控香港的“高度自治”。外交部发言人华春莹对此表示,这类报告了无新意,无非是抱着一贯的偏见对中国内政说三道四,进行无端指责。

10 日

针对美国“国会—行政部门中国委员会”2015 年年度报告,外交部驻港特派员公署发言人表示,该报告罔顾事实,对属于中国内政的香港事务说三道四,中方对此坚决反对。

12 日

学民思潮召集人黄之锋申请司法复核,挑战年满 21 岁才可参选立法会地区直选的规定,要求降至 18 岁,与选民登记年龄看齐。

15 日

警方正式起诉涉嫌在违法占领期间殴打曾健超的 7 名警务人员,起诉曾健超 1 项袭警及 4 项抗拒正在执行职务的警务人员罪。律政司司长袁国强表示,为公平起见,刻意安排同日起诉及同日提审。

16 日

立法会否决引用权力及特权条例,调查公屋食水含铅超标事件。政务司司长林郑月娥总结发言时指出,食水含铅事件发生后,有人提出过分、不合理要求,包括要求政府全邨验水。她指摘泛民将事件政治化,强迫落区官员饮铅水。

22 日

特区行政长官梁振英出席特区立法会行政长官答问大会表示,香港特区经济环境理想,但不能掉以轻心。

27 日

运输及房屋局长张炳良指出,最新的公屋申请人数达 28.4 万人,轮候时间由 2015 年 6 月的 3.4 年,延长至约 3.6 年。

28 日

商业电台节目《在晴朗的一天出发》发布疑似 9 月香港大学校委会内委员李国章反对法律学院前院长陈文敏出任副校长的录音内容，校委会主席梁智鸿对事件表示震惊及强烈谴责；香港大学即时报警，事件交由重案组跟进。

30 日

香港大学向法庭取得临时禁制令，禁止曾发布两段校委李国章及纪文凤录音的商业电台，及其他相关人士发布或披露校委会录音、议程及任何相关文件。

31 日

▲香港特区“保普选反暴力”大联盟在全香港十八区举办“勿忘‘占中’祸害 慎防动乱重来”图片展。展览引发强烈共鸣，很多香港市民表示，“占中”严重影响香港社会稳定和经济发展，大家应认真反思，共同守护香港核心价值。

▲特区政府举行 2015 年年度授勋典礼，共有 298 名社会各界人士获授勋或嘉许。特区立法会主席曾钰成、特区政府行政会议成员郑耀棠、中华总商会永远荣誉会长何世柱、企业家李达三 4 人获颁最高荣誉的大紫荆勋章。

11 月

1 日

特区政府食物及卫生局局长高永文与访港的国家卫生和计划生育委员会主任李斌会晤，续签有关医疗卫生的合作安排。

2 日

▲中共中央政治局委员、中央统战部部长孙春兰在北京会见了香港义工联盟访京团。

▲以扩大香港特区与北京全方位交流，服务两地建设发展为宗旨的“香港北京交流协进会”在香港会议展览中心举行成立典礼。全国政协副主席董建华、香港特区行政长官梁振英、中央政府驻港联络办主任张晓明等出席典礼。

▲特区政府财政司司长曾俊华出席“灼见名家周年论坛：2016 静观求

变”时表示,中央在“十三五”规划中特别点出期望“提升港澳在国家经济发展和对外开放中的地位和功能”,进一步深化了内地与香港特区的合作发展,令香港可以继续为国家发展做出贡献。

6 日

立法会财委会历经 36 小时审议,第三度闯关、横跨 3 年的创新及科技局拨款获大比数支持通过。

9 日

特区政府政务司司长林郑月娥赴深圳出席由深圳市政府主办的“中国(广东)自由贸易试验区深圳前海蛇口片区及深圳前海深港服务业合作区咨询委员会 2015 年度会议”并致辞,希望深港合作在前海进一步体现和深化,实现两地互利多赢。

17 日

世界杯外围赛,奏国歌时仍有部分港球迷报以嘘声。

18 日

国家主席习近平在菲律宾首都马尼拉会见了前来出席亚太经合组织第二十三次领导人非正式会议的香港特区行政长官梁振英。

19 日

18 日美国国会“美中经济与安全评估委员会”发表年度报告,部分内容涉及香港特区,外交部驻香港特派员公署发言人对此表示,香港事务纯属中国内政,我们坚决反对任何外国机构以任何方式干预香港事务。

20 日

特区政府创新及科技局成立。国务院任命杨伟雄为创新及科技局局长。

22 日

香港特别行政区举行第五届区议会选举。本届区议会选举是“占中”失败和政改法案被否决后举行的第一场全港性大型选举,各派政治力量争夺空前激烈,投票率和投票人数均创下历届区议会选举的最高纪录。

23 日

▲国家财政部 2015 年第二次在香港特区发行 140 亿元人民币国债。

▲香港特区第五届区议会选举公布结果,爱国爱港阵营赢得 431 个议席中超过 70% 的席位,并在全部 18 个区的区议会继续占据多数议席,掌握主

导权。但部分立场倾向于“本土主义”的青年人参选并当选，有关动向及其反映的社会政治问题值得关注。

24 日

▲特区政府财政司司长曾俊华表示，沪港合作共同为国家深化金融改革做出贡献。

▲市建局为免引起法律诉讼，放宽资助房屋项目焕然壹居的申请资格，单身人士都可以申请。

25 日

路政署承认港珠澳大桥工程需要延迟一年至 2017 年年底建成。

26 日

政制及内地事务局发表优化选民登记制度咨询文件，提出多项建议，包括要求新登记选民及更改选民登记地址，必须提供住址证明如水费等账单、公共机构、学校等发出的信件等。

27 日

《内地与香港关于建立更紧密经贸关系的安排》(Coser Economic Partnership Arrangment，CEPA)框架下的新协议在港签署，协议将使内地与香港特区基本实现服务贸易自由化。

29 日

立法会教育事务委员会举行逾 10 小时的公听会，共 80 名市民出席表达意见，绝大多数家长要求立即取消小三全港性系统评估(Territory - wide System Assessment，TSA)。

12 月

2 日

终审法院前常任法官烈显伦(Henry Litton)在外国记者会午餐会发表演说，认为近年香港的司法复核程序遭滥用，在政府或公营机构并无涉及非法、滥权或越权的情况下，有市民和团体提出没有根据的司法复核申请，包括学联前常委梁丽帼和长洲居民郭卓坚 2015 年就政改咨询提出的司法复核申请，以及无线就政府建议增发 3 个免费电视牌照提出的司法复核。

4 日

丁屋发展商串谋 22 名新界原居民，虚假声称符合“有权有地”的原居民资格,向地政总署申请丁屋建屋牌照后,非法转让丁权即“套丁”予发展商。发展商与其中 11 名居民早前被裁定 22 项串谋诈骗罪成,判囚 2 年半至 3 年。

5 日

网民组织键盘战线在旺角西洋菜南街举行记者会,要求“2014 年版权(修订)条例草案”清楚列明“不诚实使用电脑罪”不适用于版权法、在所有豁免下加入“豁免凌驾合约条款”,以及引入“开放式豁免”。

8 日

“2014 年版权(修订)条例草案”原定恢复二读审议,但在民主派多番点算人数下,因法定人数不足而宣告流会。

9 日

“内地—香港联合调解中心”在香港举行设立仪式,香港特区政府律政司司长袁国强参与揭牌并发言。

16 日

特区政府保安局局长黎栋国在立法会回答议员提问时表示,截至 11 月 30 日,已有 74 人因非法“占中”被定罪。

23 日

国家主席习近平和国务院总理李克强分别会见来京述职的香港特别行政区行政长官梁振英,听取香港特区当前形势和特区政府工作情况的汇报。

30 日

特区政府刊宪宣布委任行会成员李国章为香港大学校务委员会主席,由 2016 年 1 月 1 日起生效,任期为 3 年。

2015 年澳门特别行政区基本法实施大事记①

1 月

1 日

澳门特区行政长官崔世安发表 2015 年新年献词，表示将深入学习国家主席习近平对澳门特区所提出的四点希望，以此作为澳门特区发展的新指引，融汇施政工作。

19 日

行政长官就有关审计署于 2015 年 1 月完成之"专项审计报告《轻轨系统》第三阶段"报告书内提出的意见及建议作出批示，促请运输工务司司长责成运输基建办公室落实检讨执行。

25 日

行政长官崔世安于今日至 28 日率领特区政府代表团前往北京，就加强区域经济合作和推进澳门中医药产业的发展与相关部委进行沟通交流。

27 日

澳门特区政府统计暨普查局发布的最新一期就业调查结果显示，2014 年全年澳门总体失业率为 1.7%，为有此项调查以来最低的年失业率，较 2013

---

① 本大事记由陈虹、戴颖欣负责整理。

年的年失业率下降 0.1 个百分点。

2 月

9 日

特区政府继续跟进石油产品价格调整对社会民生可能产生的影响,行政长官崔世安今日签署批示,规范石油产品须实施进口准照制度。

10 日

中央政府驻澳门特区联络办公室 10 日在澳门旅游塔举行 2015 年新春酒会,与社会各界人士喜迎羊年春节。

22 日

▲澳门特区法律《预防和控制环境噪音》于 2 月 22 日正式生效,新噪音法加强了对打桩工程噪音的管制,同时将生活噪音列入管制范围。

▲行政长官签署批示,设立"中国与葡语国家商贸合作服务平台发展委员会",就澳门特区建设为"中国与葡语国家商贸合作服务平台"作出研究,并制定相关措施及政策。

27 日

路环高尔夫球乡村俱乐部以南约 300 米海面发生沉船事故,一艘载有 17～18 名中国大陆非法入境者的快艇因超载导致不平衡翻船。当局事发后共找到 2 女 4 男共 6 人并将其拘捕,估计有 7～8 人失踪,搜救范围曾扩大至离岸 3 海里。

3 月

4 日

行政长官崔世安于今日前往北京,列席 5 日举行的第十二届全国人民代表大会第三次会议开幕式。

9 日

澳门特区落实精兵简政、改革公共行政的施政理念,经综合考虑谭俊荣司长的建议和实务上的工作安排,同意改由卫生局负责向《医疗系统建设跟进委员会》提供支援。

16 日

经推荐法官的独立委员会推荐,行政长官任命本地编制的初级法院简静霞法官以确定委任方式出任第一审法院合议庭主席，就职典礼于今日中午在终审及中级法院大楼审判庭举行。

19 日

行政长官办公室已分别收到保安司司长、社会文化司司长以及旅游学院呈交的本澳旅游承载力报告，经详细分析和整理各报告内容后，行政长官将向中央部委提交综合分析报告。

23 日

行政长官崔世安在立法会发表 2015 财年施政报告，表示特区政府 2015 年的施政重点是“统筹规划，稳健发展，汇聚民智，同创新篇”。

27 日

行政长官崔世安率团前往海南省，出席博鳌亚洲论坛 2015 年年会开幕式。

4 月

1 日

▲澳门特区政府博彩监察协调局 1 日公布的统计数据显示，2015 年 3 月，澳门博彩收入为 214.87 亿澳门元，按年下跌 39.4%，较 2015 年 2 月的同比单月最大降幅收窄 9.2 个百分点，为连续第十个月同比下跌，而环比则回升近一成。统计显示，2015 年前 3 个月，澳门博彩收入累计为 647.77 亿澳门元，较 2014 年同期的 1021.99 亿澳门元下跌 36.6%。

▲澳门特区行政法务司司长办公室发布消息，中央政府赠送澳门的大熊猫“蜀蓉”和“娅林”将于下月赴澳定居，接替现在澳门生活的雄性大熊猫“开开”。预计“蜀蓉”和“娅林”6 月可以与澳门市民见面。

13 日

深圳居民赴香港特区入境政策调整优化的同时，如何为澳门旅游承载力“减负”的问题也备受关注。澳门特区政府社会文化司司长谭俊荣 13 日表示，澳门承载力已基本饱和，但承载力并非固定，若交通基建、酒店设备有改善，承载力有条件再上调。

17 日

澳门社会文化司司长谭俊荣近日在立法会施政方针辩论时坚称，市民健康最重要，澳门特区政府 2015 年上半年一定修订新的“控烟法”，澳门特区的娱乐场将全面禁烟。

5 月

4 日

▲澳门特区政府博彩监察协调局 5 月 4 日公布的统计数据显示,4 月澳门博彩收入为 191.67 亿澳门元,较 2014 年同期下跌 38.8%,为连续 11 个月同比下跌。

▲澳门特区行政长官崔世安发出唁函,对国务院港澳事务办公室前主任鲁平先生的逝世表示沉痛哀悼,并高度赞扬其对《澳门特别行政区基本法》和澳门社会的贡献。

12 日

澳门特区政府统计暨普查局 12 日公布的资料显示,截至 2015 年 3 月底,澳门特区总人口为 64.07 万人,较上季增加 4500 人。

13 日

澳门特区政府发言人办公室表示,澳门将把 2015 年 9 月 3 日定为澳门假期,以配合中央政府发布的关于"中国人民抗日战争暨世界反法西斯战争胜利 70 周年纪念日"调休放假通知。

17 日

行政长官崔世安率领特区政府代表团分别前往武汉及福州,出席在武汉市举行的第九届中国中部投资贸易博览会开幕式,以及在福州市举行的"感受澳门—福建"旅游推广活动开幕式。

29 日

澳门特区政府公布的统计数字显示,2015 年一季度澳门特区零售业销售总额为 164.1 亿澳门元,较 2014 年同季下跌 11%。其中钟表和珠宝销售是"重灾区",跌幅达 31%。

31 日

5 月 31 日,中央政府赠送澳门的新一对大熊猫"开开""心心"完成隔离检疫,率先与澳门学生见面,并于"六一"儿童节正式公开亮相。

6 月

18 日

行政长官崔世安率领特区政府代表团前往北京，就习惯水域管理范围和新通关模式两项工作与相关中央部委进行沟通。

22 日

澳门特区行政会日前宣布，已完成讨论《2015 年度现金分享计划》行政法规草案，自 7 月 6 日起，澳门特区政府将向 60.74 万永久居民每人发放 9000 澳门元，向 6.82 万非永久性居民每人发放 5400 澳门元，涉及的财政开支约为 58.35 亿澳门元。

27 日

博彩收入跌至四年最低，下降 36.2% 至 174 亿澳门元。相等于 2010 年 11 月收入水平。

30 日

经济局与广州市商务委员会今日在广州举行的“2016 年穗澳合作专责小组会议”上签订关于《加强跨境贸易电子商务合作协议》，双方本着互惠互利、共同发展的目标原则，共同推动穗澳跨境电商的发展。

7 月

1 日

▲澳门特区自 2015 年 7 月 1 日起调整持中国护照旅客过境规定，首次过境逗留期放宽至 7 天。

▲澳门特区政府就全国人大常委会通过《国家安全法》表示，维护国家安全是澳门特区的宪制责任。

▲澳门特区博彩监察协调局公布，6 月澳门博彩毛收入为 173.55 亿澳门元，较 2014 年同期大幅下降 36.2%，澳门特区博彩收入已连续 13 个月按年录得下跌，创 2010 年 11 月以来最低水平。

3 日

立法会细则性通过《物业管理业务的清洁及保安雇员的最低工资》法案。

4 日

终审法院宋敏莉法官、中级法院蔡武彬法官、初级法院及行政法院院长姚颖珊法官及初级法院陈晓畴法官,出席了本月 4 日至 5 日在北京举行的“中华司法研究会成立大会暨首届中华司法研究高峰论坛”。

9 日

▲香港特别行政区政府旅游事务署、广东省珠海市文化体育旅游局和澳门特别行政区政府旅游局签署了《港珠澳三地旅游合作框架协议》。

▲行政长官签署批示,修改个人自携入境本澳烟草产品数量分别为香烟 19 支或雪茄 1 支或其他烟草制品 25 克。

10 日

▲澳门特区立法会一般性通过《修改第五/二〇一一号法律〈预防及控制吸烟制度〉》法案。

▲新《预算纲要法》法案公众咨询工作正式展开。

▲澳门特区行政长官崔世安在礼宾府与全国人大常委会副委员长、中华医学会会长陈竺会面。

▲立法会通过《订定中国人民抗日战争暨世界反法西斯战争胜利七十周年纪念日为强制性假日》法案,将 2015 年 9 月 3 日定为强制性假日,以纪念抗战胜利 70 周年。

16 日

就近日维基解密公布澳门廉政公署曾邀请黑客公司展示产品的相关内容,澳门特区廉政公署及司法警察局表示,为履行职责有必要了解科技的最新发展,但有关侦查工作须依法进行。

20 日

行政长官崔世安与全国人大常委会副委员长张宝文会面。

27 日

澳门特区终审法院主办的“第三届海峡两岸暨香港澳门司法高层论坛”于今日至 28 日在澳门举行。行政长官崔世安今日在礼宾府与来澳出席“第三届海峡两岸暨香港澳门司法高层论坛”的三方代表团长会面,一起就加强大陆、香港特区、澳门特区、台湾地区的司法合作等问题进行交流讨论。

8月

6日

立法会细则性通过《修改第10/2011号法律〈经济房屋法〉》法案、《公共部门劳务合同制度》法案、《劳动债权保障制度》法案、《修改〈民政总署章程〉》法案。

12日

崔世安列席澳门特区立法会全体会议，就政府施政及社会民生问题回答议员的提问，并表示澳门特区经济适度多元已取得一定成果。

21日

中国人民银行在其网站上宣布，经国务院港澳事务办公室核准，近日中国人民银行副行长郭庆平与澳门特区金融管理局主席丁连星签署了《中国人民银行和澳门金融管理局关于防范洗钱和恐怖融资活动谅解备忘录》。

9月

1日

澳门特区政府自回归以来首度宣布紧缩开支。特区政府宣布，鉴于1～8月博彩净收入为1588.8亿澳门元，低于政府3月向立法会提交的《修正2015财政年度预算》的预计，亦低于每月200亿澳门元的警戒线，所有公共部门即日起实行紧缩财政开支措施，涉及年度预算约14亿澳门元。措施不影响民生福利开支（包括现金分享计划）和投资与发展开支计划。

2日

应中央人民政府邀请，行政长官崔世安于9月2日至4日，率由特区政府主要官员和各界人士组成的100人代表团在北京出席中国人民抗日战争暨世界反法西斯战争胜利70周年纪念活动。

3日

为纪念中国人民抗日战争胜利70周年，澳门特区政府上午举行“纪念中国人民抗日战争暨世界反法西斯战争胜利70周年大会”。

15日

2015年是澳门历史城区成功申报世界遗产10周年，澳门特区行政长官崔世安在网站发表题为“世遗有情人更有情，美好家园共同珍惜”的特首感言。

22 日

澳门特区行政长官崔世安今日表示,特区政府在与有线电视的诉讼案件上,充分尊重司法独立原则,依法执行法院判决,并且已批示运输工务司司长罗立文对此诉讼的整个过程进行检讨。

23 日

警方公布粤港澳警方"雷霆一五"打击有组织跨境犯罪专项行动成果。

29 日

行政长官崔世安与浙江省委书记夏宝龙会面,为进一步加强澳门特区与浙江省的合作,双方同意先建立好沟通机制,下一步便开展实质业务的磋商工作。

10 月

6 日

澳门特区行政长官崔世安在政府总部与国务院台湾事务办公室主任张志军会面。

9 日

澳门特区政府宣布,为进一步加强港澳两地的经济融合及商贸发展,促进港澳两地的货物、服务及资金流动,港澳两地拟缔结《香港与澳门关于建立更紧密经贸关系的安排》。

10 日

澳门特区政府发言人办公室表示,美国"国会—行政部门中国委员会"2015 年年度报告涉澳门的内容罔顾事实,对澳门特区事务说三道四、无端指责,中华人民共和国澳门特别行政区政府对此表示坚决反对。

12 日

▲"世界旅游经济论坛澳门 2015"开幕仪式于上午在澳门特区威尼斯人酒店隆重举行。本届论坛以"一带一路 释放文化旅游经济新动力"为题,旨在把握"一带一路"宏大构想带来的旅游新动力,展开高层直接对话,促进区域及国际间持续合作。

▲澳门特区行政长官崔世安在礼宾府与来访的柬埔寨王国首相洪森会面,双方就加强澳门与柬埔寨多领域的合作交换意见。

14 日

▲澳门 2015/2016 司法年度开幕典礼在文化中心举行。崔世安致辞时说,澳门特区成立近 16 年的实践证明,维护司法独立、坚持依法施政,既是《澳门特别行政区基本法》的要求,也是特区发展的必然选择。

▲澳门特区终审法院院长岑浩辉在司法年度开幕典礼上特别提到言论自由与司法独立的关系,强调法官必须根据事实和法律裁判,判别司法是否公正的唯一标准是事实和法律。

19 日

澳门特区行政长官崔世安表示特区政府依法保障新闻自由和出版自由,听取新闻界的意见和建议,也一如既往地采取积极措施,支持澳门传媒的工作和培训,促进政府、传媒和市民之间的关系,为公众提供更多元化的信息服务。

22 日

澳门特区行政长官崔世安与中联办主任李刚共同会见全国工商业联合会副主席、广东省长隆集团有限公司董事长苏志刚。

23 日

澳门特区政府经济财政司司长梁维特出席"第五届江苏—澳门 · 葡语国家工商峰会"时表示,澳门定位为中国与葡语国家商贸合作服务平台。为更好地发挥平台作用,特区政府拟结合"送服务上门"的概念,研究推动贸促部门在葡萄牙及巴西设办事处。

26 日

▲立法会一般性通过《分层建筑物共同部分的管理法律制度》法案、《分层建筑物管理商业业务法》法案。

▲外交部驻澳门特区特派员公署新任特派员叶大波到任拜会澳门特区行政长官崔世安。

27 日

▲由广东省海上搜救中心、香港海上救援协调中心、澳门海事及水务局主办的"2015 年粤港澳三地海上联合搜救演习"在广东珠江口海域举行,这是粤港澳首次大规模海上立体联合搜救演习。

▲外交部驻澳门特区特派员公署新任特派员叶大波拜会澳门特区终审法院院长岑浩辉。

28 日

澳门特区行政长官崔世安批示设立"建设世界旅游休闲中心委员会",委员会职权主要是就建设世界旅游休闲中心作出研究和顶层设计,并制定有关政策,制定未来 5 年发展规划。委员会由行政长官担任主席,成员包括经济财政司司长、社会文化司司长及运输工务司司长等。

31 日

第八届国际反贪局联合会大会和《联合国反腐败公约》第六届缔约国会议于 10 月 31 日至 11 月 5 日在俄罗斯圣彼得堡相继举行,澳门特区检察院检察长叶迅生出席会议。

11 月

3 日

根据《联合国反腐败公约》的规定,英国驻港总领事吴若兰代表英国政府向澳门特区政府返还欧文龙贪污案中法院裁定的非法财产共 2800 多万英镑,相当于 35,000 万澳门元。

5 日

特区政府与欧盟传译总司就继续合办《中葡文翻译及传译学习计划》签署合作备忘录。

12 日

立法会一般性通过《修改民法典不动产租赁法律制度》法案。

17 日

▲澳门特区行政长官崔世安下午在澳门特区立法会发表 2016 财政年度施政报告,显示澳门"转危为机"路径与信心。

▲建设世界旅游休闲中心委员会举行"澳门特别行政区五年发展规划基础方案"简介会,就规划基础方案的内容,以及意见收集的安排作出说明。

19 日

特区政府公布本年度授勋名单。

28 日

▲澳门特区政府经济财政司司长梁维特和国家商务部副部长王受文共同主持《内地及澳门关于建立更紧密经贸关系的安排》2015 年联合指导委员会高层会议。

▲经国务院批准,商务部副部长王受文与澳门特区政府经济财政司司长梁维特在澳门签署了《内地与澳门 CEPA 服务贸易协议》,标志着内地与澳门特区基本实现服务贸易自由化,协议将于 2016 年 6 月 1 日起正式实施。

29 日

澳门环境保护学会和澳门环境保护管理学会,以中国澳门 NGO 的身份于凌晨出发前往法国巴黎出席第二十一届联合国国际气候变化大会。

12 月

2 日

▲澳门特区与珠海之间将开辟的粤澳新通道(青茂口岸)将以自助过关系统为主,采用“合作查验,一次放行”的新通关模式。

▲行政长官崔世安率特区政府代表团赴深圳出席“2015 深澳合作会议”,回顾工作成果,展望深化合作。

10 日

《澳门与台湾避免航空企业双重课税协议》今日在澳门签署。该协议有利于提升澳、台民航企业的竞争力,促进两地旅游业发展和经贸文化往来。

11 日

澳门特区政府经济局与广东省商务厅签订《加强跨境贸易电子商务合作备忘录》。

16 日

国务院首次定出澳门特区水域管理范围,于 12 月 20 日生效,根据新的《中华人民共和国澳门特别行政区行政区域图(草案)》,澳门特区管理海域从澳门陆地向东、南方向划定,面积为 85 平方公里;在粤澳陆地界线方面:将关闸澳门边检大楼地段划入澳门特区;鸭涌河段除部分河段以鸭涌河南岸为界外,其余以鸭涌河中心线为界。

17 日

立法会细则性通过《2016 年财政年度预算案》。

21 日

▲行政长官崔世安前往北京述职,汇报澳门特区第四届政府就任一年以来的工作情况及明年的施政重点。

▲澳门特区政府经济财政司司长梁维特率团出席在福建召开的“泛珠

三角区域环境保护合作联席会议”第十一次会议。

23 日

▲国家主席习近平在中南海瀛台会见来北京述职的澳门特区行政长官崔世安。习近平表示,当前澳门经济受多种因素影响连续下滑,但澳门经济具有较强的抗压能力,社会保持稳定,发展也有许多新的机遇。

▲国务院总理李克强在中南海紫光阁会见来北京述职的澳门特区行政长官崔世安。

30 日

特区政府公布第五届立法会选举及第四任行政长官选举活动的总结报告。

征稿启事及稿件体例

征稿启事

1.《港澳基本法实施评论》是深圳大学港澳基本法研究中心在成立5周年之际的2014年推出的学术文集,每年出版一卷,由法律出版社出版。

2. 旨在展开对基本法实施进行公开和定期的学术评价,展示内地和港澳特区等海内外学界对基本法实施的观察与评价,促进同行的交流和沟通。侧重发表海内外专家学者对基本法实施中的制度运行、重要事件、热点难点问题的评论文章,亦欢迎对基本法实施中争议性问题的学术争鸣文章等。致力于建立共识性的基本法理论体系和学科体系,使本书成为内地和港澳特区乃至国外的学者加强联系和交流的平台与纽带。

3. 设有年度特稿、专题述评、书评等栏目。十分欢迎从法学、政治学、管理学、经济学、社会学等多个学科角度展开对基本法实施的学术评价和理论实践研究,强调跨学科研究导向。坚持理论创新和学术导向,突出问题意识和对策研究,特别欢迎针对港澳基本法实施中的复杂、敏感和重大的学术理论和实践对策问题的力作,十分推崇具有国际视野、突出中国立场、重视调查研究、链接港澳"地气"的佳作。

4. 选稿准则:欢迎名家、大家赐稿,鼓励年轻才俊投稿;提倡有的放矢,言之有物,持之有故;追求客观中立,欢迎立场鲜明;提倡浓缩提炼,反对平铺直叙;提倡小题大做,欢迎大题小做。

5. 投稿应遵循严格的学术规范,尊重他人的智力成果,对论著的引述和引用,应有准确规范的注释。稿件篇幅奉行有话即长,无话即短的原则。稿子所采用的资料、数据必须准确可靠;文字通顺、简明、精练,无逻辑性错误;文风上既要保证用语的规范、科学、准确,又要尽量兼顾优雅、活泼,避免死板、僵硬的文字,以增强可读性。

6. 来稿请以纸质版邮寄的同时发送电子版给编辑部邮箱,稿件请附个人简介,包括作者姓名、学位、职称、工作单位、研究方向、通信地址、联系电话、电子邮箱、个人银行账号、开户银行名称。

7. 编辑部在收到稿件的 3 个月内通知作者是否录用稿件。逾期 3 个月没有收到用稿通知的,作者可以自行处理稿件。对于通知录用的稿件,编辑部有权进行学术性删改和根据本卷稿件体例进行技术性整理。稿件刊发后将支付稿酬,根据稿件质量,稿酬标准为每千字 200 ~ 300 元,对特别优秀的稿件经编辑委员会审议可以突破最高稿酬标准。

8. 稿件不代表本卷观点,文责作者自负。

9. 编辑部地址及联系方式如下:

编辑部地址:广东省深圳市南山区深圳大学科技楼 12 楼港澳基本法研究中心:《港澳基本法实施评论》编辑部,518060

电话:(0755)26733053　26733093

传真:(0755)26733054

电子邮件:jbfpl@ szu. edu. cn

网址:http://cbl. szu. edu. cn/index/

稿件体例

一、格式要求

1. 稿件首页包括中文标题、作者信息(姓名、单位、通信地址、邮政编码、联系电话、电子邮件等)。

2. 稿件次页包括:中文标题、英文标题、中文摘要(300 字以内)、中文关键词(3 ~5 个)。

3. 稿件系科研项目成果,须注明项目名称及项目编号。

二、编写体例

1. 标题

文章标题居中;

“一、(一)、1.”三级标题均占一行,前面空两格。

(一)级标题根据行文需要可有可无;做标题时,单占一行,行末不带标点;

1. 级标题根据行文需要,可有可无。根据文中具体内容,可作为标题(单占一行,行末无标点),也可作为叙述要点(行末有标点,其后文字接排,常用于段首)。

2. 结构顺序依次为:

一、

(一)

1.

(1)

3. 字体要求

(1)文章标题用三号宋体。

(2)文内一级标题用小三号宋体,二级及三级标题以及正文均用 4 号宋体。

(3)案例、实例用小 4 号楷体。

三、技术规范

1. 书中法律、法规等法律文件的表示方法

(1)全文第一次出现时用全称,其后用简称,如:《中华人民共和国香港特别行政区基本法》(以下简称《香港基本法》);

(2)在专指某法典时,加书名号,其他叙述时不加书名号,如《宪法》第 5 条规定……我国宪法在……方面规定……

2. 中文注释规范

(1)一律用页下注的方式;脚注的编号格式为①、②、③等,编号方式为"每页重新编号"。

(2)间接引用时,应注明"参见"字样;引用原文时,直接说明出处;

(3)转引时,将原始资料出处按上述要求注出,用句号结束。用"转引自"表明转引,再把载有转引资料的资料出处注出来。

例如:胡乔木:《胡乔木回忆毛泽东》,人民出版社 1992 年版,第 88 ~ 89 页。转引自杨玉圣:《中国人的美国观——一个历史的考察》,复旦大学出版社 1996 年版,第 183 页。

(4)中文注释图书行文顺序:作者名,书名,出版社名及出版年,页码。

①专著

例如,吴冷西:《十年论战——1956 ~ 1966 中苏关系回忆录》(上),中央文献出版社 1999 年版,第 13 页。

(作者为三人以上)王利明等编著:《民法新论》(上),中国政法大学出版社 1988 年版,第 22 页。

(集体作者)监察部政策法规司编:《行政监察必备》,中国政法大学出版社 1988 年版,第 5 页。

②编著/主编

例如,王卫权编著:《民法总则案例教程》,中国人民大学出版社 2002 年版,第 136 页。

③译著

应在著者前用方括弧标明原著者国别,在著者后标明译者姓名。

[美]格伦顿、戈登、奥萨魁:《比较法律传统》,米健、贺卫方、高鸿钧译,中国政法大学出版社 1993 年版,第 85 页。

④期刊

例如,阎学通:《中国面临的国际安全环境》,载《世界知识》2000 年第 3 期。

⑤报纸

例如,符福渊、周德武:《安理会通过科索沃问题决议》,载《人民日报》1999 年 6 月 11 日,第 1 版。(此例适合署名文章)

《朝韩首脑会晤程序大多达成协议》,载《中国青年报》2000 年 5 月 12 日,第 6 版。(此例适合不署名文章或新闻报道)

⑥会议论文

例如,任东来:《对国际体制和国际制度的理解和翻译》,"全球化与亚太区域化国际研讨会"论文,南开大学,2000 年 6 月 5 日至 16 日,第 2 页。

⑦学位论文

例如,孙学峰:《中国国际关系理论研究方法 20 年——1979 ~ 1999》,中国现代国际关系研究所 2000 年硕士学位论文,第 39 页。

3. 英文注释规范

(1)书名应用斜体,出版社用正体以示区分;期刊名用正体并加引号。例如:

See Tommy Zamora, "Is there Customery International Economic Law?", *German Yearbook of International Law*, Vol. 32, 1989, pp. 8 – 42(或 p. 6).

具体例示:

一是著作类

Robert Gilpin, *Economy of International Relations*, Princeton: Princeton University Press, 1986, p. 5.

二是文集中的论文

K. J. Leyser, "The Polemics of the Papal Revolution ", in Berly Smally ed., *Trends in Medieval Political Thought*, Oxford: Oxford University Press, 1965, 3rd ed., p. 53.

三是期刊中的论文

Alessandro Giuliani, "The Influence of Rhetoric of the Law of Evidence and Pleading", *Judical Review*,62(1969),231.

图书在版编目(CIP)数据

港澳基本法实施评论. 2016年卷 : 总第3卷 / 邹平学主编. -- 北京 : 法律出版社, 2018
ISBN 978-7-5197-2446-7

Ⅰ. ①港… Ⅱ. ①邹… Ⅲ. ①特别行政区基本法一香港一文集②特别行政区基本法一澳门一文集 Ⅳ. ①D921.94-53

中国版本图书馆CIP数据核字(2018)第144289号

港澳基本法实施评论(2016年卷·总第3卷)
GANG-AO JIBEN FA SHISHI PINGLUN(2016 NIAN JUAN·ZONG DI-3 JUAN)

邹平学 主编

策划编辑 沈小英
责任编辑 沈小英 刘晓萌
装帧设计 汪奇峰

出版 法律出版社
总发行 中国法律图书有限公司
经销 新华书店
印刷 北京虎彩文化传播有限公司
责任校对 马 丽
责任印制 吕亚莉

编辑统筹 法律出版社
开本 720毫米×960毫米 1/16
印张 17.5
字数 305千
版本 2018年10月第1版
印次 2018年10月第1次印刷

法律出版社 / 北京市丰台区莲花池西里7号(100073)
网址 / www.lawpress.com.cn
投稿邮箱 / info@lawpress.com.cn
举报维权邮箱 / jbwq@lawpress.com.cn
销售热线 / 010-63939792
咨询电话 / 010-63939796

中国法律图书有限公司 / 北京市丰台区莲花池西里7号(100073)
全国各地中法图分、子公司销售电话:
统一销售客服 / 400-660-6393
第一法律书店 / 010-63939781/9782 西安分公司 / 029-85330678 重庆分公司 / 023-67453036
上海分公司 / 021-62071639/1636 深圳分公司 / 0755-83072995

书号: ISBN 978-7-5197-2446-7 **定价:** 86.00元